대나무숲 담양을 거닐다

문향◦예향◦의향

역사문화
진경 산책
2

문향 ◦ 예향 ◦ 의향

대나무숲 담양을 거닐다

황호택 이광표 지음

culture book

역사문화 진경 산책 2
문향 예향 의향
대나무숲 담양을 거닐다

지은이 황호택 이광표
펴낸이 이리라

책임 편집 이여진
편집 에디토리얼 렌즈
표지 디자인 엄혜리

2022년 4월 15일 1판 1쇄 펴냄

펴낸곳 컬처룩
등록번호 제2011–000149호
주소 03993 서울시 마포구 동교로 27길 12 씨티빌딩 302호
전화 02.322.7019 | 팩스 070.8257.7019 | culturelook@daum.net
www.culturelook.net

ⓒ 2022 황호택 이광표

ISBN 979 – 11 – 92090 – 05 – 4 04910
ISBN 979 – 11 – 85521 – 78 – 7 (세트)

3부 가사 문학과 원림

4부 왕대밭의 미래 유산

5부 담양의 뉴트로와 음식 문화

일러두기

- 한글 전용을 원칙으로 하되, 필요한 경우 원어나 한자를 병기하였다.

- 한글 맞춤법은 '한글 맞춤법' 및 '표준어 규정'(1988), '표준어 모음'(1990)을 적용하였다.

- 외국의 인명, 지명 등은 국립국어원의 외래어 표기법을 따랐으며, 관례로 굳어진 경우는 예외를 두었다.

- 사용된 기호는 다음과 같다.

  영화, 시, 노래 제목, 신문 및 잡지 등 정기 간행물, 학위 논문 등:〈 〉

  책(단행본):《 》

문향 예향 의향 — 담양

2021년 1월 어느 날, 우리는 담양을 찾았다. 담양에 관한 글을 구상하고 기본적인 준비를 시작하기 위해서였다. 그날 죽녹원을 둘러보고 한옥 숙소에서 하룻밤을 묵었다. 대나무숲에서 하룻밤을 보낸다는 것은 생각만 해도 설레는 일이었다. 다음 날 아침 눈을 떠보니 천지간에 눈이 펑펑 내리고 있었다. 눈 내리는 죽녹원은 온통 초록빛과 흰빛이었다. 인터넷과 지면에 동시에 연재된 담양 역사문화 기행은 이렇게 죽녹원 대나무숲의 설경에서 시작되었다.

이후 담양을 계속 만날 때마다 담양의 역사와 문화의 넓이와 깊이에 놀라지 않을 수 없었다. 담양은 평범한 지방의 군郡이 아니었다. 담양에는 대나무와 가사歌辭 문학과 누정樓亭, 원림園林이 있었다. 그저 단순한 것이 아니고 최고 수준의 것이었다. 그리고 대나무와 가사와 누정, 원림만 있는 것도 아니었다. 담양은 우리의 통념을 압도해 버리는 곳이었다. 담양을 잘 모르던 외지인인 우리는 담양을 만나고 나서 숨은 보배를 발견한 기분이 들었다. 담양을 공부하고 취재하느라 곳곳을 누비면서 담양을 사랑하는 수많은 사람의 도움을 받았다.

담양은 영산강이 발원한 곳이고, 무등산 자락이 힘차게 달려와 멈춘 곳이다. 영산강과 무등산이 남도南道의 상징일지니, 담양은 그 중심이라고 하지 않을 수 없다. 이러한 지리적 특성에 걸맞게 담양 사람들은 예로부터 당당하고 매력적인 역사와 문화를 이끌어 왔다.

담양은 문향文鄕이다. 멋진 누정과 원림을 조성하고 그곳에서 위대한 한글 문학 가사를 빚어냈다. 그것도 평범한 가사가 아니라 조선 시대 문학의 최고봉을 성취했다. 담양은 예향藝鄕이다. 문학 가는 길에 음악이 빠질 수 없으니 담양이 서편제의 풍류도 이끌었다. 대나무로 실용적이면서도 예술적인 공예품을 만들었다. 담양의 삶과 토양이 곧 담양의 문화다. 담양은 의향義鄕이다. 대나무처럼 푸르고 곧게 살아왔고, 나라가 위기에 처했을 때 의병으로 나서 자신들의 모든 것을 바쳤다. 이 책은 담양에서 천년 동안 이어져 내려온 자랑스러운 역사문화의 기록이다.

담양潭陽이란 이름 속에는 환경 친화적인 슬로시티의 이미지가 담겨 있다. 담양을 글자 그대로 풀이해 보면 맑은 물이 넘쳐흐르니 담潭이요, 따뜻한 햇살이 온 누리를 비추니 양陽이다. 노령산맥에서 흘러나온 물이 강을 이루고 곳곳에 담潭을 만들어 너른 들과 대숲에 물을 공급한다. 위도가 남쪽이어서 볕이 따사롭다. 이런 천혜의 조건에 백제 시대 이래로 담양인의 창의력과 공력이 합쳐져 오늘의 담양이 만들어졌다. 백제 때는 추자혜秋子兮라 불렀고, 통일신라 때는 추성秋成이라고 하다가 고려 성종(995) 때는 담주潭州로 개칭했다. 고려 현종 때인 1018년에 비로소 담양이 됐다. 담양 곳곳엔 '천년 담양'이란 문구가 붙어 있다. 담양이란 지명이 생긴 지 1000년이 되던 2018년, 담양군은 그 천년을 기억하고 앞으로의 천년을 설계하기 위해 '천년 담양'을 선포했다.

담과 양은 궁합이 잘 맞는다. 담양의 역사와 문화의 폭과 깊이를 간명하게 보여 주는 표현이다. 영산강 주변에 살던 선인들이 1000년 뒤를 내다본 절묘한 작명이라는 생각이 든다. 담양이 상징하는 느림과 행복 그리고 환경은 오늘날 지구에 꼭 필요한 정신이 됐다. 담양을 오가면서 '천년 담양'을 자주 되뇌어 보았다. 쭉 뻗은 대나무, 수백 년 세월을 견딘 관방제림도 생각났다.

지역학과 기행문을 결합한 '읽는 재미'

담양에서 우리가 한 시도는 다른 지자체로 옮겨가서도 계속 이어갈 지역학이라고 생각한다. 지역학과 기행 문학을 합성해 정보와 읽는 재미를 함께 제공하는 작품을 만들어 내고 싶었다. '역사문화 진경 산책' 1권(남양주)을 쓴 노하우가 쌓여 2권(담양)이 더 알차고 미끈해졌다는 이야기를 들었다. 그 진화는 3권, 4권, 5권으로 이어질 것이다.

담양 하면 빼놓을 수 없는 것이 대나무다. 4회에 걸쳐 대나무의 역사와 경제 그리고 미래를 짚어 봤다. 이번 2권에서는 요리 문화도 함께 소개했다. 1권에서는 해 보지 않았던 새로운 시도다. 담양은 요리가 발달한 고장이다. 그만큼 물산이 풍부하고 경제적으로 여유가 있기 때문에 요리가 발달할 여건을 갖추고 있었다.

1995년 지방자치단체장과 지방의회 의원을 동시에 선출하는 지방자치제가 본격적으로 실시되면서 한국의 지자체들은 중앙의 임명권자를 바라보는 정치가 아니라 주민의 마음을 얻으려는 행정을 하기 시작했다. 담양을 돌아보면서 지방 자치의 성공을 말해 주는 대표적인 사례임을 확인할 수 있었다.

이번에는 사진 기자를 대동하지 않고 필자 두 사람이 대부분의 장면을 스마트폰으로 촬영했다. 스마트폰으로 영화도 촬영하는 세상이다.

촬영의 전문성도 소홀히 할 수 없지만 주제를 잘 아는 필자들이 사진의 구도를 잡는 데는 더 유리한 면도 있었다. 항공 사진이나 장비가 필요한 드론 사진 등은 지자체가 기왕 촬영한 사진을 빌려 썼다.

현장을 답사하고 글을 쓰면서 담양의 역사와 문화와 생태를 만나는 일은 시종 즐거웠다. 어설프게 알고 있었던 가사 문학과 누정, 원림, 대나무에 대해서도 좀 더 깊이 있게 알게 되었다. 한적하기도 하고 역동적이기도 하다. 전통적이기도 하고 이국적인 곳도 있다. 옛것도 있지만 근대의 것, 요즘 것도 있다. 담양 곳곳엔 묘한 매력이 있다. 潭陽到處有勝景 (담양도처유승경)!

담양의 매력 중에서도 담빛예술창고의 대나무 파이프오르간 연주는 오랫동안 기억에 남을 것이다. 담빛예술창고는 옛 양곡 창고를 리노베이션해 조성한 문화예술 공간이다. 이곳에 담양의 이미지를 살려 대나무 파이프오르간을 제작해 설치했고 매주 주말 연주회를 갖는다. 주말이 되면 연주회가 열리는 담빛예술창고 카페에는 사람들이 몰린다. 담양에서 만난 파이프오르간 연주는 전혀 예상치 못했던, 신선한 충격이었다. 조선 시대 관방제림을 바라보며, 근대의 흔적인 양곡 창고에 올려퍼지는 파이프오르간 연주…… 참 기분 좋은 경험이었다. 지금도 주말 오후가 되면 담양의 대나무 파이프오르간 연주가 떠오른다. 그 대나무 파이프오르간 연주회가 오랜 세월 이어져 담양의 명품 문화로도 자리 잡길 기대한다.

황호택 이광표

최형식 군수, 최대규 회장, 곽영길 회장, 김하중 변호사, 임철순 주필에게 감사드립니다. 물심양면으로 지원한 최형식 담양군수가 아니었으면 이 책은 나오지 못했을 것입니다. 재경 광주전남 향우회장을 맡아 남도南道 일에 발 벗고 나서는 최대규 뉴파워프리즈마 회장의 기여도 단비가 되었습니다. 〈아주경제〉 지면과 인터넷 공간을 제공한 곽영길 〈아주경제〉 회장에게도 감사드립니다. 담양 출신인 김하중 변호사(전 국회입법조사처장)가 외지인인 필자들을 담양과 연결해 주어 작품이 탄생할 수 있었습니다. 특히 고문古文에 밝은 임철순 〈데일리임팩트〉 주필(전 〈한국일보〉 주필)이 원고 처음부터 마지막까지 감수하며 필자들이 미처 생각하지 못했던 부분까지 짚어 줘 콘텐츠의 완결성이 더욱 높아졌습니다. 그 외에 답사 및 연재 과정에서 도움을 준 많은 분들에게도 감사의 마음을 전합니다. 도움을 주신 분들은 다음과 같습니다.

고강석 고재구전통쌀엿 | 고행주 국가무형문화재 참빗장 기능 보유자 | 고환석 고재구전통쌀엿 | 고영진 광주대 관광학부 교수/고재욱 아들 | 국근섭 제다원 명가혜 대표 | 김규성 글을낳는집 대표/시인 | 김대석 전라남도 무형문화재 접선장

기능 보유자 | **김명식** 삼다리 주민(전 담양 축협조합장) | **김상욱** 목포대 도서문화연구원 연구위원 | **김병재** 사진작가/담양군 공무원 | **김옥향** 해동문화예술촌 학예사 | **김용호** 정읍시립국악단 단장 | **김정현** 상상창작소 봄 대표 | **김진용** 면앙정 갤러리/송명목공예 소목장 | **노기춘** 미암박물관장 | **라규채** 담양군수 비서실장 | **명현** 국립남도국악원 원장 | **박규완** 덕인관 대표 | **박명산** 한국가사문학관 | **박민숙** 전라남도 문화관광해설사 | **박순애** 담양한과 대표/식품 명인 | **박재연** 담양군 학예사 | **박종민** 담양군 에코센터 해설사 | **서신정** 국가무형문화재 채상장 기능 보유자 | **선행** 연등사 주지 | **송명숙** 전라남도 문화해설사 | **송진한** 전남대 국어교육과 명예교수/송진우기념관장 | **수진** 담양 용화사 조실 | **신민영** 담양군 문화재단 주임 | **양대수** 추성고을 대표 | **유택만** 한국 가사문화관 관장 | **윤재득** 담양군 한국대나무자원연구소장 | **이규현** 담양군의회 의원 | **이명지** 담빛예술창고 큐레이터 | **이병규** 동학농민혁명 연구조사부장 | **이병호** 담양문화원장 | **이송진** 담양군 대나무자원연구소 농업연구사 | **이숙재** 학봉(고인후) 종가 종부 | **이형진** 전라남도 무형문화재 참빗장 기능 유보자 | **임신택** 남양군 대나무사원연구소 주무관 | **장광호** 〈담양뉴스〉 국장 | **장기선** 담양군청 홍보팀 | **장은설** 담양문화원 사무국장 | **전고필** 이목구심서(향토사 전문책방) 대표 | **정병환** 연동사 전 신도회장 | **조광섭** 담양군 투자유치과 주무관 | **최금옥** 슬로시티약초밥상 대표 | **최신** 다미담 예술구 찻집 일화오엽 대표 | **최왕오** (사)한국학호남진흥원 연구원 | **최혁** 〈AI타임스〉 기자 | **최희창** 대나무숲 대표 | **한명석** 〈담양곡성타임스〉 대표 | **한지석** 한상근대통밥집 대표 | **홍영기** 순천대 사학과 교수 | **황미경** 애담공예 대표

1부

느림의 미학

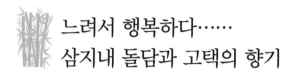

느려서 행복하다……
삼지내 돌담과 고택의 향기

광주광역시에서 차로 20∼30분 거리에 있는 담양은 호남고속도로와 광주-대구, 고창-담양 고속도로가 지나가면서 사통팔달의 고장이 되었지만 아직 옛 모습을 고즈넉이 보존하고 있다. 1970년대부터 그린벨트로 묶여 개발이 제한돼 자연과 전통문화 훼손이 다른 지역보다 덜했다. 그 덕에 오늘날 담양은 '느림보 달팽이'의 생태 도시로 자리를 잡았다.

노령산맥의 봉우리들로 전라북도와 경계를 이루는 담양군은 추월산 골짜기에서 흘러내린 물이 내를 이루어 들을 적시며 영산강 상류로 흘러 들어간다. 이 물줄기를 젖줄로 담양군의 남쪽에는 기름진 논들이 너르게 펼쳐진다. 봉산들, 수북들, 고서들, 대전들 같은 들녘을 배경으로 대지주들이 많이 나왔다. 뿌리깊은나무가 펴낸《한국의 발견》전라남도 편에는 담양군에 만석꾼 우송又松 국채웅鞠採雄(1871∼1949)을 비롯해 오천석꾼이 200명이 넘었다고 적고 있다.

만석꾼의 판소리 후원
담양 국씨는 단본單本으로 담양읍 학동리에 국씨 시조부터 9대의 비석을 모신 시조단이 있다. 담양에서 '국 참봉'으로 불렸던 우송은 담양 읍내

1920년대 지은 만석꾼 국채웅의 사랑채가 무너질 위기에서 2004년 죽녹원으로 옮겨 복원됐다. 건물 가운데에 있는 실내 무대에서 박동실 명창이 서편제를 공연했다. (사진 제공 담양군)

에 대궐 같은 집에 살았다. 본채는 오래전에 화재로 불타고 사랑채마저 허물어질 위기에 처하자 담양군이 2004년 죽녹원竹綠苑으로 이전 복원해 우송당又松堂이라는 당호를 붙여 소리전수관으로 쓰고 있다.

국채웅은 선대로부터 소규모 토지를 물려받았지만 전국을 무대로 한 상업 활동으로 당대에 거부를 이루었다. 1931년 국채웅의 회갑 때는 7일 동안 잔치를 벌였다. 서울에서 명월관 요리사 60명이 내려와 음식을 장만할 정도였다. 우송은 판소리를 사랑해 서편제의 명창 박동실朴東實(1897~1968)이 자신의 사랑채에서 제자들을 길러내도록 후원했다. 박 명창은 해방 공간에서 사회주의 활동을 하다가 6·25 전쟁 중에 월북해 인민배우 칭호를 받았다.

그러나 담양에 오천석꾼이 200명이 넘었다는 《한국의 발견》 통계는 다소 부풀려진 것 같다. 1930년대 총독부 자료를 보면 조선인으로 천석꾼이 757명, 만석꾼이 43명. 담양에만 오천석꾼이 200명 있었다는 이야기는 분명히 과장됐지만 담양의 재력을 배경으로 근대 교육을 통한 인재 양성과 의병 활동이 이루어지고 판소리나 서화, 음식 같은 문화가

냇가의 자갈과 논흙으로
쌓아 올린 삼지내의 돌담
길. (사진 황호택)

발달한 것은 부인할 수 없는 사실이다.

담양군 창평면은 본래 창평군이었으나 1914년 일제가 행정 구역을
개편하면서 창평군의 일부 면은 광주나 곡성으로 떼어주고 12개 면을
담양군에 흡수해 오늘의 창평면을 만들었다. 일제가 창평군을 면으로
조각내 담양군에 흡수한 것은 임진왜란과 조선 말기에 창평에서 의병
활동의 기세가 높았던 데 대한 보복이었다는 해석이 민간에서는 지배적
이다. 담양군에 편입된 지 100년이 넘었지만 지금까지도 창평면은 담양
읍과는 다른 특색을 지니고 있다.

돌담길 옆으로는 맑은 실개울이 흐르고 구절초가 피어 있다. (사진 황호택)

창평면 삼지내마을은 등 뒤에 높은 산을 두고 남쪽으로는 넓은 들을 바라다보는 북고남저北高南低의 고장이다. 삼지내三支川라는 마을 이름은 개울 세 개가 마을을 지난 데서 붙여졌다. 돌담길을 따라 실개울이 흐르고 뿌리를 물에 담근 야생화 구절초가 담벼락에 기대어 흔들린다.

마을의 돌담은 총연장 3.6킬로미터. 맨 아래에는 큰 돌로 중심을 잡아 물에 파이거나 씻겨 내려가지 않게 기반을 다지고, 올라갈수록 점차작은 돌을 써 맨 위에 기왓장을 올렸다. 돌담에 쌓은 돌은 인근의 산이나 개울에서 가져온 잡석들이지만 삼지내 담벼락에서 만나 조화로운 아름다움을 표현한다.

돌과 돌 사이를 메운 것은 시멘트가 아니라 논흙이다. 보통 흙은 비바람에 잘 씻겨 내려가고 강한 햇볕에 마르면 바스러진다. 그러나 오랫동안 논에서 물에 담금질된 흙은 찰흙 성분이 많아 접착제 기능을 한다. 초가지붕이 매년 이엉을 갈아주어야 하듯이 논흙 돌담길도 오랜 세월 비바람을 맞으면 보수해야 한다.

한국의 농촌 풍경은 1970년대 새마을 운동을 겪으며 마을 안길이 넓어지고 초가지붕이 슬레이트로 바뀌었지만 삼지내는 기와집이 많아 옛날 모습을 지킬 수 있었다. 다만 돌담길 옆으로 흐르던 실개울이 메워졌다. 삼지내마을이 슬로시티slowcity로 지정되면서 담양군에서는 제일 먼저 주민 의견을 들어 물길을 복원하였다. 물은 대덕면 운암저수지에서 끌어왔다. 마을 안길을 덮었던 시멘트를 걷어내고 흙길로 복원했다. 이 길을 걷다 보면 신발을 벗어던지고 맨발로 다니다가 돌담 아래 도랑물에 발을 담그고 싶어진다. 물기 젖은 발에 구절초의 향기가 배리라.

2014년에 준공된 창평면사무소는 호남에서 유일하게 한옥으로 지은 면사무소다. 그런데 건물 어디에서도 면사무소라는 관청 이름을 찾아볼 수 없다. 이 멋진 한옥은 '창평현정昌平縣廳'이라는 편액을 달고 있다. 행정 구역상 담양군에 속해 있지만 창평이 한 세기 전까지 별도의 군현이었음을 알려준다. 자존심의 표현이다.

창평현청 앞에는 수령이 380년가량인 느티나무 두 그루와 선정비善政碑 3개가 서 있다. 1793년에 읍치邑治(현청 소재지)를 고서면 고읍리에서 이곳으로 옮기면서 선정비 3개만 챙겨 왔다. 글자 그대로 선정비만 거두어오고 '악정비'는 버려두고 온 걸까. 조선 말기에 전국 곳곳에서 민란이 속출한 것을 보면 가렴주구한 수령들이 세운 비석도 많았다.

흥선대원군이 개혁을 추진함과 동시에 국방력을 강화하여 외세에 대응하기 위해 1872년(고종 9) 3월부터 6월까지 전국 군현의 지도를 제작하라고 명했다. 이때 올라온 지도가 모두 459장이었다. 이때 제작한 창

한옥으로 지은 창평 면사무소는 '창평현청'이라는 편액을 달고 있다. (사진 황호택)

평현 지도에 느티나무 여덟 그루가 그려져 있다. 선정비 옆의 두 그루와 창평 시장 쪽으로 난 도로에 수령 200년이 넘는 느티나무 여섯 그루가 지금까지 세월을 견디고 서 있다.

창평현청 앞의 이서구 관찰사 영세불망비

이서구李書九(1754~1825) 전라도 순찰사巡察使(관찰사)의 영세불망비永世不忘碑는 좌우에 거느린 두 현령의 선정비보다 키가 크다. 비석 뒤의 글은 마모돼 보이지 않고 바로 옆 안내판 간단한 내용이 적혀 있다. "1791~1795 재임, 1793년 창평현청 이전, 비 건립 1824년." 이서구는 그 좋다는 전라도 관찰사를 40대에 처음 했고 60대에 한 차례 더했다. 전주에 있는 관찰사의 선정비가 창평현청 앞에 서게 된 데도 사연이 있겠지만 기록이나 설화로 남아 있는 것은 없다.

다산茶山 정약용丁若鏞(1762~1836)의 《목민심서》에는 평양감사를 하던

창평현청 앞에 서 있는 전라도 관찰사 이서구의 선정비. (사진 황호택)

이서구의 치적에 관한 내용이 들어 있다.

평양에 큰 불이 나서 공사公私의 집들이 거의 다 타버렸다. 이서구 감사의 조치와 계획이 방도가 있고 집을 짓는 데 법도가 있어서 관청 건물 수십 구區와 민가 만여 호가 일시에 새롭게 되고 백성들도 망하여 흩어지는 자가 없었으므로, 지금까지도 그의 은혜를 사모하고 있다.

호남 지방에는 이서구에 관한 각종 설화와 미담이 전해지고 있다. 관찰사가 근무하던 감영은 전주에 있었다. 이서구가 전라감사로 부임해 와서 보니 일부 아전들이 노름에 빠져 있었다. 관찰사가 역졸役卒들의 평복으로 위장을 하고 노름판에 끼어 돈을 전부 땄다. 돈을 잃은 아전들이 이서구의 돈을 빼앗으려고 덤벼들었다. 이에 이서구가 "전라감사 이서구 장땡이다!"라고 소리치니 노름판에 있던 아전 하나가 새로 부임한 전라감사를 알아보았다. 이서구가 노름판에서 딴 돈을 전부 돌려주면서 "노름은 패가망신이니 노름을 끊으라"며 아전들을 훈계했다는 설화다(디지털진안문화대전).

덕흥대원군의 후손인 이서구는 실학자인 연암燕巖 박지원朴趾源(1737~1805)에게 학문과 문장을 배우고 실학파들과 어울렸다. 평양감사 형조판서까지 한 것을 보면 역량도 출중했고 조정의 연줄도 튼튼했던 것 같다.

반가班家의 삶이 잘 구획된 한옥

삼지내마을에서 들어가 볼 만한 한옥을 몇 집 고르라면 고재환 가옥(지방민속문화재), 고정주 고택(지방민속문화재), 고재선 가옥(지방민속문화재) 등이 있다.

고재선 가옥의 안채는 따뜻하고 일조량이 많은 남부 지방에 전형적인 일자형一字形이다. 오른쪽 뒤뜰로 돌아들면 삼지내의 물을 끌어온 태당笞塘이라는 연못이 있었다. 연못 가운데 섬에는 오죽烏竹이 자라고 있었다. 사랑채와 안채 사이에는 야트막한 내담을 두고 중문으로 통했다. 중문의 걸쇠는 안채 쪽에 만들어 놓아 남자들의 출입은 규방의 허가를 받아야 가능했다. 광채는 일자형 다섯 칸으로 북쪽 한 칸은 마루를 깔았고 나머지는 흙바닥이다.

고재환 가옥은 다섯 칸의 곳간채 중 왼쪽 끝 칸을 대문으로 만들었다. 고재선과 고재환은 사촌 간이다. 동쪽으로 난 대문을 들어서면 벽돌로 시선 차단용 담장을 쌓아 대문에서 안채가 들여다보이지 않았다. 넓은 안마당을 두고 사방을 안채, 사랑채, 삼칸채, 문간채(곳간)가 에워싼

'ㅁ'자 형식이다. 안채는 낮은 기단 위에 넓은 토방과 사다리꼴 초석을 둔 다음 네모기둥을 세웠다. 방의 창살은 2분합의 겹문이고 대청은 4분합을 들어열개문으로 했다. 안방과 대청도 들어열개문으로 해 대청 주변의 방을 안팎으로 확장 가능한 공간으로 만들었다. 삼칸채는 정문에서 바라다보이고 별채의 성격을 띠어 잔치나 특별한 행사 때 손님 접대하는 곳으로 쓰였다.

1925년에 건립된 고재환 가옥은 남부 지방의 전형적인 대농 집으로 양반 가옥이 갖추어야 할 다양한 채의 조합을 이루었다. 뼈대가 굵고 짜임이 건실해 전통 목조 건축을 이해하는 자료로서도 가치가 있다.

춘강春崗 고정주高鼎柱(1863~1933) 고택은 'ㄷ' 자형 건물. 안채는 정면 7칸, 측면 3칸, 팔작지붕에 3칸 솟을대문이다. 춘강은 호남 지역 근대 교육의 효시인 영학숙과 창흥의숙을 세워 국가의 동량棟梁이 된 인재들을 배출했다. 고정주 가옥 옆 공원에는 슬로시티의 상징물인 달팽이가 대나무로 조립돼 있다.

고재욱 가옥은 춘강이 손자인 고재욱에게 지어 준 집이다. 〈동아일보〉 사장을 지낸 심강心崗 고재욱高在旭(1903~1976)이 1929년 첫아들을 얻

고정주 고택 앞에는 슬로시티의 상징물 달팽이가 대나무로 조립돼 있다. (사진 황호택)

1920년대 지은 고광신 가옥은 민박집 '한옥에서' 안에 있다. (사진 황호택)

자 춘강이 증손자 본 것을 기념한 집이라고 한다. 고정주의 고택과 골목
길을 사이에 두고 인접해 있다. 한양대학교 국제문화대학 문화인류학과
석좌 교수 베르너 사세가 세를 들어 거주한 인연이 있다. 사세는 한옥이
야말로 자연의 소재로 지은 천연 주택이라고 찬양했다. 여름이면 심강
고재욱 고택에서는 밤의 음악회가 매주 토요일 열리기도 했다.

　삼지내마을에서 문화재 가치가 있는 집들의 대문에는 아쉽게도 어
른 주먹만 한 자물쇠가 채워져 있다. 열쇠의 주인은 대개 광주나 서울에
산다. 담이 허물어진 곳도 있고 지붕에서 잡초가 자라기도 한다. 한 후손
은 전화 통화에서 "과거에는 개방을 했으나 관광객들이 훼손을 하고 도
둑들이 물건을 훔쳐 가는 일도 생겼다"고 말했다. 담양군에서는 노인 일
자리 사업으로 잡초 제거도 하고 관광객도 안내할 수 있는데 문을 닫아
걸게 되어 안타깝다고 했다.

　문화체육관광부는 90년 이상 된 한옥 숙박 시설을 '명품고택'으로
지정하고 있다. 담양에는 '한옥에서'라는 민박 집이 명품고택 인증을 받

았다. 나는 이곳에서 3박을 했다. 고택에는 임진왜란 때 의병장인 제봉霽峰 고경명高敬命(1533~1592) 장군의 필적인 '세독충정世篤忠貞' 편액이 걸려 있다. 인생을 살면서 나라에 충성하고 항상 올바른 마음을 굳게 지녀야 한다는 뜻이다. 세독충정 원본은 고경명 장군의 사당인 포충사에 보존 돼 있다.

주인 김영봉 씨는 한옥에 반해 2001년경 삼지내에서 1920년대 지은 고광신 씨의 고택을 사들여 한옥민박업을 시작했다. 계속 뜰안채, 별채, 사랑채를 지어 객실을 늘렸다. 평일인데도 빈방이 거의 없었다. 20년 전만 해도 고택 한 채가 풀밭으로 둘러싸여 있었다고 한다. 지금은 김 씨의 노력으로 문간채까지 여섯 채가 들어섰다. 가장 정성을 들인 건물은 한옥 카페 '좋은날'이다. 마당에는 금목서를 비롯해 소나무, 녹차나무, 감나무 등으로 정원을 가꾸어 놓았다.

느린 마을의 슬로푸드

돌담길 끝에는 '슬로시티 약초밥상'이라는 한약방 같은 식당이 있다. 이 식당의 주인은 '최금옥 약초밥상'이라는 유튜브를 운영한다. 약초밥상에서는 싹을 틔운 발아현미밥에 각종 나물을 넣은 비빔밥을 제공한다. 반찬 수가 36가지나 된다. 민들레, 돼지감자, 삼채와 함께 느릅나무, 가죽나무, 생강나무 잎도 이 식당에서는 반찬이 된다. 다래고추장도 있다. 이른바 패스트푸드의 반대인 슬로푸드다. 1999년 이탈리아의 작은 도시 '그레베인키안티Greve in Chianti' 주민들이 세계적인 패스트푸드 브랜드인 맥도날드가 들어오는 것을 막는 데 성공하고 나서 삶의 방식을 느리게 바꾸는 슬로시티 운동을 시작했다.

최금옥 씨(65)는 젊어서부터 통풍을 앓았고 백일해 천식 같은 아토

삼지내에서 슬로푸드 식당을 경영하는 최금옥 씨. (사진 제공 슬로시티 약초밥상)

피를 달고 살았다고 한다. 그녀는 천연 식품을 먹으며 아토피를 극복했다. 지금은 전통 식품과 약초밥상에 관한 강의를 하러 다닌다. 최금옥 약초밥상의 화장실은 '해우소'라고 표기되어 있다. 승려가 된 아들의 사진 두 장이 벽에 걸려 있다. 아들만 둘을 두었는데 큰아들이 출가를 했다. 엄마를 닮은 큰아들은 연예인이 되고 싶어 했는데 어머니가 떠밀어 승려로 만들었다. 양산 통도사에서 머리를 깎았다. 최 씨는 아들 이야기를 할 때 "그 양반이……"라며 높여 불렀다. 법명은 세진. 세진 스님은 조계종 홍보 모델이다. 승려가 되려는 사람이 적어 고민하는 조계종이 비구인 세진 스님과 비구니인 우담 스님을 '행복출가'의 홍보 모델로 내세웠다. 둘째 아들은 슬로시티 삼지내에서 천연 염색 옷과 도자기를 만들어 판매한다.

2007년 12월 1일 삼지내마을은 아시아 최초로 슬로시티로 지정됐다. 담양군은 봉산면 방축마을, 가사문학면 생오지마을, 금성면 가라실마을도 슬로시티로 확장하는 계획을 추진하고 있다.

우리는 삶의 질을 높이기 위해 노력한 사람들이 흥미를 갖는 도시, 훌륭한 공공장소와 극장 카페 여관 사적 그리고 풍광이 훼손되지 않는 도시, 전통 장인의 기술이 살아 있고 현지의 제철 농산물을 활용할 수 있는 도시, 건강한 음식, 건강한 생활, 즐거운 삶이 공동체의 중심이 되는 도시를 추구한다.

_ 창평현청에 걸려 있는 '슬로시티 선언' 澤

춘향의 낭군이 조성한
관방제 숲

추월산 골짜기를 내려온 계곡물이 여러 물줄기와 합해져 담양천을 이룬다. 담양천은 영산강의 상류다. 용추봉 용소에서 발원한 물줄기가 담양을 가로질러 남도 300리를 거쳐 서해로 흘러 들어간다. 담양천은 여러 골짜기에서 흘러나온 물이 모여드는 데다 제방이 부실해 비가 많이 올 때마다 마을이 침수하는 물난리가 연례행사였다. 조선 영조 32년(1756) 담양부사였던 이석희李錫禧가 편찬한 《추성지秋成誌》는 관방제림官防堤林의 유래에 대해 이렇게 기록한다. 추성은 담양의 옛 이름이다.

> 북천北川은 용천산龍泉山에서 물이 흘러내려 담양부의 북쪽 2리를 지나며 불어 넘쳐 해마다 홍수가 나 내와 담양부 사이에 있는 60여 호를 휘몰아 사상자가 나왔다. 부사 성이성成以性(재임 1648년 7월~1650년 1월)이 법을 만들어 매년 봄에 인근 백성을 출역시켜 제방을 쌓아 수해에서 벗어나게 하였다.

1861년 고산자古山子 김정호金正浩(1804~1866)가 제작한 대동여지도는 담양 일대를 흐르는 영산강의 유로流路에 '북천北川,' '죽록천竹綠川,' '동강

관방제림의 둑길은 전국에서 가
장 보존이 잘돼 천연기념물로 지
정되었다. (사진 황호택)

桐江' 등의 이름을 달아놓았다. 조선 시대에는 유로의 구간마다 다양한
이름이 존재했음을 알 수 있다. 용천산龍天山은 전라북도 순창군 팔덕면
청계리와 전라남도 담양군 용면 용산리 경계에 있는 산으로 풍수지리상
용이 꼬리를 치며 승천하는 형상이라고 한다.

관방제림은 조선 인조 28년(1648) 담양부사 계서溪西 성이성(1595~
1664)이 처음 제방을 축조했다. 그로부터 200여 년이 지난 철종 5년(1854)
부사 황종림黃鍾林이 제방을 중수重修했다. 관에서 주도해 쌓은 제방이라
이름이 관방제림이다. 일제 강점기인 1934년에도 홍수로 무너진 제방을
보수하고 나무를 심었다는 중수비가 남아 있다.

관방제림에는 느티나무, 푸조나무, 팽나무, 벚나무, 은단풍 등 낙엽

관이 주도해 조성한 강둑이라는
의미로 관방제림이라는 이름이 붙
었다. (사진 황호택)

성 활엽수 160그루가 보호수로 관리되고 있다. 보호수에는 모두 번호가
붙어 있다. 번호는 177번까지 있지만 17그루는 고사했다.

　고사목에는 벚나무가 많다. 화려하고 꽃을 많이 피우는 식물은 수
명이 짧다. 162번과 164번 느티나무도 뿌리가 마르고 이파리가 나지 않
아 고사목 판정을 받았다. 담양군은 가능하면 후계목으로 수명이 길고
강한 느티나무를 심을 계획이다.

원형 보존 잘된 아름다운 제방림
관방제림에서 가장 숫자가 많은 나무는 푸조나무로 100그루가 넘는다.
푸조나무는 전라남도와 경상남도의 따뜻한 해안의 해발 고도 700미터

이하 지대에서 자라는 아열대 식물이다. 서울을 비롯한 중부 지방에서는 월동이 불가능하다. 습기가 없는 땅에서는 생육이 잘 안 되기 때문에 담양천 같은 천변에서 잘 자란다. 2021년에는 푸조나무 수십 그루가 5월에도 잎이 돋아나지 않아 담양 사람들의 애를 태웠다. 이해 1월 초 담양의 기온이 영하 19도까지 떨어지면서 푸조나무의 나뭇가지가 동해凍害를 입었기 때문이다. 전남에는 완도 갈지리, 곡성읍 읍내리와 오곡면 외천, 광양 인서리, 광주 경양제 등에 제방림이 있지만 관방제림은 원형이 가장 잘 보존돼 있고 규모도 제일 커서 천연기념물 제366호로 지정됐다.

관방제림은 아름다운 숲길이 2킬로미터나 이어진다. 옆으로는 담양천이 흐른다. 관방제림을 구경하러 담양을 찾는 이들이 많을 만큼 담양의 상징물이 됐다. 2004년 제5회 아름다운 숲 전국대회에서 대상을 받았다. 관방제와 담양천 사이에 메타세쿼이아를 심고 산책용 데크와 자전거 도로를 조성해 놓았다. 관방제 맞은편 제방에는 플라타너스 길이 있다.

담양천의 제방을 쌓아 상습 수해 지역을 물난리에서 구해 준 성이

관방제림 둑 밑으로 담양천이 흐른다. 천변에 메타세쿼이아가 있는 데크길. (사진 황호택)

성 부사는 다른 임지에 가서도 선정을 베풀었다. 사간원 정언, 홍문관의 부수찬·부교리를 거쳐 이듬해 사헌부 지평, 사간원 헌납을 지냈다. 외직으로 합천, 담양, 창원, 진주, 강계 등 다섯 고을의 원員을 지냈다. 강계부사를 할 때는 삼세參稅를 모두 면제해 주어 백성들로부터 '관서활불關西活佛'이라는 칭호를 들었다.

담양부사 성이성은 《춘향전》 모델

성이성은 어렸을 때 남원부사를 하는 아버지를 따라와 남원에서 자랐다. 연세대학교 국문과 설성경 명예교수는 《춘향전》의 원작자를 임진왜란 때 의병 활동을 한 조경남趙慶男(1570~1641) 진사라고 지목한다. 조 진사는 조선 선조·인조 시대의 국내외 상황과 정세를 담은 야사집 《난중잡록亂中雜錄》과 《속잡록續雜錄》을 저술했다. 설 교수는 《춘향전의 비밀》에서 남원부사를 지낸 성안의成安義(1561~1629)의 아들 성이성이 '조경남 작 《춘향전》'의 이 도령 모델이라는 학문적 견해를 밝혔다.

　12~16세 때 남원에서 살면서 조경남에게 글을 배운 성이성은 아버지가 광주廣州목사로 발령이 나면서 남원을 떠났다. 성이성은 1627년 식년 문과에 급제했다. 그 후 호남 지방에 암행어사로 두 번이나 내려온다.

　성이성이 쓴 《계서일기溪西日記》에는 첫 번째 암행어사로 내려갔을 때 스승 조경남을 만나 광한루에 함께 누워 이야기를 나누었다는 내용이 있다. 두 번째 암행어사로 갔을 때는 조 진사가 죽고 없어 두 아들과 만났다. 오후에는 광한루에서 늙은 기녀 여진과 늙은 아전 강경남을 맞았다. 이날 광한루에서 소년 시절 일을 돌이키며 밤이 깊도록 잠을 이루지 못했다고 회상한다.

　조경남은 《속잡록》에서 명나라 장수가 조선에 와서 정치가 혼란한

관닝세럼에는 성이성 부사 시절에 심은 300년 수령의 아름드리 나무들이 줄지어 서 있다. (사진 황호택)

것을 보고 읊었다는 한시 〈오륜전비伍倫全備〉의 한 구절을 인용했다.

향내 나는 맛있는 술은 천 사람의 피요 　　　　　清香旨酒千人血

잘게 다진 진귀하고 맛 좋은 음식은 만백성의 살이다 　細切珍羞萬姓膏

촛농이 떨어질 때 백성의 눈물 떨어지고 　　　　　燭淚落時民淚落

풍악 소리 높은 곳에 백성의 원성이 높다 　　　　　歌聲高處怨聲高

　성이성의 5대손인 성섭은 《필원산어筆苑散語》에 고조高祖가 암행어사가 되었을 때의 행적을 적어 놓았다. 암행어사가 어느 곳에 이르렀는데 호남 열두 고을 수령들이 크게 연회를 베풀고 있었다. 술잔과 쟁반이 어지러웠고 기녀와 악공들의 춤과 노래를 구경하는 사람들이 성처럼 둘러쌌다. 정오 무렵 암행어사가 걸인의 모습을 하고 나타나 음식을 청하니 사또들이 자리를 허락했다. 그리고 암행어사가 운자韻字를 청하니 '기름 고膏'와 '높을 고高'라고 했다. 성이성 어사가 지은 시는 《춘향전》에 나오는 것처럼 원시 〈오륜전비〉에서 '청향지주'를 '금준미주金樽美酒(금 술동이에 담긴 좋은 술)'로 '세절진수'는 '옥반가효玉盤佳肴(옥쟁반의 맛있는 안주)'로 바꾼 것이다.

실제로 성이성이 호남에 암행어사로 갔을 때 이런 식의 '어사 출또'를 한 적은 없지만 그의 후손이 《춘향전》과 비슷한 스토리를 기록했다는 것은 성이성이 이 도령의 모델임을 보여 주는 증거라고 설성경 교수는 풀이한다. 설 교수는 조 진사가 성이성 어사한테 들은 이야기에다 남원 지방에 내려오는 박색터 설화, 암행어사 노진盧禛과 기생의 설화 등을 엮어 《춘향전》을 지었다는 것이다. 그럴 개연성은 충분하지만 어디까지나 추론이어서 성이성이 이 도령의 모델이라고 단정할 수 있을지를 놓고 논란이 있다. 성이성의 캐릭터는 이몽룡이 받았는데도 성成 씨를 춘향에게 붙여 줌으로써 명문가 자손의 스캔들을 가려 주려는 의도도 엿보인다.

경북 봉화군은 군 홈페이지에서 성이성의 종택인 계서당溪西堂을 이몽룡의 생가라고 소개하고 있다. 《춘향전》의 무대 남원, 성이성의 고향 봉화, 성 부사가 제방을 쌓아 백성을 물난리에서 구해 준 담양이 한 인물을 통해 연결되는 셈이다. 관방제 아래 조각공원 같은 곳에 성이성 부사를 기리는 기념물을 만들면 스토리셀링이 될 수 있을 것이다.

관방제림 아래 하천 고수부지에는 한국에서 제일가는 죽물 시장이 있었다. 대구의 약령시장과 역사를 겨룬다. 담양 각지의 마을에서 만들어진 바구니, 소쿠리, 삿갓 등 죽물이 수레나 등짐으로 5일장을 찾아왔다.

관방제림이 시작하는 곳에 국수 거리가 있다. 조선 시대부터 관방천 둔치는 죽물 시장이었다. 바쁜 상인이나 장꾼들이 후루룩 먹기 좋다 보

담양천 둔치에 있던 죽물 시장이 사라지면서 국수 거리는 강둑 위로 올라왔다. (사진 황호택)

니 평상 하나 놓고 장사하던 국수 가게가 많았다. 둔치의 죽물 시장이 사라지고 나서 국수 가게들은 관방제 위로 올라왔다. 지금은 관방제림을 찾는 관광객들이 주요 고객이다. 대를 물려 장사를 하는 국숫집이 10여 곳몰려 있다. 국물은 멸치와 파 뿌리, 양파, 무를 넣고 삶아 만든다. 장터에서 유래한 음식이라 값이 싸다. 면발은 중면을 써서 소면보다 굵다. 면발 맛의 깊이가 소면과 다르다. 국수 거리에서는 국수 외에 찐 달걀도 인기다. 멸치 국물에 초벌로 찐 달걀을 이틀간 더 쪄서 노른자에도 멸치 맛이 배어들게 한다. 댓잎, 멸치, 고사리, 오가피, 헛개나무를 넣고 삶은 약달걀을 파는 집도 있다.

술지마을의 수호신 봉안리 은행나무

담양군의 마을들에는 몇백 년 묵은 당산나무가 있는 곳이 많다. 예로부터 당산나무가 없으면 부정을 타서 마을에 안 좋은 일이 생긴다는 토속신앙의 뿌리가 깊어 마을마다 큰 나무들이 보존된 것 같다. 담양군 무정

봉안리 술지마을 한가운데 서 있는 천연
기념물 은행나무. (사진 황호택)

면 봉안리 면 소재지 술지마을에는 높이 33미터에 수령이 500년이 넘는
은행나무가 마을 한가운데 서 있다. 나무 밑에는 은행잎과 은행이 수북
이 떨어져 있다. 아무도 주워가지 않는다.

　나무 둘레가 8.5미터가 되는데 금줄이 쳐져 있다. 정월 대보름에 당
산제를 지낸 뒤 해가 다 가는데도 그대로 매여 있다. 나무 밑에 한문으
로 '당산제단堂山祭壇'이라고 쓰인 상석이 놓여 있다. 거의 다 죽어가던 나
무를 외과수술하고 영양제 주사를 놓아 살려 놓았다고 한다. 갈라진 틈
을 메우는 재료는 시멘트가 아니라 톱밥, 석고, 황토, 미생물을 적정 비
율로 섞어 만든 것이다.

　천연기념물 안내판에는 경술국치, 8·15 광복, 한국 전쟁 등 나라
에 큰일이 터질 때마다 은행나무가 울었다는 이야기가 전해 온다고 쓰
여 있다. 마을에 도둑이 한 번도 들지 않아 술지마을 사람들은 은행나무
를 마을의 수호신으로 생각하고 있다. 마을의 복판에는 은행나무가 웅
장한 모습으로 버티고, 마을 외곽의 네 방위에 느티나무가 서 있어 함께

마을을 지키는 모습이다.

은행나무는 줄기의 갈라진 틈새를 벌들에게 내주고 있다. 은행나무를 지나던 한 여자분이 여름에는 거기서 꿀이 흘러내린다고 말했다. 그녀는 "오래된 고목이어서 약 기운이 많으니 은행알을 주워 가라"고 권했다. 냄새가 심한 은행을 넣어갈 데도 없었지만 말 인심이 싫진 않았다.

마을마다 당산제는 이장이 주관하는데 당산제에 필요한 제물을 장만하는 화주火主는 집안에 유고가 없는 사람을 선정하고 제관은 마을 어른이 맡았다. 당산제가 끝나면 마을 회관에 모여 제물을 음복하고 북과 장구를 치며 밤새 놀았다. 새해를 맞아 풍년을 이루고 재앙이 없기를 기원하는 축제였다.

이성계의 전설 서린 대치리 느티나무

담양군 대전면 대치리 한재초등학교에 서 있는 느티나무는 수령이 600여 년 정도로 추정된다. 태조 이성계李成桂(1335~1408)가 전국의 명산을 찾아서 공을 들일 때 이곳에 들른 기념으로 심었다는 전설이 있다. 나무 높이는 26미터, 둘레는 8.3미터. 생물학적 보존 가치가 커서 천연기념물 284호로 지정됐다.

우람한 천연기념물 느티나무가 들어선 한재초교는 1920년에 개교했다. 2020년에 세운 개교 100주년 기념비가 눈길을 끈다. 느티나무 옆에는 고려 시대 초반에 조성된 것으로 추정되는 석불상이 서 있다. 미륵불은 원래 대치리마을 초입에 있었으나 교정으로 옮겨왔다. 대치리大峙里는 한재골이라 불렸는데 학교 이름에도 '한재'가 남아 있다. 담양에서 장성으로 넘어가는 높은 재 아래에 있던 마을이다.

허리 아래가 묻혀 있던 불상이 이사오면서 전신이 드러났다. 영천 이

한재초등학교 교정에 서 있는 수
령 600년의 천연기념물 느티나무.
(사진 황호택)

한재초등학교 느티나무 옆에는
고려 시대 만들어진 석불상이 수
백 년 된 돌이끼를 덮고 있다. (사
진 황호택)

씨인 이언좌의 꿈에 집을 지으면 무너지는 일이 반복돼 집터를 파보니 석불이 나왔다는 이야기가 안내판에 적혀 있다. 오랫동안 민간 신앙의 대상이었고 세월의 더께가 붙은 아름다움을 지녀 담양군 향토유형문화유산 정도로 대우하기에는 서운하다는 생각이 든다.澤

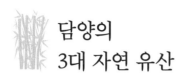

담양의
3대 자연 유산

추월산에 서린 애국혼

담양에는 3대 자연 유산이 있다. 유네스코에서 공식 인정을 받은 것이
아니라 자연의 오묘한 형상을 보여 주는 세 곳을 주민들이 이름하는 말
이다. 첫째가 수북 들녘에서 바라보면 피라미드를 닮은 삼인산三人山이
다. 해발 570미터의 삼인산은 사람 인人자 3자를 겹쳐 놓은 형상이라 하
여 이런 이름이 붙었다.

　두 번째는 추월산秋月山(731미터). 가을 밤에 바위 봉우리가 달에 닿을
듯 높아 보인 데서 추월산이라는 이름이 생겼다. 담양읍에서 보면 부처
가 누워 있는 모습이라고 해서 와불산臥佛山이라고도 한다. 단풍나무가
많아 가을의 추월산이 가장 아름답다.

　세 번째는 1976년 완공된 거대한 인공호수 담양호. 담양호를 상공에
서 내려다보면 용 형상과 닮았다. 담양댐 옆에 용 조형물이 서 있다. 담양
호는 1976년에 완공되었다. 담양호의 저수량은 6670만 톤. 추월산과 금성
산을 옆에 끼고 있어 경관 빼어나고 물이 맑다. 나무다리를 건너 용마루
길(3.9킬로미터)을 따라가다 보면 물속으로 잠긴 옛마을터도 만날 수 있다.

자연이 빚은 피라미드 모양의 삼인산. (사진 제공 담양군)

추월산은 누워 있는 부처를 닮았다고 해서 와불산이라고도 불린다. (사진 제공 담양군)

→ 상공에서 내려다본 담양호는 용의 형상을 하고 있다. (사진 제공 담양군)

영산강의 시원 가마골 용소

3대 자연 유산에서 빠진 것을 가장 섭섭해할 곳이 영산강의 시원지始原地인 용소龍沼다. 영산강은 호남평야를 적시고 담양, 광주, 나주, 영암, 무안을 거쳐 장장 115킬로미터를 흘러가다 서해로 들어간다. 《신동국여지승람》담양도호부 산천조山川條에는 용연龍淵에 대해 "매년 봄과 가을에 용에게 제를 올리며 가뭄이 들면 기우제를 지낸다"고 설명을 달았다.

가마골생태공원 관리사무소에서 10분 정도 올라가면 출렁다리(시원교)가 용소를 가로지른다. 용연교를 건너자마자 왼쪽으로 넓은 소沼를 향해 커다란 폭포가 물줄기를 뿜어 낸다. 비가 많이 내리고 난 뒤에는 폭포가 더욱 장관을 이룬다.

담양군 용면 용연리 용추산(해발 523미터)을 중심으로 사방 4킬로미터 주변을 가마골이라고 부른다. 이 계곡물이 폭포로 떨어지면서 못을 이룬 곳이 용소다. 깊은 계곡과 폭포, 기암괴석이 수려한 경관을 이루어

영산강의 시원인 용소. 가마골의 물줄기가 용소에 다다르면 폭포로 떨어진다. (사진 황호택)

도기나 기와를 굽는 가마가 많아 가마골이라는 이름이 생겼다. 용추산 자락에서 발견돼 복원된 가마터. (사진 황호택)

관광객의 발길이 끊이지 않는다.

이곳 골짜기에 그릇이나 기와를 굽던 가마터가 많아 지명이 가마골이 됐다. 1996년 용추사 주변에서 임도林道 공사를 하다가 가마터가 발견돼 국립광주박물관이 두 차례 발굴했다. 발굴된 기와에 물결 모양이 있어 15~16세기에 용추사 기와를 굽던 가마로 추정된다.

가마골에서는 1953년 7월 27일 남북이 휴전한 뒤에도 1년 8개월 동안 총성이 멈추지 않았다. 1950년 가을 인천 상륙 작전과 함께 국군의 반격으로 후퇴하던 전남·북 주둔 북한군 패잔병들이 가마골에 집결해 5년 가까이 유격전을 펼쳤다. 가마골은 산이 높지 않고 능선이 여러 갈래로 뻗어 있어 골짜기가 많고 물을 구하기가 쉬웠다. 그래서 전남 노령 병단이 거점으로 삼았다.

미전향 장기수로 1952년 체포돼 옥살이를 하다 1989년 석방된 임방규는 전쟁 당시와 지금의 가마골을 비교하는《빨치산 전적지 답사기》라는 책을 썼다. 가마골에는 김병억 사령관 휘하에 빨치산 3000명이 있었다. 이들은 낮에는 숨고 밤이면 민간 마을로 내려와 보급을 하고 국군을 공격했다. 유격대는 장기전으로 접어들자 가마골에 군사 간부를 양성하던 노령학원을 비롯해 탄약 제조창과 정미소까지 설치해 놓고 끈질긴 저항을 했다. 대숲 안에 숨어 있는 도당학교는 40여 명 학생들에게 사회발전사와 조선 유격 전술 같은 과목을 가르쳤다. 김병억은 한국 전쟁이 끝난 1954년 고향 장성에 갔다가 '트(아지트)'가 발각돼 마지막까지 싸우다 최후를 마쳤다.

김병억 사령관 밑에 박판쇠 사단장(별명 백암동지)이 있었는데 전투력이 뛰어나 국군들이 백암부대를 두려워했다. 전쟁이 나기 전 13년이나 머슴살이를 했던 박판쇠는 글이 짧아 가마골에서 1951년 8·15 경축사를 몇 줄 읽다가 막혔다. 그러자 참모들이 써준 종이를 내려놓고 "빨치산은 무엇보다 개를 잘 잡아야 합니다"며 보신탕으로 전투력을 강화해야 한다는 연설을 했다.

1955년 3월 육군 8사단, 11사단과 전남도경이 합동으로 가마골에서 화공전을 폈다. 노령병단은 1000여 명 사상자를 내고 궤멸됐다. 지금도 가끔 탄피, 수류탄, 무기 제조에 쓰인 야철, 화덕 등이 발견되어 치열했던 전투를 말해 준다. 출렁다리를 건너 등산로를 따라가면 당시 김병억이 은거했던 '사령관 동굴'을 찾을 수 있다. 동굴 앞에 축대가 남아 있다.

김덕령 장군 부인의 순절

담양호 쪽에서 추월산을 바라보면 거대한 암벽에 암자가 제비집처럼 위태롭게 매달려 있다. 추월산은 담양군과 전북 순창군에 걸쳐 있는 산으로 해발 고도는 731미터지만 만만히 보았다간 혼이 난다. 경사가 가파르고 계단이 많다. 공사 중에 계단에 표시해 놓은 숫자가 800, 900으로 이

담양호에서 바라본 추월산. 정상 부근 벼랑에 보리암이 제비집처럼 매달려 있다. (사진 황호택)

어지다가 1000을 넘는다. 내려오는 길은 더 힘들다. 발걸음이 무거워질 때마다 등을 돌려 담양호의 푸른 물결을 내려다보면 한결 가뿐해진다.

고려 때 보조국사 지눌이 지리산 천왕봉에 올라가 나무로 만든 매 세 마리를 날려 보내 앉은 자리에 사찰을 지었다는 전설이 내려온다. 그 세 곳이 바로 장성 백양사, 순천 송광사, 담양 보리암이다. 보리암은 장성 백양사의 말사다. 菩提庵이라 쓰고 보리암이라고 읽는다. 보리는 산스크리트어로 깨달음을 의미한다.

추월산 들머리에 정유재란 때 보리암에서 왜군에 죽임을 당한 김응회 의병장과 어머니 창녕 성씨의 순절비가 서 있다. 순절비는 왜군이 파죽지세로 몰려들던 임진왜란 초기의 전황을 숨가쁘게 적어 내려간다.

임금이 도성을 버리고 파천播遷하니 여러 고을의 수령 방백이 소문에 놀라 도망치고 고을의 백성들은 앞다투어 피난을 가는 혼란이 극에 달하

추월산의 멧돼지들은 산죽 숲
에 보금자리를 만들고 새끼를
기른다. (사진 제공 강화원)

매……

산죽山竹이 추월산 곳곳에 널려 있다. 옛 시절에 산죽으로는 채반이
나 광주리, 빗자루를 만들었다. 내 또래의 안내인은 어렸을 때 부모가 산
죽을 베어 장에다 내다 팔아 생계를 꾸렸다고 말했다. 추월산의 멧돼지
들은 산죽 숲에 새끼를 낳아 기른다. 산죽을 물어뜯어 댓잎을 쌓아 담요
처럼 만들어 놓고 그 위에 새끼를 낳는다. 멧돼지들은 사람을 만나면 먼
저 피하지만 새끼를 데리고 다닐 때나 교미철에는 사람을 향해 덤벼드
는 수가 있다고 안내인이 설명한다.

보리암 앞에 있는 솥단지 모양의 드므와 700년 수령의 느티나무. (사진 황호택)

보리암 대웅전은 정면 5칸 측면 2칸의 팔작지붕이다. 정유재란 때 소실됐으나 1666년(현종 7) 신찬信贊 스님이 중수했고, 그로부터 40여 년 이 지난 1710년(숙종 49) 다시 여러 스님들이 힘을 합쳐 재건했다(법당 안 '보리암 중수기'). 법당 앞에는 솥같이 생긴 철제 드므가 있다. 화재에 대비해 물을 담아 두는 용도. 겨울에 물이 얼어붙으면 쇠솥에 불을 때 언 물을 녹일 수 있다. 불귀신(화마火魔)이 법당으로 다가오다 드므에 담긴 물에 비친 자신의 험상궂은 얼굴을 보고 도망간다고 한다.

수령 700년의 느티나무가 기암절벽 위에서 수호신처럼 절을 지킨다. 두 나무가 하나로 합쳐진 연리목이다. 부부가 이 나무 앞에서 소원을 빌면 금슬이 좋아진다는 안내판이 붙어 있다. 보리암 입구의 계단 오른쪽 암벽에는 임진왜란 때 의병장으로 활약한 "충장공 김덕령 장군의 부인 흥양 이씨가 왜적을 꾸짖고 순절한 곳"이라는 명문銘文이 있다. 조선 헌종 6년(1840) 담양부사와 광주목사를 지낸 조철영趙澈永(1777~1853)의 글씨다.

김충장공 덕령부인 흥양이씨 만력정유 매왜적순절처 몰후 224년 경자

金忠壯公 德齡夫人 興陽李氏 萬曆丁酉 罵倭賊殉節處 歿後 二二四年 庚子

김덕령 장군은 1596년(선조 29) 왕족 이몽학의 난에 가담했다는 무고를 받고 한양으로 압송돼 조사받다 옥사했다. 나이 서른이었다. 흥양 이씨는 수레에 실려 온 남편의 시신에 손수 지은 수의를 입혀 무등산 자락에 묻었다. 이 씨는 자식도 없이 홀로 지내다가 정유재란 때 친정 올케 등과 담양 추월산으로 피란을 갔다. 일본군이 이곳까지 추격하자 이 씨는 보리암 근처 낭떠러지에서 떨어져 순절했다. 남편이 옥사한 지 1년 만이었다. 1661년(현종 2)에야 김덕령 장군은 억울함이 풀려 관작이 회복됐다.

보리암에서 흥양 이씨와 함께 피란을 왔던 김응회金應會 의병장과 어머니 창녕 성씨도 순절했다. 왜적이 어머니를 칼로 내리치려 하자 김 의병장이 몸으로 막다가 함께 목숨을 잃었다. 김덕령 장군은 김 의병장의 처남. 흥양 이씨의 두 올케 완산 김씨와 제주 양씨도 보리암에서 이때 순절했다. 조정은 두 여인에게 숙부인淑夫人 작위를 내렸다(《담양향교지潭陽鄕校誌》).

담양 추성관에 모인 6000여 의병

김 의병장은 임진왜란이 일어나자 처남 김덕령 장군과 함께 담양 객사(추성관)에서 담양 회맹군 창의倡義에 참여했다. 창의란 국난을 당했을 때 나라를 위하여 의병을 일으키는 것을 말한다. 이날 추성관에 모인 의병 6000여 명은 고경명 장군을 의병대장으로 추대하였다.

김응회 공은 처남인 김 장군 부대에 합류해 활약했다. 1596년 김 장군이 이몽학의 난에 가담한 반역죄로 몰렸을 때 한양으로 함께 압송됐

다. 그는 호된 곤장을 맞고도 굴하지 않고 "김 장군이 반역을 한 것이 아니라 나라를 위해 충성을 다했다"고 대답했다. 심문 책임자인 김응남이 김 의병장의 태도에 감복해 "참다운 의사義士"라고 장계를 올리자 선조가 즉시 석방하라는 명을 내렸다. 광해군은 김 의병장의 충효를 가상히 여겨 1613년 학동리에 효자 정문旌門을 세우게 했으며 담양군 수북면 구산사에 배향했다.

보리암 근처에 김 의병장의 순절처임을 알리는 표석이 있었으나 일제가 민족 정기를 말살하려고 훼손했다. 담양향교가 1996년 3월 이를 복원하고 추월산 들머리에 모자의 순절비를 세웠다. 미증유의 국난에 처했을 때 담양에서는 목숨을 초개같이 버린 의병들이 이렇게 줄을 이었다. 담양이 의향義鄕이라고 불리는 까닭이다.澤

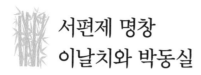

서편제 명창
이날치와 박동실

젊은 K음악으로 부활한 이날치 판소리

'이날치밴드' 음악에 앰비규어스댄스컴퍼니의 춤사위를 입힌 한국관광
공사의 홍보 영상이 유튜브에서 9억 뷰를 기록하는 빅 히트를 했다. 이
영상이 2020년 가을부터 화제에 오르고 이날치밴드가 뜨면서 19세기
소리꾼 이날치가 부활하고 있다. 이날치밴드의 〈범 내려온다〉를 듣다
보면 절로 어깨가 들썩인다. 판소리가 현대 악기의 리듬과 반주를 경쾌
하게 넘나들며 어우러지는 것을 보여 준다.

범 내려온다 범이 내려온다

장림長林 깊은 골로 대한 짐승이 내려온다

몸은 얼숭덜숭 꼬리는 잔뜩 한 발이 넘고

누에머리 흔들며

전동 같은 앞다리

동아 같은 뒷발로

양 귀 찌어지고

쇠낫 같은 발톱으로 잔디뿌리 왕모래를

담양군 수북면에 있는 명창 이날치 기념비. (사진 황호택)

좌르르르르 훑치며

주홍 입 쩍 벌리고 워리렁 허는 소리

하늘이 무너지고 땅이 툭 꺼지난 듯

자래(자라) 정신없이 목을 움츠리고

가만이 엎졌것다……

《수궁전水宮傳》에서 토끼를 데리러 육지에 온 자라(거북이)가 호랑이
를 잘못 불러 소동이 벌어진 장면이다. 이날치밴드는 '서편제의 수령'《조
선창극사》의 표현) 이날치를 오마주한 보컬이다. (오마주는 존경하는 사람의 업적
이나 재능에 대해 경의를 표해 스타일이나 분위기를 따라 하는 것이다.)

이날치와 박동실을 배출한 담양은 서편제의 본향本鄕이다. 조선일보

사가 1940년 출간한 정노식의 《조선창극사》는 이날치李捺致(1820~1892)의
소리를 신기神技라고 극찬한다. 그 수리성(거칠고 탁한 소리)인 성량이 거대
하여 〈춘향가〉 중 신관 사또 부임 대목에서 나팔 소리를 흉내 내면 실물
나팔 소리와 구분 안 되고, 그가 '뎅뎅'하고 인경 소리를 내면 실제 인경
소리가 온 동네에 울려 퍼졌다고 전한다. 애원과 한탄으로 청중의 한숨
과 눈물을 자아내게 하다가도 해학과 골계로 포복절도케 하는 소리와
발림(제스처)을 보면 천하장관이었다는 것이다.

〈새타령〉을 하자 새가 날아 들어와

이날치가 스승 박유전에게서 물려받은 〈새타령〉은 독보적이었다. "법국
새, 쑥국새의 소리를 내면 실물의 새가 소리를 따라 날아 들어왔다"는
전설이 내려온다. 3·1 운동 민족 대표 48인 중 한 사람인 임규林圭(1867~
1948)의 목격담에 따르면 어릴 적에 고향 익산의 미륵산 중턱에 있는 심
곡사深谷寺에서 이날치의 〈새타령〉을 듣는데 새가 날아 들어오는 것을
보고 청중이 모두 그 귀신 같은 재주에 경탄했다고 한다. 신라 시대에 솔
거가 황룡사에 소나무 그림을 그려 놓자 까마귀, 솔개, 제비, 참새가 가
끔 날아 들어와서 나뭇가지에 앉으려다가 실패하고 다시 날아갔다는
《삼국사기》의 기록을 연상시킨다.

　이날치의 본명은 경숙敬淑으로, 전남 담양 출신이나 만년에 묻힐 자
리를 찾아 장성으로 가서 일흔두 살에 생을 마쳤다. 그는 머슴을 살던
주인으로부터 한자와 풍수지리를 배웠는데 장성에 명당이 많다는 말을
주위 사람들에게 했다고 한다.

　담양의 향토사학자 이해섭 씨는 2004년 서편 판소리의 유적지를 답
사하던 명현(현 국립남도국악원장)에게 "이날치는 창평 고씨들의 집성촌인

담양군 창평면 유천리에서 태어났다. 어려서부터 창평면 해곡리 얼그실 마을 유한기 씨 집에서 머슴살이를 했다"는 말을 들려줬다. 유한기는 조선 말엽 집강執綱(면장)을 지냈다. 유 집강의 후손들은 이날치가 어깨너머로 한문과 풍수지리를 깨칠 정도로 영특했다는 말을 조상들로부터 들었다고 한다. 이날치는 유한기의 총애를 받아 서울, 장성 등지로 심부름을 다녀오다가 우연히 창하는 곳에 들러 광대들의 줄타기와 판소리를 처음 접하고 예인藝人의 꿈을 키웠다.

유 집강이 얼그실에서 수북면 대방리 포백마을로 이사갈 때 열여덟 살 안팎이던 이날치도 따라갔다. 이날치의 증손녀 이일주(85. 전라북도 판소리 무형문화재) 씨 집안에 내려온 이야기에 따르면 유 씨는 가세가 기울자 "너를 더는 거둘 수 없으니 나가 살아라"고 이날치를 내보냈다. 이날치는 주인집을 나와 서울, 장성 등지로 심부름을 다닐 때 봐두었던 광대패를 찾아 나섰다.

이날치가 머슴을 살았던 담양 창평면 해곡리 얼그실마을 초입의 모습. 문화 유씨 재실 경내에 정간공 유석헌의 국역國譯 신도비가 서 있다. (사진 황호택)

처음에는 빠른 몸동작으로 줄타기에 소질을 보여 '날치'라는 예명藝
名을 얻었다. 이날치는 줄타기의 명수로 만족할 수 없었던지 소리꾼이 되
려고 동편제 명창 박만순의 수행고수隨行鼓手가 되었다. 조선 시대의 연희
집단은 일인다역을 했다. 이날치에게 고수는 판소리를 배우기 위한 과정
이었다. 19세기에 살다 간 박만순은 송흥록의 제자 가운데 가장 뛰어난
명창이라는 소리를 들었고 판소리 애호가인 흥선대원군으로부터 무과
선달先達 벼슬을 받았다. 명성에서 생긴 자부심과 오만이 넘쳤던 모양이
다. 이날치는 연하의 소리꾼에게 세숫물과 발 씻을 물까지 떠다 바치는
수모를 견디다 못해 "나도 소리꾼이 되자"고 결심하고 무등산 증심사에
들어가 각고 연마를 했다.

이날치는 순창 출신 명창 박유전朴裕全(1835~1906) 문하에서 수년간
도야해 박 씨의 법제를 계승했다. 마침내 이날치는 발 씻을 물을 떠다 바
친 박만순과 겨루는 실력이 됐다. 박만순의 소리는 식자들이 좋아했지
만, 이날치의 소리는 남녀노소, 시인 묵객, 나무꾼 할 것 없이 찬미하지
않는 자가 없었다고《조선창극사》에 전한다.

대원군의 형 이최응李最應(1815~1882)은 성격이 꼬장꼬장하고 얼굴에
희로애락을 표현하지 않았다. 어느 날 좌의정을 지낸 김병학이 "이날치가
소리로 사람을 웃기고 울리는 명창"이라는 말을 했다. 그러자 이최응이
"졸장부라면 몰라도 대장부가 미천한 광대에게 감정의 지배를 받아 웃고
울 수가 있겠느냐"고 퉁을 주었다. 그래서 실제로 이날치를 불러서 시험
해 보기로 하고 "내가 소리를 듣고 눈물을 떨어뜨리면 천금을 주겠지만
아무런 감동을 받지 못하면 명창이 목을 내놓아야 한다"고 말했다.

이날치의 소리 증손녀로 이어져

이날치는 목숨을 걸고 〈심청가〉 공연을 했다. 〈심청가〉 중 공양미 삼백 석에 몸이 팔려 남경 선인들에게 끌려가면서 부녀가 이별하는 장면, 피 눈물을 흘리면서 허둥지둥 인당수에 몸을 던지는 광경을 처절한 곡조로 표현했다. 듣는 사람은 물론이고 귀신도 따라 울 만큼 슬픈 가락이었다. 이최응은 뒤로 돌아앉아서 눈물을 닦고 약속대로 큰돈을 주었다.

하늘이 이날치의 소리 DNA를 버리기가 아까웠던가 보다. 이날치의 증손녀 이일주 명창에 이어 조카딸인 장문희(45. 전북도립국악원 창극단 수석 단원)가 이 명창의 공식 후계자로 지정받았다. 장문희의 어머니도 소리를 하고 무용과 장구도 두루 잘했는데 결혼하면서 접었다고 한다. 어머니가 언니 이일주에게 맡겨 장문희는 여덟 살 때부터 이모에게 소리를 배웠다.

이일주는 대원군의 부름을 받아 어전 공연을 하고 임금으로부터 무 과선달 교지(敎旨)와 금토시를 받은 증조부 이날치의 이야기를 아버지 이기 중으로부터 자주 들으며 자랐다. 선친은 기름을 먹인 한지에 임금 옥새가 붉은색으로 선명하게 찍힌 벼슬종이(교지)를 소중히 간직했다. 그러다가 6·25 전란 중에 "이것으로 해를 입을지 모른다"며 불태웠다고 했다.

이날치의 핏줄인 증손녀 이일주(왼쪽)와 이 명창의 조카딸 장문희. (사진 제공 이일주 장문희)

옅은 안개가 낀 유종헌 가옥. 문화 유씨네에서 머슴을 살던 이날치는 이 집을 자주 드나들었을 것이다. (사진 황호택)

이일주는 박초월, 김소희, 오정숙으로부터 판소리를 배웠지만 증조부, 조부, 아버지로 내려온 더늠이 남아 있을 것이라고 이일주의 또 다른 후계자 송재영은 말한다. 더늠은 명창이 자신의 독특한 방식으로 다듬어 부르는 어떤 마당의 한 대목을 가리킨다.

이날치의 아들은 소리꾼에 대한 천대가 싫어 자기 집안의 가계를 모르는 타관인 부여에서 살았다. 이일주의 할아버지대 이후로는 족보도 없다. 그러나 이날치의 손자 이기중은 DNA에 끌렸던지 선조의 소리를 다시 붙들었다.

이날치가 머슴으로 생계를 꾸려나가던 담양군 수북면 대방리의 청소년수련원 초입에는 이날치 기념비가 서 있다. 1987년 전석홍 전남지사 시절에 세운 비석이다. 비문에는 이날치가 수북면에서 태어난 것으로 잘못 기록돼 있다. 이날치가 머슴살이를 한 얼그실은 문화 유씨의 집성촌으로 송강松江 정철鄭澈(1536~1593)의 처가 동네이기도 하다. 지금도 16세기 이전에 지은 유종헌柳宗憲 가옥이 잘 보존돼 있다.

박동실의 딸은 영화 〈서편제〉 모델

서편제 명창 박동실(1897~1968)은 담양읍 객사리 241번지에서 태어났다. 외조부 배희곤과 부친 박장원이 명창 소리를 들었던 소리꾼 집안이었다. 박동실의 동생 영실도 판소리 명창으로 활동했다. 딸 수길도 소리를 무척 잘했으나 스물한 살에 세상을 떴다. 딸 숙자는 영화 〈서편제〉의 모델이기도 하다. 1985년 서른셋에 요절한 〈하얀 나비〉의 가수 김정호가 숙자의 아들이다.

박동실은 아홉 살 때 아버지 박장원과 명창 김재관으로부터 처음 소리를 배웠다. 예술적 자질이 뛰어나 김채만으로부터 소리를 배운 지 1년이 지나 〈춘향가〉를 완창해 '애기 명창'으로 이름을 얻었다. 박동실은 이날치-김채만으로 이어져 내려온 서편제의 맥을 이으면서도 독공獨功으로 동편제 소리를 섞어서 자신만의 소리 세계를 구축했다. 판소리 연구자 김기형은 "박동실은 특정 유파에 섞이지 않는 자유로운 의식과 완성된 예술을 추구하는 실험정신의 소유자였다"고 평가했다. 판소리는 '방안 소리'와 '무대 소리'로 구분할 수 있는데, 박동실은 무대 소리에 능했다. 그만큼 성량이 풍부하고 청중을 휘어잡는 능력이 뛰어났음을 의미한다.

박동실이 본격적으로 제자들을 가르치게 된 것은 1934년 전남 담양군 남면 지실마을에 정착하면서다. 이 마을에는 박석기朴錫驥(1900~1953)라는 후원자가 있었다. 박석기의 부친은 아전 집안 출신으로 부를 축적해 만석꾼 소리를 들었다. 박석기는 도쿄제국대학 불문과를 졸업했다. 화려한 학벌에도 불구하고 식민 지배하에서 출세하는 것에 회의적이었던 박석기는 민족의식에서 국악 쪽에 열정을 보였다. 명창 김소희가 그의 부인이다.

당시에는 박석기처럼 지방 향리鄕吏 집안 출신들이 판소리를 후원함으로써 전승과 보존에서 중요한 역할을 했다. 고창高敞현의 이방과 호장을 하며 판소리 사설을 정리하고 소리꾼을 후원한 신재효申在孝가 대표적인 사례다. 고을의 향리들은 관아의 행사를 하며 판소리와 소리꾼을 접할 기회가 많았고 대를 물려 구실아치를 하며 축적한 경제력으로 판소리의 패트론이 될 수 있었다.

영일 정씨 집성촌인 지실마을 사람들은 박석기가 말을 타고 다니며, 전통 예술 교육을 한다며 한량 행세하는 것을 못마땅하게 생각했다. 박석기는 "우리나라에 남은 것이 예술밖에 없으니 내가 이것을 살려봐야겠다"며 '거시기'하게(탐탁하지 않게) 대하는 마을 사람들을 인격적으로 설득했다고 한애순 명창은 김기형 교수와의 인터뷰에서 말했다.

전통 예술을 사랑해 보존과 전승에 관심을 기울인 박석기는 지실마을에 초당을 짓고 송만갑과 정정렬이 추천한 명창들의 소리를 직접 들어보고 선생을 정했다. 박석기가 최종 낙점한 사람은 박동실이었다. 지실초당에서 박동실이 판소리를 가르치고 거문고는 거문고 산조散調의 대가인 박석기가 직접 맡았다. 한국가사문학관 뒤 지실마을 초입에 이 초당이 지금도 옛 자태를 간직하고 있다. 본래 이곳은 삼간 겹집의 초가 본채와 초당, 문간채, 마구간으로 구성돼 있고 마당에 연못이 있었다고 한다. 초당을 제외한 나머지 건물과 연못은 사라졌다. 지실초당 시기에 박동실로부터 배워 명창이 된 제자는 김소희, 한승호, 임춘앵, 한애순, 장월중선 등이다.

판소리의 후원자 박석기가 살던 지실 마을에는 수령 360년을 넘긴 은행나무가 있다. (사진 황호택)

지실초당은 한국가사문학관 바로 뒤에 있다. 이런 연유로 2001년 봄 한국가사문학관 경내에 박동실 기념비가 서게 됐다.

지실마을에서 소리꾼 제자 길러

판소리는 서편제, 동편제, 중고제로 나뉜다. 서편제는 섬진강의 서편 지역, 광주, 담양, 보성, 나주, 고창 등이 전승지다. 동편제는 섬진강의 동편 지역 운봉, 순창, 구례, 흥덕에서 전승됐다. 중고제는 경기도와 충청도를 중심으로 불려졌다. 서편제는 특히 임권택 감독의 동명 영화가 서울에서 최초로 100만 관객을 끌면서 이름이 높아졌다.

박동실은 박석기와 함께 화랑창극단을 결성해 공연을 했다. 이때 창작 판소리에 관심을 기울여 제자들을 길러냈다. 박동실은 작곡 능력도 뛰어나 〈열사가〉, 〈김유신 보국가〉, 〈해방가〉 같은 작품을 만들어 곡을 붙였다. 작곡은 고스란히 박동실이 했지만 작사는 창극 작가들이 도

한국가사문학관 경내에 있는 박동실 기념비. (사진 황호택)

움을 주었다. 이준, 안중근, 윤봉길, 유관순으로 이어지는 〈열사가〉는 1960년대까지 활발하게 공연 목록에 올랐다. 단가 〈사철가〉의 작사·작곡도 박동실의 작품이다. 〈해방가〉의 작사가는 광주의 박만순이었다.

박동실은 식민 통치에 저항하는 이런 민족의식과 소리 광대로서 신분 차별에 대한 반감이 사회주의 의식 형성의 계기가 된 것 같다. 그는 미군정하에서 체포령이 떨어지자 숨어 지내다 전쟁 중에 북으로 넘어갔다. 판소리계에서는 그의 이름을 거론하는 것이 금기시됐다. 그에게 소리를 배운 제자들조차 한동안 스승의 이름을 드러내기를 주저했다.

그는 북에서 공훈배우를 거쳐 1961년 인민배우 칭호를 받았다. 중국에서 베이징, 셴양, 옌볜 등 조선족이 많이 사는 지역을 돌며 순회공연을 했다. 창극 〈춘향전〉을 현대화하는 사업을 진행, 탁성을 제거하고 남녀 성부를 구분하며 가사에서 한문 투를 없애는 사업을 했다. 그가 완

지실마을에 있는 박석기 초당. 가까운 곳에 정철이 〈성산별곡〉을 지은 식영정과 광주호가 있다.
(사진 황호택)

성한 '판소리 5가'는 북한에서 국보처럼 여기는 《민족음악대전집》에 실렸다. 그는 북한에서 독신으로 살며 수양딸 박영선(본명 오영선. 평양음악무용대학 교원), 사위 김철현(4·25 예술영화촬영소 공훈배우)과 함께 여생을 보냈다. 월북 후 서편제 소리의 고향 담양 땅을 밟지 못하고 1968년 12월 4일 71세를 일기로 세상을 떠났다.[澤]

메타세쿼이아 가로수 길과
메타프로방스

한국에서 가장 아름다운 길

1970년대 초반 담양군 담양읍 – 전북 순창군 금과면을 달리는 국도 24호선 약 8킬로미터 구간에 메타세쿼이아 2000여 그루를 심어 가로수 길이 조성됐다. 그로부터 50년이 지나면서 이국풍의 키 큰 나무들이 하늘을 찌르고 도열한 모습은 로봇 병정들의 사열식 같다. 전국에서 가장 이름이 높은 이 가로수 길이 2000년 5월 국도 확장 공사의 불도저에 밀려 사라질 뻔한 위기에 처했으나 담양 군민 단체들을 중심으로 군민이 힘을 합쳐 막아내 지금은 관광 명소로 자리 잡았다.

2002년에는 산림청으로부터 '가장 아름다운 거리 숲'으로 선정됐고 건설교통부가 주는 '한국의 아름다운 길' 최우수상도 수상했다. 1980년 5월 광주 민주화 운동을 다룬 〈화려한 휴가〉는 메타세쿼이아 가로수 길에서 시작한다. 이 영화에 관객이 많이 들면서 메타세쿼이아 가로수 길 관광객이 두 배로 늘었다.

메타세쿼이아 길은 사계절 관광지다. 봄에는 연녹색 새싹이 돋아나고 여름에는 울창한 녹색 터널을 만든다. 메타세쿼이아는 낙엽이 지는 침엽수다. 가을에는 붉은빛에 가까운 갈색이 되었다가 바늘잎이 다 지

→ 여름의 메타세쿼이아 가로수 길은 녹색 터널을 이룬다. (사진 제공 담양군)

고 나면 하얀 눈옷으로 갈아입는다.

메타세쿼이아는 원래 화석으로만 존재하는 멸종 식물로 알려져 있었다. 1939년 일본의 미키 시게루三木茂 박사가 일본 지역의 나무 화석을 연구하다 처음 보는 나뭇잎 화석을 발견했다. 미국의 세쿼이아라는 나무와 비슷하지만 잎의 배열이 달라 after 또는 post라는 뜻의 meta를 붙여서 메타세쿼이아라고 1941년 학회에 발표했다.

그런데 2차 세계 대전이 한창이던 1941년 양쯔강 상류인 쓰촨성四川省의 마타오치磨刀溪강에서 산림공무원이 35미터 높이의 거대한 나무를 발견하였다. 그는 처음 보는 신기한 나무의 표본을 난징대학에 보냈다. 그다음 해 베이징대학 부설 생물학연구소가 화석으로만 존재하는 것으로 알려진 메타세쿼이아임을 밝혀냈다. 마타오치강 유역을 정밀 조사한 결과 약 4000그루가 강 연안에 자라고 있었다. 양쯔강 상류에서 발견된 이 나무는 그 후 중국, 미국, 일본을 거쳐 한국에 들어와 담양의 가로수 길에 심어졌다.

1941년 발견된 '화석 나무'

메타세쿼이아는 포항 지역에서도 화석으로 발견돼 한국에서도 석탄기 이전에 자생自生했음이 확인됐다. 메타세쿼이아는 낙우송落羽松과다. 공원에 가면 메타세쿼이아와 낙우송을 함께 심어 놓은 곳이 더러 있다. 두 나무의 외양이 거의 같아 구분이 어렵다. 메타세쿼이아는 잎이 마주나고, 낙우송은 어긋난다. 낙우송은 밑동 주변에 기근氣根(공기뿌리)이 혹처럼 솟는다. 깃털 우羽 자가 들어간 이름에서 알 수 있듯이 낙우송과 같은 과科인 메타세쿼이아는 깃털 같은 잎가지가 통째로 떨어지지만 낙엽송(일본잎갈나무)은 침엽針葉이 하나씩 떨어진다.

가을의 메타세쿼이아 가로수 길. 단풍이 들면 바늘잎이 하나씩 떨어지지 않고 잎가지가 통째로 떨어진다. (사진 황호택)

　　남양주와 포천에 걸쳐 있는 국립수목원 명예의 전당에 가면 한국의 '붉은 산'을 푸른 숲으로 가꾸는 데 기여한 다섯 명의 부조가 있다. 세계적인 임목 육종학자 현신규 박사, 한반도를 누비며 나무종자 1000여 종을 채집한 김이만 할아버지, 조림왕 임종국 선생, 천리포수목원을 세운 민병갈 원장, 그리고 박정희 전 대통령이다.

　　담양 메타세쿼이아 길 입구 안내판에는 현신규 박사가 메타세쿼이아를 한국에 들여와 가로수와 조경수로 심었다는 내용이 간략하게 적혀 있다. 그러나 이와 다르게 전남대학교 치과병원 입구에는 수령 70년의 메타세쿼이아 옆에 '담양 메타세쿼이아 가로수 길의 모수母樹'라는 안내판이 서 있다. 담양 메타세쿼이아 길의 어미는 과연 어느 쪽인가.

　　전남대 치과병원의 메타세쿼이아는 한국 전쟁이 한창이던 1952년 광주에서 양묘장을 경영하던 정하도 씨가 일본에서 묘목 10여 그루를 최초로 들여와 그중 한 그루를 전남대에 연구용으로 기증해 치과병원 입구에 심었다. 전남대는 이 어미나무의 번식 방법을 체계적으로 연구해 1960년대 학술림 양묘장(지금의 용봉동 전남대 수목원)에 식재해 100여 그루의 울창한 숲을 이루게 되었다. 담양의 유명한 메타세쿼이아 가로수는 이 나무를 재증식해 조성된 것이라는 게 전남대 치과병원 안내판의 설명이다. 자료 출처를 〈전남대 학술림 사료집〉이라고 밝혀놓았다.

메타세쿼이아를 재증식하는 방법은 꺾꽂이(삽목揷木). 전남대학교 대학역사연구회(회장 황호균 박물관 학예관)가 작성한 자료는 "담양의 김재호 씨가 전남대 메타세쿼이아에서 채취해 삽목해 번식시킨 묘목을 담양군이 김 씨한테서 구입해 메타세쿼이아 길을 조성한 것"이라고 밝혔다. 그 후 담양군이 가로수 길을 확장해 나가면서 다른 묘목장에서도 메타세쿼이아를 가져다 심었다. 그러니까 담양 메타세쿼이아 가로수 길의 어미는 둘인 셈이다.

담양 출신 명창 박동실의 외손자인 김정호(1952~1985)의 노래비는 메타세쿼이아 가로수 길을 약간 벗어나 장승공원 가는 길 광장에 있다. 메타세쿼이아 길을 지켜낸 군민 단체 연합체인 담양가로수사랑군민연대(사

잎을 다 떨구고 뼈대가 드러난 메타세쿼이아 가로수의 설경. (사진 황호택)

무처장 장광호)는 2014년부터 주말에 20여 차례 공연을 통해 김정호 노래비 설립을 위한 모금 운동을 벌였다. 김정호의 모친 박숙자는 국악인으로 영화 〈서편제〉의 실제 모델. 외삼촌 박종선은 아쟁산조를 체계화한 국악 명인이다. 김정호는 담양 외가를 통해 내려온 판소리의 가락과 서정을 대중가요로 표현했다. 이경엽 목포대학교 국문과 교수는 노래비에서 "김정호의 음악은 담양, 광주 소리의 대중음악 버전"이라고 풀이했다.

> 음 - 생각을 말아요 지나간 일들은
> 음 - 그리워 말아요 떠나갈 임인데
> 꽃잎은 시들어요 슬퍼하지 말아요
> 때가 되면 다시 필 걸 서러워 말아요

나도 김정호 또래다. 우리 세대는 애조 띤 가락에 실린 〈하얀 나비〉의 가사를 대개 외우고 있다. 김정호는 스물한 살에 〈이름 모를 소녀〉로 데뷔했다. 어니언스의 〈작은 새〉와 〈편지〉 등 서정성 짙은 히트곡들을 작곡했다. 김정호는 재능을 다 꽃피우지 못하고 서른셋의 나이에 폐결

2015년에 세워진 김정호의 노래비. (사진 황호택)

도로 확장으로 폐목 신세가 된 나무들로 제작한 장승들. (사진 황호택)

핵으로 요절했다. 기타를 치고 있는 그의 동상을 바라보고 있노라면 애틋한 생각에 발길이 떨어지지 않는다. 왜 천재는 요절하는가. 광주에 '김정호 거리'가 만들어졌으니 김성호 딥사는 광주를 거쳐 담양의 노래비까지 와야 완성된다.

김정호 노래비에서 조금 더 가면 장승공원이 있다. 이 장승들은 2003년 담양읍－월산면 구간 국도 150호선 확장 공사로 폐목 신세가 된 가로수 100그루를 재활용해 만들었다. 담양가로수사랑군민연대가 의뢰해 송학박물관이 1년에 걸친 작업을 통해 영의정, 좌의정, 우의정 등 조선 시대 관직을 비롯해 천하대장군과 지하여장군 등 200여 개의 다양한 형태의 장승으로 환생시켰다. 담양 군민과 군민 단체들이 메타세쿼이아 가로수 길을 지켜내고 보존한 상징적 기념물이다.

메타세쿼이아 길 주변에 호남기후변화체험관, 개구리생태공원, 기후변화지표식물원, 곤충박물관 등으로 생태 교육 코스를 만들어 어린

태풍에 쓰러진 느티나무 고목 안에서 씨앗을 틔워 자라는 애기느티. 봄이 되면 파란 잎이 돋아나 생명의 강인함을 말해 준다. (사진 제공 담양군)

자녀들을 데리고 오기에 좋게 꾸며 놓았다. 호남기후변화체험관은 대바구니 모습으로 건축됐다. 체험관 입구에 들어서면 '애기사랑' 느티나무 고사목이 있다. 1998년 수북면 대방리 심방골에 있는 200년 수령의 느티나무 줄기 사이에 씨앗이 떨어져 애기느티가 자라기 시작했다. 2012년 8월 전남 내륙까지 휘몰아친 태풍 볼라벤이 느티나무 거목을 쓰러뜨렸다. 고사목의 둥치를 잘라서 이곳 기후변화체험관으로 옮겨왔는데 고사목이 너무 커서 나무를 먼저 설치한 후 건물을 시공했다. 애기느티는 고사목에 뿌리를 내리고 푸른 잎을 틔우며 건강한 모습으로 자라고 있다.

　버트런드 러셀이 《행복의 정복》에서 말한 것처럼 인생은 곧 막을 내리는 고립된 개체가 아니라, 최초의 세포로부터 멀고 먼 미지의 세계로 이어지는 생명 흐름의 한 부분이다. 태풍에 쓰러져서도 애기느티를 보호해 자신의 DNA를 후세에 전달한 고목 느티에서 우리는 지구와 인류라는 거대한 생명의 나무로 생각을 확장해 나갈 수 있다.

메타세쿼이아 길로 둘러싼 삼각형 호수는 원래 논이 있던 자리다. 호수 안에는 작은 섬이 있다. 기후 변화로 기온이 올라가면서 삼각형 호수에서도 철새의 텃새화를 관찰할 수 있다. 기후 감각을 잃어버린 여름 철새인 물총새나 겨울 철새인 흰뺨검둥오리를 아무 때나 목격할 수 있다고 한다. 바로 옆에는 공룡들이 활보하는 '어린이 프로방스'가 있다.

메타프로방스, 담양에서 묵고 가세요

메타세쿼이아 가로수 길옆에 조성된 메타프로방스는 죽녹원과 메타세쿼이아 길을 찾아온 가족 관광객들이 당일 떠나지 않고 담양에서 하루 더 묵을 수 있도록 기획 조성된 유럽풍의 관광 단지. 프로방스는 이탈리아의 경계에 있는 프랑스 남동부 지방. 세계적인 휴양지 니스, 지중해 연안의 가장 큰 항구 마르세유, 고흐가 사랑한 마을 아를 등이 모두 이 지역에 있다. 메타프로방스는 프로방스에 메타세쿼이아의 메타를 빌려다 붙인 관광 타운이다. 2013년만 해도 논밭이던 곳이 남유럽풍의 도시로 변신했다.

메타프로방스의 주황색 기와지붕 건물들은 가을이면 단풍이 든 메타세쿼이아의 색깔과 잘 어울린다. 메타프로방스는 패션 거리, 디자인 공방과 체험관, 연회장 등 문화와 예술 비즈니스가 공존하는 공간이어서 젊은 관광객들이 많이 오지만 분위기가 밝고 건강해서 가족 나들이에도 좋다. 담양에서 이런 사업이 잘될지 회의적 시각도 있었으나 성공적으로 자리 잡았다는 평가가 나온다.

담양군은 인근에 5만㎡ 규모의 농어촌테마공원을 조성할 계획이다. 이 공원에는 농어촌의 삶을 직접 느껴볼 수 있는 체험학습장과 특산

메타세쿼이아 가로수 길옆에 유럽풍으로 조성된 메타프로방스. (사진 황호택)

물 판매장 등이 들어선다. 메타프로방스에 숙소를 정하고 담양호와 추월산, 죽녹원, 관방제 숲, 삼지내마을, 정철과 송순宋純(1493~1582)의 누정들을 둘러보며 맛집을 찾는 슬로 투어는 담양 관광의 특색이다.

폐사지 연동사를 복원한
원행 스님

절간의 곡차를 훔쳐 먹는 살쾡이

〈세종실록 지리지〉 담양도호부 편에는 고려 시대에 세워진 담양 연동사
煙洞寺가 등장한다. 고려 문종 때 예부상서禮部尙書를 지낸 이영간李靈幹이
어려서 금성산성金城山城으로 오르는 중턱에 있는 연동사에서 공부를 하
던 시절의 이야기다.

스님이 술을 담가 두었는데 거의 익을 때쯤 되면 누가 감쪽같이 훔쳐 마
셨다. 스님이 이영간을 의심하여 두세 번 종아리를 때렸다. 이영간이 몰
래 엿보니 늙은 살쾡이가 와서 훔쳐 마셨다. 이영간이 잡아서 죽이려 하
자 살쾡이가 살려 달라고 애원하면서 "네가 만일 나를 놓아주면 평생 유
용하게 쓰일 신기한 술법術法 책을 주겠다" 하였다. 때마침 청의 동자靑衣
童子가 나타나 책 한 권을 던져 주므로 이영간이 그 살쾡이를 놓아주었다.
그리하여 그 책을 간직하여 두었는데 나중에 장성하여 벼슬을 하매 이
영간이 하는 모든 일이 보통과 달랐다.

청의동자가 던져 준 책은 비결서祕訣書였던 모양이다. 문종文宗(재위

연동사 일주문을 통해 극락보전이 보인다. (사진 황호택)

1046~1083)이 개성 박연폭포에 거동했다가 갑자기 비바람이 거세게 몰아쳐 놀란 나머지 어찌할 바를 몰랐다. 이때 이영간이 칙서를 못에 던져 용을 혼내 주었다는 이야기가 이어진다. 이 기록으로 봐서 연동사는 고려시대 11세기 이전으로 역사가 거슬러 올라가는 절이다. 연동사에서 동굴 법당을 지나 경사가 가파른 길을 계속 올라가면 금성산성 보국문輔國門이 나온다.

금성산성에서 의병과 왜군 사이에 치열한 전투가 벌어졌던 정유재란(1597) 이후 400년 동안 연동사는 폐허로 남아 있었다. 산죽山竹과 잡초가 무성하던 절터에 1990년대 초에 20대 후반의 젊은 승려가 찾아왔다. 그는 절터 위쪽의 동굴(지금의 동굴법당)에서 생식을 하면서 수도를 시작했다. '금성산성 화산암군' 국가지질공원으로 지정된 연동사 절터에는 동굴이 여러 개 있다. 밑이 움푹 파인 거대한 암벽 앞 평평한 곳에 지장보살이 반쯤 묻혀 있었다. 노천법당 주변에도 무너진 석탑의 부재部材들이

고려 시대에 조성된 5층 석탑과 지장보살상이 서 있는 연동사 노천법당. (사진 황호택)

여기저기 흩어져 있었다. 그는 동굴 수도를 하면서 연동사 복원을 평생 과업으로 삼겠다는 결심을 굳혔다.

지장보살을 땅에서 파내 바로 세웠다. 이곳저곳에 흩어져 있는 3층 석탑의 부재를 모았다. 담양군의 지원을 받아 없어진 부재는 새로 깎아 끼웠다. 1996년 완전히 복구한 연동사 3층 석탑(전라남도 문화재자료)은 담양읍 5층 석탑(보물), 곡성 가곡리 5층 석탑(보물)의 백제계 석탑 양식을 이어받은 고려 후기의 작품이다.

지장보살은 지옥의 고통을 받으며 괴로워하는 중생 모두가 성불하기 전에는 자신도 결코 성불하지 않을 것을 맹세한 보살이다. 고려 시대 후기에 지옥에서 중생을 구제하는 지장 신앙이 유행했다. 이 석불도 고려 시대의 사회상을 보여 주는 유물이다.

이 절에 한 젊은 스님이 있었다. 그는 담양군 대전면 평장리 화암마을이 고향이었다. 그와 가까웠던 사람들의 말로는 출가 전에 수원에서 장가 들어 아들을 낳았다. 담양 용화사의 수진 스님은 가정을 떠나 출가

극락보전은 부처 뒤에 유리를 끼워 자연 채광을 한다. (사진 황호택)

하겠다며 찾아온 이 젊은이의 머리를 깎아주고 법명을 원행圓行(1964~ 2014)이라고 지어 주었다. 용화사 수진 스님한테 수계受戒한 승려들은 '행行' 자를 돌림으로 쓴다.

수진 스님은 지금은 폐허가 됐지만 지장보살상이 남아 있고 경관이 좋은 연동사를 살려보고 싶은 생각이 간절했다. 그래서 쑥대밭 같은 폐사 터에 젊은 스님 몇 명을 들여보냈지만 중도에 모두 포기하고 나왔다. 그는 원행에게 "금성산성 밑에 폐사 터가 있는데 오래된 석불상도 있다. 백일기도를 하고 절을 개척해 보려는가"라고 물었다. 원행이 선선히 수진 스님의 말을 따랐다. 원행은 조선 시대의 도사로 알려진 전우치가 살았다는 전설이 내려오는 굴을 조금 더 파내고 그 속에서 수도를 했다. 잡초가 많은 절터의 여름은 모기가 많고, 산속의 겨울은 너무 추웠다.

젊은 스님은 주변의 지형을 최대한 살려 절을 가꾸었다. 폐허만 남은 절터에 극락보전, 노천법당, 동굴법당을 만들고 아름다운 정원처럼 가꾸었다. 암반 위에 고려 시대의 돌부처와 석탑을 모셔 놓고 법회를 하

원행이 논흙을 가져다 빚은 나한상. (사진 황호택)

는 명물 노천법당이 한 스님의 힘으로 만들어졌다. 부처님이 초기에 설법했던 곳도 법당이 아니라 노천이었다.

'금성산 연동사金城山煙洞寺'라는 편액이 걸려 있는 일주문과 극락보전, 노천법당은 일직선상에 있다. 극락보전 불상 뒤로는 대형 통유리를 설치했다. 전기가 들어오지 않으니 실내를 밝게 하기 위한 창이다. 이 유리를 통해 300미터 뒤 노천법당에서 부처님의 뒷모습을 볼 수 있고, 극락보전에서도 3층 석탑이 보인다. 연동사에는 지금도 전기가 들어오지 않는다. 태양열 발전을 해 전기가 늘 모자란다.

원행 스님은 찰진 논흙을 가져다가 516명의 나한상을 만드는 작업을 했다. 아라한은 범어 아라하트arahat의 음역으로 보통 줄여 '나한'이라고 한다. 16 나한은 부처의 경지에 오른 제자들이고, 500 나한은 역시 부처의 경지에 오른 수행자를 지칭한다. 원행은 나한상을 250점가량 만들어 놓았는데 똑같이 생긴 나한이 한 점도 없다. 그러나 나한상만 만들고 미처 굽지 않은 상태에서 원행이 젊은 나이에 홀연히 세상을 떴다.

극락보전에 걸려 있는 원행
의 달마도. (사진 황호택)

　　원행은 달마도를 기막히게 쳤다. 주류회사 추성고을 양대수 대표는
원행이 달마도 치는 모습을 몇 번 구경한 적이 있는데 앉은 자리에서 붓
을 몇 번 휘두르면 그림이 완성됐다고 말했다. 연동사 극락보전에 그의
달마도 작품이 두 점 걸려 있다. 원행은 달마도를 선물로 주기를 좋아했
다. 그의 달마도는 연동사 신자라면 죄다 한 점씩 갖고 있을 정도다.

　　극락보전 외벽에는 그가 그린 6점의 탱화가 남아 있다. 그중 한 점은
생전의 그의 모습을 닮아 자화상 같다. 극락보전 뒷벽의 탱화는 시작만
해놓고 중단했다. 양 대표는 "원행이 천수경을 독경하는 소리는 먼 곳까
지 낭랑하게 들렸다. 목소리가 장중하고 개성이 강해 신도들은 멀리서
듣고도 '원행이 독경을 하고 있구만'이라고 말했다"고 전했다. 처음에는
한문 독경을 하고 나중에는 우리말 독경을 했다. 연동사 신도회장을 했
던 고부정 씨(57)는 원행의 천수경 독경 CD를 들려줬다. 클래식 음악을
듣는 느낌이었다. 고 씨는 원행의 그림과 글씨도 수작秀作을 여러 점 갖고

극락보전 외벽에 원행이 그
린 탱화. 원행의 모습을 닮아
자화상 같다. (사진 황호택)

있었다. "나와 원행 스님은 갑장이었습니다. 그런데 스님이 8년 전에 먼
저 세상을 떠났습니다. 그는 승려가 되려고 공부를 많이 한 사람입니다.
그를 따르는 신도들이 경상도에서도 연동사를 많이 찾아왔는데 참으로
안타깝습니다."

　늦은 봄부터 여름까지는 절터에 난 잡초를 깎는 것이 원행의 일과였
다. 풀을 깎다가 툭 쏘는 기분이 들어 말벌에 쏘인 것으로 알았는데 증
세가 악화돼 병원에 가니 쓰쓰가무시병이라는 진단이 나왔다. 진드기
의 유충이 피부에 붙어 피를 빨아먹어 궤양이 생기는 질병이다. 원행은
그렇게 나이 쉰에 세상을 떴다. "잡초가 며칠만 놔두어도 무성해졌어요.
원행 스님은 봄부터 초여름까지는 쉬지 않고 풀을 깎으셨죠." 스님을 따
르던 보살의 이야기다.

　대웅전과 요사채가 있는 맞은편 산비탈에는 키가 크고 몸피가 가장
굵은 맹종죽 숲이 길게 뻗어 있다. 담양군이 조성한 대숲이다. 해우소도

연동사 극락보전. 경관이 뛰어나고 조경도 잘돼 있다. (사진 황호택)

원행이 직접 지었다. 자연과 단순함을 추구하는 승려의 미적 감각이 반영돼 있다. 통나무 자갈 기와로 벽을 만들어 벽화 같은 분위기를 자아낸다. 화장실 내부가 깨끗했고 맹종죽 숲의 댓잎 서걱이는 소리가 배경 음악으로 들렸다.

쉼터찻집에서는 절 부근에서 나는 야생차와 차밭에서 가꾼 차를 섞어 내방객과 신도들에게 대접한다. 찻집에는 원행 스님이 제작한 나한상들이 전시돼 있다. 요사채의 지붕은 대나무와 산죽을 엮어 얹었다. 방바닥과 벽은 황토를 발랐다. 자연친화적 인테리어다.

원행이 급작스레 열반하고 나서 출가 전 사가私家의 동생인 선행宣行 스님이 와서 절을 맡고 있다. 절집에서 사가의 형제가 주지를 물려받고 '행' 자 돌림 법명을 쓰는 것도 드문 일이다. 선행은 "큰스님이 형제간이니 법명에 항렬(돌림자)로 행行 자를 쓰라"고 했다고 말했다. 원행이 주지일 때는 연동사의 소속 종단이 용화사와 같은 태고종이었으나 지금은 다른 종단으로 바뀌었다. 절 사정은 캐묻지 않았다.

연동사의 동굴법당. (사진 황호택)

　　노천법당으로 오르는 비탈에는 사람 키와 비슷한 오죽 숲이 있다. 오죽은 줄기가 검어서 조경용으로 식재한다. 원행 스님이 오죽 근경을 구해다 심으면서 검은 대나무가 작은 숲을 이루었다. 동굴법당으로 오르는 언덕에는 조릿대가 자란다.

　　연동사라는 절 이름의 유래에 대해서는 두 가지 설이 있다. 안개가 짙게 끼는 날이 많아 연동사라고 했다는 것이 첫째 설이다. 금성산성에서 치열한 전투가 벌어지면서 연동사가 완전히 전소되고 주변 계곡을 시신이 뒤덮었다. 전쟁이 끝나고 유족들이 찾아와 원혼을 달래기 위해 향을 피웠는데 그 향이 골짜기에 가득 차 연동사라고 했다는 것이 두 번째 설이다. 고려 시대부터 연동사로 불렸기 때문에 두 번째 설은 시제가 맞지 않다. 연동사 옆 골짜기의 이름은 '이천골'이다. 정유재란 때 시신 2000구가 뒹굴어 이천골伊川골이라 불렸다고 한다.

　　연동사에서 세워 놓은 동굴 법당 안내판에는 전우치가 연동사에 업둥이로 들어와서 동굴법당에서 제세팔선주濟世八仙酒를 훔쳐먹던 여우를 잡아 용서해 주고 살려 보내니 여우가 전우치에게 도술을 가르쳐 주었다는 전설이 적혀 있다. 안내판에는 "전우치는 실존 인물이며 담양 전씨라고 한다"는 문구가 쓰여 있다. 제세팔선주는 마시면 신선이 된다 해서 붙여진 이름이며, 연동사에서 스님들의 건강을 위해 빚어 마시던 곡차가 추성주로 비법이 내려온다는 설명이 이어진다.

절 아래로는 저수지가 있고 그 밑으로 산림청의 정원문화원이 2022년 공사를 시작해 2024년 7만㎡ 부지에 산림박물관, 숲속의 동화미굴관, 전시정원이 들어선다. 위쪽으로 '7성급 전망'이라는 금성산성이 있고 아래로 연동사와 저수지가 이어진다. 등산을 다니다가 절을 찾는 '등산불교' 신도들이 많으니 절의 위치도 명당인 셈이다. 담양군의회 이규현 의원은 "원행이 고향 마을 후배라서 가깝게 지냈다. 만트라 공부를 많이 했고 국제명상센터를 세우려는 계획도 갖고 있었다. 좀 더 살았더라면 담양군과 연동사를 위해 의미 있는 불사를 많이 했을 텐데 안타깝다"고 말했다.

황량한 폐사 터로 남아 있던 연동사가 담양의 명찰로 다시 태어났다. 눈 밝은 사람들은 한 승려의 예술적 감각과 아름다움을 가꾸는 공력 그리고 법력을 알아볼 수 있을 것이다.澤

2부

영산강에 유유히
흐르는 역사

임진왜란에 삼부자가 목숨 바친
충절의 집안

삼지내마을에서 월봉산 쪽으로 2킬로미터 가면 유천柳川마을이 나온다. 이 마을에는 1592년 임진왜란 때 금산성 전투에서 의병장 제봉 고경명 장군과 함께 전사한 둘째 아들 학봉鶴峯 고인후高因厚(1561~1592)의 종가와 사당, 묘소가 있다. 큰아들 종후從厚(1554~1593)는 이듬해 진주성 싸움에서 순절했다. 삼부자가 임진왜란에서 나라를 구하기 위해 목숨을 바친 충절의 집안이다.

금산성 전투에서 고경명 의병부대와 권율權慄(1537~1599) 장군 등이 이끄는 민관 연합군은 막대한 희생자를 내고 패전했다. 그러나 일본군의 예기銳氣를 꺾음으로써 호남의 중심인 전주 점령을 좌절시키고 곡창을 보전할 수 있었다. 고경명은 광주 포충사에, 종후는 포충사와 진주의 충민사에 배향됐다. 학봉 고인후의 사당과 묘소가 유천에 마련된 데는 가슴 아픈 사연이 있다.

유천마을은 학봉의 처가 동네다. 인후는 32세에 세 자녀를 집에 두고 전선에 나갔다. 인후가 전사하자 장모 언양 김씨가 고아가 된 외손자들을 유천으로 데리고 와 키웠다. 학봉은 장흥 고씨지만 그의 후손이 외가 창평에서 뻗어나가 '창평 고씨'로 불리게 되었다.

유천마을 종가 뒷산 학봉 묘역은 후손과 마을 사람들이 정갈하게 관리하고 있다. (사진 황호택)

학봉의 종가 바로 뒤에 나지막한 산이 있다. 좌청룡 우백호의 지맥에 키 큰 소나무 수십 그루가 묘소를 둘러싸고 있다. 석물은 묘표, 상석, 망주석 두 개, 동자석 두 개로 단출하지만 규모는 왕릉에 견줄 만한 무덤이다. 학봉이 영의정에 추증되고 의열毅烈이란 시호를 받은 내용이 굵은 글씨로 묘표에 새겨져 있다.

한말 의병장 고광순은 임진왜란 의병장 후손

을사늑약이 강압으로 체결된 뒤 호남 지방에서는 1907년 고경명의 12대손이자 둘째 아들 인후의 봉사손奉祀孫인 녹천鹿川 고광순高光洵 (1848~1907)이 60대 나이에 의병대장으로 추대되었다. 고경명 장군이 항일 의병을 일으킨 지 315년 만이었다. 녹천은 남원성의 일본군을 공격하고 구례 연곡사로 가서 화개동과 문수암 일대를 거점으로 군사를 훈련시키며 군량을 보충했다. '불원복不遠復'이라는 글씨를 쓴 태극기를 제작해 아침저녁으로 불원복기에 배례하며 의병들을 격려했다. 불원복은 나라를 곧 회복한다는 뜻이다. 불원복기는 네 괘와 태극의 모습이 지금의 태극기와는 조금 다르다. 종가에는 모사본이 있고 원본은 독립기념관이 소장하고 있다. 녹천은 그해 9월 연곡사에서 일본군의 야습을 받아 부장인 고제량을 비롯, 주요 장졸들과 함께 전사하였다. 연곡사 입구에 '의병장 고광순 순절비'가 서 있다.

녹천이 의병장으로 활동하는 동안 일제는 가족들을 핍박하고 창평의 집을 불태워 버렸다. 이때 수백 년 동안 간직해 오던 학봉 종가의 귀중한 고서와 유품들이 불탔다. 일본 헌병들은 유천마을 사람들을 녹천의 집으로 불러 모아 숨어 있는 장소를 대라고 위협했다. 녹천의 아들이 저항하자 사타구니를 칼로 찔렀다. 하체에 피가 낭자했다. 목숨은 건졌으나 자식을 생산할 수 없는 몸이 됐다. 장흥 고씨 집안 어른들의 뜻에 따라 1939년생인 고영준이 고광순의 손자로 입적했다.

녹천을 배향하는 사당 포의사褒義祠는 원래 운암저수지 옆에 있었으나 터가 비좁고 습기가 차서 박정희 대통령의 지시로 담양군이 1970년 지금의 자리로 이전했다. 11대조 고인후 장군의 묘소에서 300미터 떨어진 곳이다. 한 집안에서 불천위不遷位 신위를 사당에 세 분이나 모신 것은 학봉·녹천 종가가 유일하다. 불천위란 나라에 큰 공훈이 있어 영원히 사당에 모시기를 나라에서 허락한 신위神位를 말한다. 종가를 찾아갔을 때 고영준(83) 씨는 교통사고를 당해 병원에 입원 중이어서 만나볼 수 없었다. 대신에 종부 이숙재 씨를 만나 집안 이야기를 들었다.

종부는 스물다섯 살에 남원에서 시집을 왔다. 직장 생활을 그만두고 조상들을 모시는 일이 힘든 종가로 시집가는 게 겁이 났지만 영준 씨에게 끌렸던 모양이다. 보통 집안에서는 5대가 넘으면 집안에서 제사를

고경명의 12대손으로 한말에 항일 의병 투쟁을 벌인 고광순을 배향하는 포의사. (사진 황호택)

모시지 않고 종중에서 공동으로 시향을 지내지만 학봉·녹천 종가에서
는 두 분의 불천위에다 고조까지 제사를 모시다 보니 제사가 끊이는 달
이 없었다. 학봉과 녹천의 제일에는 소를 잡아서 동네 사람들과 제사를
모시고 음복을 했다. 나중에는 돼지를 잡는 것으로 규모를 줄였다가 코
로나가 내습한 뒤에는 집안사람끼리만 모여 제사를 지낸다.

　학봉·녹천 종가에는 선대로부터 씨간장이 내려온다. 몇백 년이 된
것인지는 정확한 기록이 없다. 간장은 오래되면 수분이 말라 응고된 간
장과 소금 성에가 항아리에 달라붙는다. 그러기 전에 새 간장을 조금 부
어 희석해야 한다. 그리고 새 간장을 만들 때도 씨간장을 상징적으로 조
금 섞는다. 옛날에는 종가의 씨간장을 귀한 맛으로 여겼으나 지금은 입
맛들이 많이 변해 짠 것이라면 고개를 돌린다. 이숙재 씨는 일반 음식에

학봉과 녹천의 종가. 집 바로 뒤에 학봉의 사당이 있다. (사진 황호택)

는 씨간장을 넣지 않고 색깔을 낼 때만 쓴다.

이 씨는 음식 솜씨가 좋아 2015년 농촌진흥청과 플라자호텔이 공동으로 전국의 종가 음식을 발굴하는 행사에서 12개 맛집 종가로 선정됐다. 잘하는 요리는 떡갈비. 옛날에 이가 약하거나 없어 갈비를 먹지 못하는 노인들을 위해 만든 음식이다. 종부는 레시피 공개를 꺼렸다. 대체로 담양에서 만드는 떡갈비의 조리법은 우선 갈비살에서 피를 빼내고 살을 발라내 마늘과 생강을 넣고 다진다. 그다음에는 버섯, 대파, 양파, 텃밭에서 나오는 계절 채소와 두부 등을 넣고 버무린다. 이것을 뼈에 붙여서 약한 화롯불에 굽는다. 종부는 식당을 차리지는 않았지만 20명 넘는 단체 손님이 며칠 전에 주문하면 종갓집 상차림을 해 준다.

신지식 가르치는 교육 구국

삼지내마을에 고택이 있는 춘강春崗 고정주高鼎柱(1863~1933)는 의병장 고경명의 11대손이다. 구한말에 정3품에 올라 규장각 직각을 지냈다. 지금의 국립중앙도서관장에 해당한다. 춘강은 을사늑약이 체결되자 을사 5적을 처단하라는 상소를 올렸으나 받아들여지지 않자 벼슬을 버리고 낙향했다. 항일 무장 투쟁에 나선 고광순과는 달리 그는 근대 교육을 통한 실력 배양으로 방향을 잡았다. 국가의 독립이라는 목표는 같았지만 같은 고경명의 줄기 안에서 삼지내와 유천마을의 후손들의 가는 길이 달라졌다.

을사늑약 전문에는 한국의 부강을 인정할 수 있을 때까지 조약의 효력을 약정한다는 내용이 들어 있었다. 을사늑약은 토씨만 우리말로 된 의고문擬古文이다. 전문을 쉽게 풀어 보면 "일본 정부와 한국 정부는 두 제국을 결합하는 이해공통 주의主義를 공고히 하기 위해 한국의 부강지실富强之實을 인정할 수 있을 때까지 조문을 약정한다"고 돼 있다. 부강지실은 실제로 부강하다는 뜻이다.

당시 민족주의 지식인들은 이를 우리가 부강해진다면 나라를 되찾을 수 있다고 해석했다. 오산학교, 대성학교 등 민족주의 계통의 학교가 우후죽순 설립된 것도 젊은이에게 교육을 통해 신지식을 깨우쳐 부강한 나라를 만들어 독립을 이루자는 뜻이었다. 부강지실 운운은 한국의 주권을 빼앗기 위한 일본의 둔사遁辭였지만 군사력, 외교력으로 대항할 수 없는 처지에서 교육을 통한 부강한 나라 만들기는 호소력이 있었다.

고정주는 앞서나간 지식인이었고 온건 개화파에 속했다. 고정주가 벼슬을 버리고 낙향해 시작한 첫 사업이 가문이 소유한 상월정上月亭에서 인재를 양성하는 일이었다. 상월정은 천년의 역사를 가진 공부터다.

1830년대 건축된 2층 누각 남극루는 창평 동헌 자리에 있다가 1919년 지금의 자리로 옮겨졌다. 마을 사람들은 양로정이라고 부른다. (사진 황호택)

춘강 고정주는 창평 고씨들의 공부방인 상월정에 영학숙을 개설하고 아들과 사위, 친구의 자제를 학생으로 받아 영어 등 신지식을 가르쳤다. (사진 황호택)

원래 고려 시대 때부터 대자암이라는 절이 있었다. 1457년 강원감사 김응교가 상월정이라는 이름의 정자로 바꾸었다. 언양 김씨 400년, 사위 함평 이씨 300년을 거쳐 외손자인 고씨 학봉파들에게 내려가면서 고씨 가문에서 자손을 교육하는 장소로 썼다.

상월정에서 만난 송진우와 김성수

춘강은 상월정을 영어와 신학문을 가르치는 영학숙英學塾으로 만들었다. 서울에서 귀화인 이표李瀌를 초빙해 영어를 중점적으로 가르쳤다. 장차 둘째 아들 고광준(1882~1950)과 사위인 인촌仁村 김성수金性洙(1891~1955)의 유학 준비를 위한 것이었다. 이표는 영어, 일어 등 외국어뿐 아니라 수학, 역사, 지리, 체육까지 잘하는 만능 교사였다. 얼마 후 고하古下 송진우宋鎭禹(1890~1945)가 합류했다. 송진우는 17킬로미터가량 떨어진 담양군 고지면 손곡리 출신이었으나 아버지가 춘강과 친분이 있어 상월정에서 공부를 하게 되었다. 여기서 만난 김성수와 송진우는 입술과 이의 관계 같은 평생 동지가 되었다. 초대 대법원장을 지낸 가인街人 김병로金炳魯(1887~1964)와 백관수, 현준호도 상월정을 드나든 것으로 전해진다.

송진우는 영학숙에 온 지 6개월 만에 아무 말 없이 떠났다. 고하는 당시 장지연이 〈황성신문〉에 쓴 "시일야방성대곡是日也放聲大哭"을 오려 주머니에 넣고 다니며 읽을 때마다 눈물을 뿌리며 비분강개했다고 한다. 인촌도 그해 겨울 고향인 전북 고창의 인촌리로 돌아갔다.

영학숙 학생 중 고광준이 1906년 중국 상하이로 먼저 유학을 떠나고 2년 후에는 김성수와 송진우가 일본 유학길에 올랐다. 고광준도 상하이에서 일본으로 건너가 이들과 합류했다. 1910년 일본이 대한제국을 강제 병합하자 대성통곡을 하던 송진우는 홀로 귀국했고 김성수만 일본

창흥의숙 터임을 알려주는 표지석이 창평초등학교 안에 서 있다(왼쪽). 상월정에 방치돼 있던 5층 석탑이 창흥의숙 교사 옆으로 옮겨졌다(오른쪽). (사진 항호택)

에 남아 와세다대학 정경학부를 1914년 졸업했다.

춘강은 1908년 영학숙을 창흥의숙으로 확대 개편했다. 상월정은 산 속에 너무 떨어져 있어 학생들의 등하교가 힘들었다. 창평객사 건물을 수리해 창흥의숙 교실로 썼다. 학생 수는 50명이었고 초등과는 3년, 고 등과는 6개월의 속성 과정이었다. 창흥의숙은 학생들에게 수업료를 받 지 않으며 점심도 무료로 제공했다. 춘강은 결석한 학생의 집에 머슴 을 보내 학교에 나오게 했다.

가인과 창평의숙의 관계에 대해서는 평전을 쓴 김진배, 김학준, 한인 섭의 기술이 조금씩 다르다. 가인으로부터 직접 구술을 받아 쓴 김진배는 가인이 인촌과 고하를 알게 된 것은 춘강이 세운 창흥학교 수학修學 시대였다고 기록했다. 가인은 외가가 창평 고씨였다. 고향인 순창군 복흥면 하리에서 담양의 추월산이 바라다보였다. 창평의숙에서 6개월짜리 고등부 속성 과정을 마치고 일본 니혼대학 전문부 법학과와 메이지대학 야간부 법학과에 진학했다. 가인은 고하나 인촌보다 서너 살 위였다.

창평의숙 자리에 서 있는 창평초등학교에는 그 흔적을 알리는 상징물이 두 개 남아 있다. 상월정에는 대자암의 유물인 5층 석탑이 있었으나 돌보는 사람이 없었다. 이 석탑을 창평객사(지금의 창평초등학교 정문)로 옮겼다. 현재 창평초등학교 교정에 서 있는 이 석탑의 표지판에는 상월정에서 옮겨온 이력이 적혀 있다. 창평초등학교에는 '창평의숙'이 있었던 자리임을 알리는 표지석도 서 있다.

국가보훈처와 광복회, 독립기념관은 2021년 8월의 독립운동가로 이길용, 여운형, 송진우를 선정했다. 해방정국에서 건국준비위원회(건준)와 국민대회준비위원회(국준)로 맞섰던 좌우파의 인물이 함께 선정된 것도 의미가 있어 보인다.

고하는 일본으로 다시 돌아가 메이지대학 법과를 졸업한 후 인촌이 인수한 중앙학교 교장을 지냈다. 1918년 김성수, 현상윤, 최린, 최남선 등과 함께 중앙학교 숙직실을 근거지로 독립운동을 펼 방책을 꾸며 3·1운동의 산파 역할을 했다. 3·1운동 민족 대표 48인 중 한 사람으로 1년 반 동안 옥고를 치렀다. 1926년 11월 '국제농민본부기념사' 사건으로 징역 6월형이 확정되어 복역하다, 다음 해 2월 출옥하였다.

1936년 8월 〈동아일보〉가 베를린올림픽대회 마라톤 우승자 손기정의 운동복 가슴에 새겨진 일장기를 지워 버린 사진을 신문에 게재해 무기 정간을 당하자 고하는 총독부 압력으로 11월에 사장직을 사임했다.

담양이 배출한 애국지사 송진우의 생가는 초가지붕이라 매년 이엉을 갈아야 한다. 집 뒤에 고하 송진우 기념관이 있다. (사진 황호택)

태평양 전쟁 전후에 총독부로부터 학도병 권유 유세 등 대일 협력을 강요받았으나 병을 핑계로 드러누워 협력하지 않다가 광복을 맞았다.

고하는 여운형, 박헌영의 건준이 '인민공화국'을 선포하자 이에 맞서 1945년 9월 7일 국준을 조직하고 위원장으로 취임해 상해임시정부 법통론法統論을 폈다. 9월 16일 한국민주당을 결성하고 중앙집행위원회 수석총무에 추대됐으나 12월 30일 자택에서 찬탁 세력의 총격을 받고 사망했다. 한국 현대사에서 최초의 정치적 암살이었다.

송진우 고택(지금의 금성면 대곡리)은 한말 호남의병의 영수였던 성재省齋 기삼연奇參衍(1851~1908)의 은신처이자 강학 현장으로도 근대문화유산의 가치를 지닌다. 기삼연은 1차 의병을 일으켰다가 체포된 후 감옥에서 탈출하여 이곳에서 은거했다. 은거 중 기삼연은 송진우를 가르쳤고 후일 의병 활동을 구상해 3차 의병의 중심 역할을 한 호남 의병을 일으켰다.

송진한 고하기념관장(전남대 명예교수)은 "고하는 중농中農 집안 출신이었다는 것이 집안에서 내려오는 이야기"라고 말했다. 초가지붕이지만 곳간이 3칸인 것을 보면 고하 집안의 겸손 어법 같다. 인촌이 도와주었다고 하더라도 당시 일본 유학길에 오른 것으로 보면 부농 수준이었을 것이다.

뒤에는 고하의 유품을 전시하는 기념관이 있다. 고하 고택 마루에 앉으면 고비산古飛山 마루가 보인다. 고하古下라는 호는 의병장 기삼연이 "고비산 아래에서 태어났으니 고비산같이 꼿꼿하게 살라"며 지어 준 이름이다.澤

조선 시대 기록 문화의 꽃
《미암일기》

보물 보존하는 근대문화유산

담양군 대덕면 장산리 모현관慕賢館(국가등록문화재)은 보물 '유희춘《미암일기》 및 《미암집》 목판'을 보관하기 위해 연못 안에 지은 수장고收藏庫다. 《미암일기》와 목판은 원래 사당에 보관하다가 1957년 화재와 도난을 막기 위해 후손들이 모현관을 세워 옮겼다. 사람들은 섬 안의 도서관을 작은 다리로 드나들었다. '모현관' 편액은 의재毅齋 허백련許百鍊(1891~1977)의 글씨다.

연못 남쪽으로 수령 600년이 된 느티나무들이 모현관을 수문장처럼 지키고 있다. 바로 위 산비탈에서 미암의 숨결이 남아 있는 연계정連溪亭이 노거수老巨樹들을 내려다본다. 모현관은 주위 풍광과 어울리는 멋진 건물이지만 책과 목판이 습기에 약하다는 것을 미처 고려하지 못했다. 2012년 준공된 미암박물관은 모현관에서 옮겨온 《미암집》 목판 369편과 《미암일기》 11책, 미암이 전라도 관찰사 시절에 탔던 초헌(가마) 등 유물을 보존하고 있다.

미암의 종가와 사당, 모현관으로 연계된 공간을 거닐다 보면 미암 후손들의 자부심을 느낄 수 있다. 미암사당은 기와 명문銘文으로 보아 건

미암의 후손들이 보물 《미암일기》를 보존하기 위해 건축한 모현관은 국가등록문화재로
지정됐다. (사진 황호택)

미암 사당에는 유교적 건축물로는 드물게 벽화가 그려져 있다. (사진 황호택)

축 연대가 1608년으로 추정된다. 유교적 전통의 건축물로는 드물게 백
학도白鶴圖, 등룡도登龍圖, 봉황도鳳凰圖가 벽화로 그려져 있다.

《미암일기》는 미암眉巖 유희춘柳希春(1513~1577)이 19년간의 유배에서
풀려난 선조 1년(1567)부터 그가 세상을 떠난 선조 10년(1577)까지 11년에
걸친 기록이다. 조선 시대 개인 일기 중 가장 방대하고 사료로서의 가치
도 크다. 임진왜란 때 선조 25년 이전의 《승정원일기》가 모두 불타 〈선조
실록〉을 편찬할 때 이이李珥(1536~1584)의 《경연일기》와 함께 기본 사료가
됐다. 집안과 조정의 대소사를 적은 미암의 일기에 등장하는 인물은 모
두 1800여 명. 아내가 집을 나간 종을 비롯해 하서河西 김인후金仁厚(1510~
1560), 기대승奇大升(1527~1572), 송순, 이황, 허준, 정철 등 미암과 교유했던
인사들의 생생한 이야기가 담겨 있다.

미암의 외조부는 《표해록漂海錄》의 저자 최부崔溥(1454~1504)다. 최부

는 부친상을 당해 임지인 제주를 떠나 고향 나주羅州로 향하다 풍랑을 만나 표류한 끝에 중국의 저장성浙江省 해안에 닿는다. 《표해록》은 필담으로 현지 관리와 주민의 도움을 받으며 베이징–랴오둥–의주를 거쳐 서울로 돌아오는 동안 겪은 이야기다. 성종의 명을 받아 한문으로 지어 올렸다. 최부는 정치적으로는 불운해 연산군 때 처형당했다. 《표해록》은 일본에서 널리 읽혔고 1769년 《당토행정기唐土行程記》라는 제목으로 일본어 번역본까지 간행되었다. 외손자인 미암은 《표해록》 간행을 주도하고 발문을 썼는데 발문에서 '일기日記'라는 용어를 처음 사용했다.

26세에 문과 별시 병과로 급제한 미암은 벼슬살이가 순탄하지 않았다. 그가 홍문관 수찬이 되었을 때 인종이 승하하고 명종이 즉위하자 문정왕후의 수렴청정이 시작되었다. 을사사화 2년 뒤 공무를 수행하는 관원들이 말을 갈아타던 양재역에 문정왕후와 그 일파를 비난하는 벽서壁書가 나붙었다. 문정왕후의 남동생인 윤원형 일파는 이 벽서 사건을 이용해 정적들을 제거했다. 미암도 이 사건에 휘말려 제주도에 유배갔다가

《미암일기》 목판. (사진 제공 담양군)

미암 후손들의 자부심이 느껴지는 사당(뒤편 건물)과 종가. (사진 황호태)

고향인 해남과 가깝다는 이유로 함경도 종성으로 이배됐다.

종성은 세종 때 여진족의 공격에 대비해 설치한 육진의 하나다. 종성 사람들은 활 쏘고 말 타는 것을 좋아했지만 문자를 아는 이가 적었다. 미암이 이곳에 가자 많은 사람들이 글을 배우러 찾아왔다. 여기서 그는 1만 권에 이르는 서적을 독파했다고 옛 문헌은 전한다.

1565년 문정왕후가 죽고 윤원형이 실각하면서 미암은 종성에서 충청도 은진으로 이배됐고 1567년 선조 즉위와 함께 길고 긴 귀양살이에서 풀려났다. 선조는 신하들과 경서經書와 사서史書를 읽고 토론하는 경연經筵을 중시했다. 선조는 경연 중에 궁금한 것이 생기면 미암에게 자주 물었고 미암이 막힘 없이 대답한 기록이 《조선왕조실록(선조)》 여러 군데에 나와 있다.

허준을 내의원으로 천거

선조는 미암의 저술 중에서 '유합_{類合}'에 대해 정밀하고 깊이가 있다고 칭찬하면서도 글자 뜻풀이에 사투리를 쓴 것이 있다고 지적한다. 전라도 해남이 고향인 미암은 자신이 본래 외방 고을에서 태어나 사투리는 어쩔 수 없다고 대답했다. 미암은 족질_{足疾}과 소갈증(당뇨)이 심했다. 유배기에 운동을 하지 않고 고되게 학문을 했던 것이 주요한 원인이었다. 《미암일기》에는 미암의 질병과 치료에 관한 기록이 많이 남아 있다. 미암은 아플 때면 허준(1539~1615)을 가정의처럼 불러 처방을 받았다. 가까운 사람들이 아플 때도 허준을 보내 진료를 받게 했다. 이조판서에게 허준을 궁중의 내의원_{內醫院}으로 천거한 사람도 미암이었다(《미암일기》, 1569. 6. 3). 허준은 《미암일기》에 30여 차례 등장한다.

미암의 정치 철학에서 주목되는 대목은 '중정_{中正}함으로 존심_{存心}하며 편당_{偏黨}한 바가 없어야 한다'는 사상이다. 미암은 "두 붕당 중에서 한쪽이 패하면 중립한 자가 어떻게 해야 하느냐"는 질문에 이같이 답하고 사사로운 뜻으로 해하려는 자에게는 정색으로 쳐내고 두려워서 혹해서는 안 된다고 말했다(《미암일기》, 1576. 10. 4). 미암은 당대의 사림_{士林}으로부터 '중립하여 치우치지 않는다'는 말을 들었다. 이러한 중정 철학은 정치적 양극화로 극단으로 치닫는 현 세태에도 소중한 가르침이다. 미암은 "비록 올바른 노여움이라고 하더라도 역시 절도에 맞게 해야지 지나쳐서는 안 된다"고 일기에 썼다.

미암은 성균관 시절에 동문수학했던 하서 김인후와 가깝게 교유했다. 미암의 둘째 아들 경렴은 총명하지 못한 편이었다. 미암이 종성에 유배 갔을 때 하서가 경렴을 사위로 맞아 우정을 보였다. 미암은 과거에 붙을 능력이 없는 이 아들을 음서_{蔭敍} 제도로 참봉을 시키려고 가까운 사람들과 의논했다. 음서는 전현직 고관의 자제를 과거에 의하지 않고 관리로 채용하던 관행이다. 경렴이 영릉英陵 참봉이 된 뒤 아버지에게 편지를 보내 "사표를 내고 해남에 내려가 자손이나 가르치며 어둡고 졸렬함을 지키고 한가하게 보내는 게 낫다고 생각한다"는 뜻을 밝히자 미암은 "자식이 자신을 안다"고 평했다(《미암일기》, 1571. 5. 20). 능참봉은 '나이 60에 능참봉'이라는 속담이 있을 만큼 변변찮은 벼슬이었다.

덕봉이 남편 만나러 마천령 넘다

미암에게는 20년 피바람이 이는 당쟁에 휘말려 유배 생활하는 동안 가정을 지키고 남편에게 쓴소리로 실수를 막아 주는 아내가 있었다. 미암이 아내 송덕봉宋德峰(1521~1578)에게 홍문관 관리로 한양에서 벼슬하며 4개월 동안 홀로 살면서 음악과 여색을 가까이하지 않았다고 생색내는 편지를 보냈다. 덕봉의 답신은 따끔했다.

군자는 행실을 닦고 마음을 다스려야 한다고 들었습니다. 이는 성현의 가르침이니 어찌 나 같은 아녀자를 위해 억지로 힘쓸 일이겠습니까. 만일 속마음이 확고해져서 물욕物慾이 가리기 어려우면 저절로 마음의 찌꺼기도 없어질 것인데 어찌 안방 아녀자의 보은을 바라십니까.

덕봉은 이어 "시어머니가 돌아가셨을 때 당신은 만 리 밖에 있었고, 내가 지성으로 예법에 따라 장례를 치르자, 곁에 있던 사람은 묘를 쓰고 제사를 지냄이 비록 친자식이라도 더할 수 없다는 말을 했다"고 해 남편을 부끄럽게 만든다. "나는 19년 독수공방하며 부모 모시고 자식 길렀는데 당신은 바람 안 피운 것이 자랑이냐"며 글을 마무리한다.

미암박물관 안에 있는 '덕봉도서관' 편액. (사진 황호택)

시어머니의 3년상을 치른 덕봉은 조선의 남쪽 끝에서 북쪽 끝 종성, 남편의 유배지를 향했다. 그녀는 열여섯의 나이로 여덟 살 위의 남편을 만나 스물일곱 살에 생이별을 했다. 덕봉은 함경도 마천령을 넘어가다가 〈마천령에서 읊다摩天嶺上吟〉라는 시를 남겼다.

걷고 또 걸어 마침내 마천령에 이르니　　　　　行行遂至摩天嶺

동해가 거울처럼 끝없이 펼쳐져 있구나　　　　東海無涯鏡面平

부인의 몸으로 만리 길을 어이 왔는고　　　　萬里婦人何事到

삼종의 의리는 무겁고 이 한몸 가벼워서지　　三從義重一身輕

미암이 제주에서 종성으로 옮겨갈 때 수발을 드는 여종이 따라갔다. 미암은 이 비첩과의 사이에서 네 자녀를 두었다. 덕봉은 첩의 딸 혼사도 두루 보살폈다. 미암은 이런 덕봉의 주장이나 충고, 일처리에 대하여 존경과 찬사를 보냈다.

덕봉의 한시 38수가 시집으로 묶여졌으나 산일散逸되고 《미암일기》 말미에 25수만 남았다. 〈중양일(음력 9월 9일)에 가족이 모여重陽日族會〉는 조금 부족한 둘째 아들이 미관말직 '능참봉'이 되어 돌아온 소회를 솔직하게 털어놓는다.

오늘 중양절의 가족 모임인데   今日重陽會

국화가 안 피어 참으로 서운하네   眞嫌菊未開

우리 아들 말직이기는 하다만   吾兒雖未職

백의로 돌아온 것보다는 낫구나   猶勝白衣來

덕봉은 가양주 담그는 솜씨가 뛰어났다. 그 시대 부녀자들은 술이 잘 익었는지 맛을 보다 술을 배웠다. 덕봉은 삼종지도三從之道의 스트레스를 가끔 술로 풀었다. 많지 않은 시 중에 취흥에 겨워 지은 시가 여러 편이다. 그중 〈술에 취하여醉裏吟〉는 규방에 갇혀 사는 조선 여인네의 감상을 적어 놓았다.

천지가 비록 넓다고 말들 하지만   天地雖云廣

깊은 규방에선 그 모습 다 못 보네   幽閨未見盡

오늘 마침 반쯤 취하고 보니   今朝因半醉

사해는 넓고 가없기만 한 것을   四海闊無津

미암은 남귀여가혼男歸女家婚(데릴사위)을 해 담양 처가에 살았다. 덕봉

미암이 담양에 내려와 후학을 가르친 연계정. (사진 제공 담양군)

은 담양 친정 부모와 함께 살며 친정의 전답을 물려받았다. 친정아버지
는 "내가 죽은 뒤에 비석을 세우도록 하라"는 유언을 남겼는데 이 유언
을 지키기 위해 노심초사한 글이 덕봉의 〈착석문斲石文〉이다.

덕봉은 남편이 유배 중일 때는 말도 꺼내지 못하다가 전라감사가 되
어 부임하자 염원을 풀 수 있으리라 마음속으로 기뻐했다. 그러나 미암
은 누적된 폐단을 없앤다며 사사로운 일은 돌보지 않았다. 그는 덕봉에
게 편지를 보내 "당신 오누이들끼리 사비를 들여 준비하면 내가 마땅히
그 밖의 일을 도와주겠소"라고 말했다.

덕봉은 《예기禮記》에도 "집안의 능력이 있느냐 없느냐에 따라 예를
맞춰야 한다"는 글이 나온다면서 사가에서 준비할 힘이 있었다면 나의
정성으로 진즉 이루었지, 구차하게 당신에게 청했겠느냐고 따진다.

당신이 머나먼 종성 땅에서 장인의 부음을 듣고 3년 안에 제사음식도 한
번 올린 적 없으니, 사위를 정성스레 대접한 뜻에 보답했다고 할 수 있습
니까. 나는 며느리로서의 도리에 부끄러움이 없습니다. 나의 평생소원을
들어주지 않으면 나는 죽더라도 지하에서 눈을 감지 못할 것입니다.

아내의 이러한 위협을 듣고 흔들리지 않을 남자가 어디 있겠는가. 안동교 조선대학교 교수는 "덕봉은 여성의 신분적 제한을 뛰어넘지는 않았으나 유교적 덕목을 바탕으로 주어진 환경에서 역할을 수행하며 자신의 존재 가치를 각인시킨 여성 문인"이라고 평가했다.

한양에서 대사헌 이조참판을 역임한 미암은 후학 양성에 뜻을 두고 사직하고 담양으로 내려왔다. 부부가 함께 장기를 두고 시를 지어 주고받았다. 선조는 1577년 미암을 홍문관 부제학으로 임명하고 경연에 참석하라고 하였다. 미암은 선조의 부름을 받고 급히 상경했으나 건강이 악화돼 용안을 뵙지 못하고 숨을 거두었다. 아들 경렴이 담양으로 운구해 장사를 지냈다. 덕봉은 미암이 별세한 지 7개월 뒤인 1578년 설날에 세상을 떴다.

김영찬의 《서암일기》

미암 서거 282년 뒤에 태어난 남양의 한 선비는 일기 곳곳에 "미암 선생 재실에 들어가 고적古籍을 열람했다"라고 적을 정도로 《미암일기》를 애독했다. 담양군 금성면 금성리 문암마을에 사는 서암棲巖 김영찬金永粲(1859~1945)이 일기를 쓴 시기는 53세 때인 1912년 1월 1일부터 71세 때인 1930년 6월 15일까지다.

서암 김영찬의 학문은 폭이 매우 넓어 경서와 사서, 예서는 물론이고 시문에도 능하여 일기 곳곳에 135수의 시문과 28편의 문장을 남겼다. 그런가 하면 1913년 12월 27일에는 미암 유희춘의 후손 유희적柳羲迪의 딸 혼례식에서 빈객이 되어 양반가의 신랑과 신부가 치르는 의식을 순서대로 상세히 기록한 민속자료를 남겨 놓았다.

김영찬의 일기에서는 대한제국이 망하고 일제가 통치를 시작한 시

일제 강점기 담양의 사회상과 반일 의식을 보여 주는 《서암일기》. (사진 제공 서암 후손 김하중)

대의 모습과 함께 백성의 반일 의식을 보여 준다. 백성에게 고통을 준 조선총독부의 정책 중에는 공동묘지와 담배 전매專賣가 있었다. 공동묘지는 우리 풍속에 맞지 않아 사람들이 밤에 몰래 묘를 쓰면서 오래지 않아 흐지부지됐으나 담배 전매는 공분을 샀다.

> 담배는 평생 즐기던 것인데 신식 담배를 전매한 이후로는 항상 그만두려고 했다. 금년 가을에 전매국 사람들이 봉초를 피우지 않는가 의심하고 어디에서 한 개비를 주워 와서 나에게 묻고 싶어 했으나 내가 그 이유를 알지 못해 날카롭게 꾸짖어 보냈다. 이후 소문에 담양에서 범금자犯禁者가 오백 명에 이르렀다는 것을 들었다…… 나를 포함한 세 사람은 구석에 앉아 세상을 탄식하며 절초絶草를 맹세했다. (《서암일기棲巖日記》, 1928. 10. 26)

고종 때 김홍집 내각이 1895년 위생에 좋고 작업하기 편리하다는 이

유로 상투를 자르라는 단발령을 내렸다. 일제는 천황이 먼저 단발하고 단발령을 내린 자국을 본받아 고종에게 일본 같은 조치를 하라고 종용했다. 일제는 단발령에 반발하는 민란에 대비해 궁궐 경비를 강화했다. 그러나 단발령으로 생긴 반감은 개화가 곧 '일본화'라는 식으로 받아들여져 반일 의식으로 이어졌다. 조선을 병탄한 뒤 총독부는 단발을 강요하지 않았으나 경찰서와 주재소에 따라서는 강제 단발로 인권을 유린하는 사례가 있었다. 의병장과 애국지사들의 행적을 수록한 《염재야록念齋野錄》을 펴낸 조희제는 1936년 임실경찰서에서 《염재야록》과 관련해 10여 일 동안 잔혹한 고문을 당하고 울분을 참지 못하다가 단발을 종용당하자 자결해 순국했다. 서암의 아들도 강제로 단발을 당하고 집에 돌아와 아버지에게 3일 동안 석고대죄했다는 일화가 집안에 내려온다.

서암은 어떤 순사가 매화 한 가지를 꺾어 들고서 대덕면 금산리 수남水南에 사는 양우梁友에게 시를 지으라고 했다는 말을 듣고 단발령을 풍자하는 시를 일기에 적었다(《서암일기》, 1912. 4. 7).

매화 한 가지를 꺾어 손에 드니	手取梅花第一枝
가엾게도 봄소식을 벌이 먼저 아네	可憐春色蜂先知
머리에 꽂고 노는 것은 아이 일만은 아닌데	揷頭嬉戲非童事
단발이라 마땅히 꽂을 데가 없구나	頭髮無因妥導爲

육촌 동생이 서암을 찾아와 마을 사람이 선산의 묘지 옆에 심은 나무 7그루를 함부로 베어냈다고 말했다. 그래서 서암이 초동과 목동을 불러놓고 추궁했더니 스스로 "다섯 그루는 내가 벴고 두 그루는 다른 사람의 짓"이라고 자백하는 자가 있었다. 그렇더라도 일본인이 통치하고

있어서 법률이 엄중한데 같은 민족으로서 그들에게 맡겨 다스리도록 하는 것도 인정이 아닌 것 같아서 각자가 스스로 매질을 하라는 벌을 내리고 풀어주었다(《서암일기》, 1912. 12. 30).

서당에서 학동들을 교육하는 일이 주업이었던 서암은 장성, 장동, 옥과(곡성의 옛 지명), 월산 등에서 아이들을 가르쳤다. 1919년 4월 8일의 일기는 고종황제(1919년 1월 21일 붕어)의 국상 기간에 일어난 일을 담고 있다. 이웃 학당에서 어린 학생이 두세 번이나 찾아와 청하기에 가봤더니 그 학당의 스승이 한창 시를 노래하고 있었다. 이에 서암은 "옛날의 예악이 좋다면 좋은 것이지만 국상 기간에는 불가하니 깊이 양해하여 주십시오"라고 말하고 돌아왔다.

양자로 입적한 서암은 양부가 위독하자 단지斷指를 했다. 양부는 고비를 넘기고 3년을 더 살았다. 서암은 그러나 단지로 소생하지 못하면 더 큰 불효가 된다는 이유로 후손들에게 단지를 금했다. 이 같은 이야기는 서암의 비문에 들어가 있다. 서암은 이 지역의 양대 학자인 미암과 하서 김인후의 제사를 챙겼다. 서암은 일기에서 우리나라 부인 중에 문장가가 3명 있다며 미암의 부인 송덕봉, 조원의 첩실 이옥봉李玉峰, 허균의 누나 허난설헌許蘭雪軒을 꼽고 덕봉과 옥봉의 시를 《서암일기》에 소개했다. 《서암일기》는 나라를 잃은 시기에 교육자로 살던 지식인의 고뇌와 인문 사상, 시대상을 보여 준다.澤

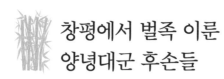

창평에서 벌족 이룬
양녕대군 후손들

양녕대군 증손의 재실 몽한각과 장전마을

양녕대군의 증손 이서李緖(1484~?)는 중종 2년(1507)에 견성군 이돈을 왕으로 추대하려는 역모에 연루되어 담양에서 유배 생활을 했다. 그는 14년 만에 해배된 뒤에도 한양에 올라가지 않고 담양에 눌러살았다. 1803년 후손인 담양부사 이동야, 창평현령 이훈휘 등은 선조 이서를 기려 재실 몽한각夢漢閣을 세웠다. 몽한각은 이서가 유배 시절 지은 시 〈술회述懷〉의 시구 '분명금야몽分明今夜夢'에서 '몽' 자를, '비도한강파飛渡漢江波'에서 '한' 자를 따왔다.

작은 고을에 운산은 웅장한데	斗縣雲山壯
찬바람 부니 세월은 많이 흘렀구나	寒窓歲月多
오늘 밤 꿈에는 꼭	分明今夜夢
한강물 날아서 건너고 싶어	飛渡漢江波

운산은 담양군 대덕면 운산리에 있다. 1900년대 초까지 호랑이가 출현했을 정도로 크고 깊은 산이다. 2002년 담양향토문화연구회에서

양녕대군 증손 이서의 재실 몽한각. (사진 황호택)

펴낸《담양설화》대덕면 편에는 운산에 사는 삼형제가 화승총을 쏘고 격투를 해 호랑이를 잡았다는 이야기가 실려 있다. 두현斗縣은 작은 고을 이란 뜻이다. 깊은 산골짜기에 있으니 고을이 클 리 없다. 멀리 타향 남도 의 산골 마을에서 귀양살이하는 왕족이 계절의 바뀜을 보면서 세월의 무상함을 느끼고 꿈에라도 일가친척과 친구들이 사는 고향 땅 한양으 로 가고 싶은 그리움을 드러낸 시다.

견성군은 역모 주동자들이 "성품이 어질어 왕으로 추대할 만하다" 고 거론했다는 이유로 억울하게 휘말렸다. 중종은 아버지(성종)가 같은 이복형제인 견성군을 살려주려 했으나 신하들의 중론에 밀려 강원도 간 성으로 유배 보냈다가 사사賜死했다. 성공하면 군왕이고 실패하면 역적 이다. 연산군을 폐위하고 중종을 세운 신하들로서는 죽느냐 죽이느냐의 싸움이었다.

조선왕조에서 왕족의 삶은 때로 살얼음을 밟는 것처럼 위태로운 신 세였다. 이서는 유배가 풀리자 귀경歸京의 뜻을 접고 추월산 자락 담양의 전원생활을 예찬하는 〈낙지가樂志歌〉를 지었다. 그의 문집《몽한영고夢漢

113

창평 몽한각에서 도난당했다가 11년 만에 되찾은 숭례문 목판. 양녕대군의 글씨. (사진 제공 문화재청)

零稿》에 전하는 4·4조의 가사歌辭〈낙지가〉는 "호남 천리 53주 각 고을의 산들 중 담양의 추월산이 으뜸"이라고 추켜세우며 담양에 초가삼간 짓고 안빈낙도하겠다는 다짐과 자기 위로의 내용을 담았다.

〈태종실록〉에 따르면 이서의 증조부 양녕대군은 왕실과 왕세자의 체통을 손상시키는 사건을 여러 차례 일으켰다. 폐세사에 이른 결정적인 계기는 잘못을 꾸짖는 부왕에게 "전하의 시녀는 다 궁중에 들이시면서…… 저의 여러 첩妾을 내보내어 곡성哭聲이 사방에 이르고 원망이 나라 안에 가득 찹니다"라고 대드는 편지를 썼다가 태종의 불같은 노여움을 산 것이었다.

조선 시대에 왕조실록은 험한 산중의 사고史庫에 들어 있어 아무나 들춰보기 어려웠지만 숭례문崇禮門(지금의 남대문)은 한양 도성을 상징하는 건축물로 성벽 한복판에 우뚝 서 있었다. 이서의 후손들은 양녕대군이 '숭례문' 편액을 쓴 명필이라는 데 큰 자부심을 가졌다. 편액에 낙관이 없어 논란이 있기는 하지만 양녕대군이 썼다는 것이 다수설이다. 후손들은 1827년 숭례문 편액과 양녕대군의 사당인 지덕사至德祠에 보관하던 양녕대군의 초서草書 작품 후적벽부後赤壁賦를 중각重刻해 담양 몽한각에 보관했다. 그러던 중 2008년 9월 도난당했다가 2019년 문화재 절도범들이 경찰에 체포돼 되찾았다.

이서는 담양 땅에서 눈을 감으면서 "과거 보지 말고 부귀영화를 탐하지 말라"는 유언을 후손들에게 남겼다. 〈낙지가〉에도 권력에 기웃거리지 말고 안분지족하라는 뜻이 담겨 있다.

직처織妻가 베를 짜니 의복이 걱정 없고
앞 논에 벼 있으니 양식糧食인들 염려하랴

후손들은 계속 유훈을 지키다가 14대손부터 과거에 응시했다. 몽한각 입구에는 250년, 350년 수령의 소나무 두 그루가 서 있다.

창평면 장전마을은 풍수지리상 지세가 좋았다. 이서의 11대손 이형정衡井(1682~1752) 공이 대덕면 매곡에서 분가해 이 마을에 입촌했다. 전주 이씨인 이서의 후손이 장전 이씨라고 불리게 된 배경이다. 이후 그의 후손에서 천석꾼이 여러 명 나왔다고 한다. 이들은 재력을 기반으로 후손들을 교육해 대학생이 드물던 해방 이전에도 장전마을은 '학사촌'이라고 불렸다. 장전은 시골에서 가끔 만나는 평범한 마을 이름이다. 마을 이름은 원래 진밭골이었다. 긴 밭의 사투리가 진 밭이다. 대개 글로 쓸 때는 長田이라고 하고, 말로 할 때는 진밭이라 한다.

마을 맨 위쪽에 있는 장전 이씨 종택은 전라남도 민속문화재 제41호다. 사랑채의 대들보에 '상지십이년을해上之十二年乙亥'라고 상량문이 씌어 있어 고종 12년(1875)에 건축됐음을 알 수 있다. 사랑채 앞에는 조선시대 정원의 한 형태인 방지원도方池圓島가 조성돼 있다. 네모난 연못 안

장전 이씨 종택의 사랑채와 방지원도 연못. (사진 황호택)

에 동그란 작은 섬이 있고 섬 안에는 매화나무기 심어져 있다. 연못은 방화수 용도로도 쓰였다.

사랑채는 외부 손님을 받는 공간이다. 안채는 사랑채나 담 밖에서 안을 굽어볼 수 없는 구조를 만들어 놓았다. 사랑채에서 안채로 이어지는 중문을 들어서면 곡식을 보관하는 대형 뒤주가 독립 건물로 돼 있다. 쌀 40석(1석은 10말)이 들어간다. 뒤주 건물은 사랑채에 드나드는 사람들이 안채를 들여다보지 못하도록 차단한다.

사랑채와 정원을 구경하는 사이에 중문에 매어진 사나운 개가 계속 요란하게 짖어댔다. 한참 있다가 집주인이 나왔다. 명함을 건네고 방문 목적을 설명했다. 그는 명함에서 '카이스트 겸직 교수'라는 직책을 발견하고 다소 얼굴이 풀리더니 우리 집안에 "이과 출신이 많아요"라고 말

곡간이 담을 대신하고 뒤주 건물이 중문을 막아서 안채의 사생활을 보호했다. (사진 황호택)

했다. 이 고택은 세계적인 과학자로 합성섬유 비날론을 개발한 이승기李
昇基(1905~1996)의 생가다. 일제 강점기에 교토제국대학에서 박사 학위(화
학공학)를 받은 조선인 첫 공학 박사다. 1949년 월북해 북한에서 중요 직
책을 맡다가 별세한 후에는 애국열사릉에 안장됐다.

이 박사가 월북하는 바람에 장전 이씨 종가는 남쪽에서 어려움을
많이 겪었다. 일본에 유학 간 지주의 아들들이 지주, 자본가를 적대시하
는 사회주의 물이 들어서 귀국한 것도 세상살이의 아이러니다. 채만식
의 소설《태평천하》에서 윤직원 영감은 일본 유학 간 손자가 사회주의
운동을 하다가 경찰에 체포됐다는 소식을 듣고 "만석꾼의 집 자식이, 세
상 망쳐놀 사회주의 부랑당패에 참섭을 하여. 으응. 죽일 놈! 죽일 놈!"이
라고 한탄한다. 실제로 이런 일이 지주가 많은 호남에서는 적지 않았다.

장전 이씨 종택 대문에 걸려 있는 '매오당' 당호 편액. (사진 황호택)

집 주인에게 "방지원도에 매화를 심은 뜻이 있느냐"고 묻자 그는 "조부의 호가 매오"라고 답하며 대문을 가리켰다. 대문 처마에 '매오당 梅五堂'이라는 당호 편액이 걸려 있다. 그는 중문의 사나운 개를 막아서더니 나를 금단의 안채로 들어가게 해 주었다. 안채 마루에는 빨래들이 널려 있었다. 그는 뒤주에 관한 이야기를 하다 "우리집이 700석을 했다"고 답했다. 내가 "부자였네요"라고 말하자 "장전 이씨 중에는 천석꾼이 많았다"고 말했다. 내가 "천석이나 700석이나 큰 차이가 있나요"라고 반문하듯 말하자 그는 "차이가 크다"고 받았다.

튼튼한 재력으로 후손들의 교육을 뒷받침해 장전 이씨 중에 인물이 많이 나왔다는 설명이 이어졌다. 그는 오른쪽 언덕에 있는 집을 가리키며 정치인 김종인 씨 외갓집이고, 왼쪽 대숲 앞에 있는 집은 영화감독 임

장전 이씨 종택의 대문
을 들어서면 160여 년
수령의 와송이 앞을 가
로막는다. (사진 황호택)

권택 씨 외갓집이라고 설명했다. 장전마을의 지세가 좋아서 친손자는 물
론이고 외손자들까지 잘된 모양이다.

안채는 양쪽 담이 없고 네 칸짜리 곡간 건물이 담을 대신했다. 담 옆
으로 지나다니는 사람들이 이 집의 사생활을 침범하지 못하게 하는 구조
다. 안채는 정면 6칸, 측면 1칸에 앞뒤로 마루가 있는 팔작기와집이다. 막
돌을 1.5미터가량 높이로 다소 높게 기단을 쌓아 집주인의 권위를 높였
다. 대문 입구에는 집을 지을 때 심었다는 수령 160여 년 된 와송 한 그루
가 있다.

장전마을 초입에 있는 고래등 같은 영서당迎瑞堂은 1835년에 지은 한
옥이다. 감사원장과 국무총리 서리를 지낸 이한기의 고조인 이최선李最善
(1825~1883)의 생가다. 영서당의 솟을대문은 잠겨 있었다. 내가 방문했을

이한기 전 총리서리와 고조인 이최선의 생가 영서당. (사진 황호택)

때 집에는 아무도 없는 것 같았다. 담이 높아 사진을 찍기 어려워 낭패라는 생각이 들었으나 마을 안길에서 만난 노인이 자신의 집 옥상으로 안내했다. 영서당의 전체 모습이 잘 나오는 포토존이었다. 마을의 자랑이니 도와준 것이리라.

문일정聞一亭은 장전마을의 동남쪽 언덕에 있다. 노송 10여 그루가 둘러싸고 있고 아래로는 개울이 흐른다. 정자를 세우기에 안성맞춤인 곳이다. 정면 3칸, 측면 2칸으로 팔작지붕이다. 중앙에 재실이 있다. 정자 옆에는 양녕대군 15대손인 이규형李奎亨의 묘소가 있다. 이규형은 이곳에서 강학을 했다. 그의 아들 석전 이최선은 1866년 병인양요 때 의병을 일으켰고 성리학자 교육자로 척사위정斥邪衛正과 빈민 구제에 앞장섰다. 문일정도 그의 작품이다.

한말의 성리학자 이최선이 세운 정자 문일정. (사진 황호택)

대한민국에서 내로라하는 인물들이 일일이 열거하기 바쁠 정도로 이 마을은 인재의 요람이다. 장전 이씨 종택의 바로 앞집은 서울대학교 약대의 전신인 조선약학원 출신 전남 약사면허 1호 이정기 박사의 생가다. 정원이 잘 가꾸어져 있다. 안주인에게 양해를 구하고 집의 내력에 관해 물으니 "공부를 안 하고 오셨네. 인터넷에 다 나와 있어요"라고 답했다. 전남대 의대학장을 지낸 이진기 박사도 이 마을 출신이다.

모두 양녕대군의 후손들이다. 이승만 대통령은 양녕대군의 16대손이다. 양녕대군이 폐세자됨으로써 후손에서 왕이 나오지 않았지만 대한민국 최초의 대통령이 나왔으니 역사의 반전이 흥미롭다.

담양에는 양녕대군이 전해 준 음식 관련한 전설이 많다. 담양 한과는 양녕대군을 따라온 궁녀들이 전해 준 것이고, 창평 엿도 그렇다는 것이다. 그러나 양녕대군이 궁녀들을 데리고 담양에 내려왔다는 문헌적 근거는 찾아볼 수 없다. 양녕대군은 세자 자리에서 밀려난 뒤 광주, 이천, 과천, 한양 등지로 옮겨 다니며 살았다. 다만 양녕의 증손 이서 집안의 왕족 문화는 담양에 큰 영향을 주었을 것이다. 이 이야기가 오랜 세월을 두고 전해지면서 '증손'이 생략되고 바로 양녕으로 연결돼 버리지 않았을까 하고 추측해 본다.☞

동학농민군과 항일 의병의 격전지 금성산성

난공불락 금성산성

담양은 읍성邑城이 없는 고을이다. 불과 8킬로미터 떨어진 곳에 철옹성 같은 금성산성이 버티고 있으니 읍성의 필요성을 못 느꼈을 것이다. 평시 산성에 곡식과 무기를 보관해 두었다가 적이 침입해 오면 주민들은 성으로 들어가 농성전籠城戰을 벌이면 된다.

금성산성은 연대봉, 시루봉, 노적봉, 철마봉으로 이어지는 능선을 따라 내성과 외성, 이중으로 성을 쌓았다. 연대봉煙臺峯이라는 이름은 과거에 봉수대가 있어서 생긴 이름 같다. 1895년 고종 때 제작된 금성진도金城鎭圖를 보면 동헌 승대장청僧臺長廳, 장교청, 화약고 등이 들어서 있다. 성안에는 민가와 곡식을 보관하는 창고가 10여 채 보인다.

장성의 입암산성笠巖山城, 무주의 적성산성赤城山城, 담양의 금성산성은 호남 3대 산성이다. 금성산성에는 곡식 2만 석을 저장해 두는 대규모 군창軍倉이 있었다. 조정은 흉년이 들어 백성이 굶주리면 이 쌀을 진휼미賑恤米로 풀었다.

성 밖으로는 험한 절벽이 이어져 적의 접근이 어렵다. 이래서 임진 왜란 때는 의병의 거점이 되었다. 정유재란 때 왜군의 포로가 된 강항姜

沆(1567~1618)은 일본에서 《적중견문록敵中見聞錄》을 써 몰래 본국에 보냈다. 강항은 왜군이 호남 지방의 성들을 둘러보고 "이게 성이냐"고 비웃다가 담양의 금성산성을 보고 나서는 "조선 사람들이 한사코 지켜냈더라면 우리들이 해낼 길이 없었을 것"이라고 말하는 것을 통역을 통해 들었다고 적었다.

〈선조실록〉에도 금성산성을 난공불락으로 평가하는 기록이 남아 있다. 4도 체찰사로 남방을 순찰하고 온 이항복李恒福(1556~1618)은 선조에게 "담양의 금성산성은 크고도 튼튼하여 평양성보다 낫습니다. 힘들이지 않고 지킬 수 있는 곳이 5분의 2라고 합니다"라고 보고한다.

우리나라는 중부 이남 지역에만 1200여 개의 산성 터가 남아 있어 산성의 나라라고 할 수 있다. 삼국 시대부터 산성을 수축했다. 산성은 높은 성벽을 쌓는 대신, 산의 경사면이나 깎아지른 절벽을 이용해 공력이 적게 들면서도 적의 공격을 어렵게 만들었다. 외적이 산성을 공격하다 지치고 식량이 떨어져 퇴각할 때 산성에서 내려가 적을 공격했다. 군인이 오래 주둔해야 하므로 성안 우물이나 계곡에 물이 반드시 있어야 했다.

중국의 만리장성은 유목민족인 흉노와 몽고족의 침입을 막기 위해 쌓은 산성이다. 병자호란 때 조선은 남한산성에서 47일 동안 청의 공격을 막아냈지만 왕실 가족이 인질로 잡히고 식량이 떨어져 가자 항복했다. 청은 조선이 제출하는 항복 문서에 '청나라 군대가 물러가고 난 후 어떠한 경우라도 산성을 보수하거나 새로 쌓지 않는다'는 조항을 넣었다.

고려 시대에 산성들이 많이 축조된 시기는 북방에서 몽고족이 침범하던 13세기 중엽이다. 몽고군의 주력 부대가 고종 43년(1256) 전라도 지역까지 내려와 장성의 입암산성을 공격한 것으로 보아 금성산성도 이때 이미 축조됐을 가능성이 높다.

→ 금성산성의 보국문. 성벽 아래가 바로 절벽이어서 외적의 공격이 어려운 곳이 많다. (사진 제공 담양군)

금성산성은 문헌상 《고려사절요高麗史節要》에 최초로 등장한다. 고려 우왕 6년(1380) 왜구가 남원 공격을 준비할 때 금성산성에서 전마戰馬를 배불리 먹인 뒤에 북상하려고 한다는 첩보가 기록돼 있다. 우왕 때는 왜구의 노략질이 가장 잦았던 시기로 재위 14년 동안 378회나 왜구가 침입했다. 고려를 멸망시킨 것은 태조 이성계가 아니라 왜구라는 말이 있을 정도다.

그로부터 30년 뒤인 조선 태종 10년(1410) 전라 경상도에서 보수 또는 개축할 12개 산성 목록에 금성산성이 들어가 있다. 〈세종실록 지리지〉에는 금성산성의 위치 규모 시설에 대해 간략한 개요가 들어가 있다.

담양 도호부의 북쪽에 있다. 둘레가 1803보(걸음). 시내가 두 곳이 있는데 겨울이나 여름에도 마르지 않는다. 샘이 12곳이나 있다. 그 가운데 다섯은 겨울이나 여름에 마르지 않는다. 군창이 있다. 역驛이 하나 있고 이름은 덕기德基. 자기와 도기를 굽는 곳이 1개씩 있다.

등산로를 따라 보국문 쪽으로 올라가다 보면 금성산성 별장別將의 영세불망비가 있다. 관아 앞에 있는 영세불망비와 달리 바위에 새긴 비석이다. 옛날 군인들이 보초를 서던 자리라고 한다. 종9품 무관 벼슬에 영세불망비는 아무래도 분수에 넘치는 것 같다. 평시 산성에는 그보다 더 높은 사람이 없으니 제대 말년에 담양부사나 창평현감 흉내를 내봤을 것이다.

불끈 솟은 바위 가볍게 타고 넘는 김덕령 장군
《조선왕조실록》에는 김덕령 장군이 금성산성에서 바위를 훌훌 타고 넘

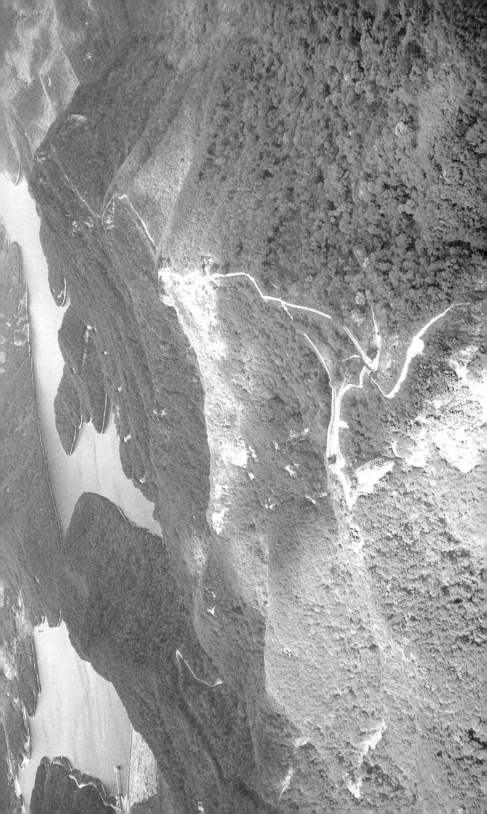

금성산성 별장의 영세불
망비. 비석이 마모된 데
다 눈까지 내려 비문이
잘 보이지 않는다. (사진
황호택)

는다는 흥미로운 기사가 있다. 선조는 포상에서 공을 엄격하게 따지라
는 지시를 하고는 이항복에게 "김덕령을 어떻게 보는가" 하고 물었다. 이
항복이 "그의 외모를 보니 연소한 선비였으나 용력勇力이 남보다 뛰어나
므로 무인들도 역시 복종하고 있다"고 아뢰었다. 선조가 이어 "글을 잘
하는가"라고 물었다. 이에 이항복은 "글을 약간은 안다"면서 "담양의 금
성산성에 불끈 솟은 바위가 있는데 사람이 도저히 올라갈 수 있는 곳이
아닌데도 김덕령은 그 바위를 매우 가볍고 민첩하게 걸어서 넘어갔다.
그 고을 사람 20여 명이 목격한 것이라고 한다"고 답변했다.

왜군과 용맹하게 싸우던 김 장군은 1596년 역모죄에 연루된 혐의로
한양에 붙잡혀가 거친 조사를 받다 후유증으로 옥사했다. 1661년(현종 2)
에야 신원伸寃되어 관작이 복구되고, 1668년 병조참의에 추증되었다.

금성산성은 임진왜란 때도 의병이 활동한 거점이었고 1894년 동학농민혁명 때도 맹렬한 전투가 벌어졌던 곳이다. 향토사학자 이해섭의 역저 《금성산성》은 동학군이 금성산성으로 들어가 관군과 싸우다 진압되는 과정에서 폐성廢城이 되었다고 기술한다. 금성산성은 그 후 한 세기 동안 폐허로 있다가 1995년 공사를 시작해 보국문, 충용문과 북문을 복원했다. 전체 성곽 길이는 7.3킬로미터로 외성이 6.5킬로미터, 내성이 859미터다.

금성산성 보국문에 걸린 '보수 현판문'에는 "1894년 12월 녹두장군 전봉준이 석 달 동안 금성산성에 은둔하면서 흩어져 있던 동학농민군을 모아 일본군과 전투를 벌였다"는 내용이 들어 있다. 이 내용이 블로그나 기행문을 통해 확대 재생산되고 있지만 뒷받침할 만한 근거가 부족하다는 논란이 있다. 금성산성 등산로에 있는 '동학농민혁명군 전적지' 표석에도 "전봉준 장군은 금성산성 전투를 지휘하다가 옛 전우를 찾아 식량 지원을 요청했으나 전북 순창군 쌍치면 피노리에서 친구의 밀고로 관군에게 체포됐다"고 써 있다. 그러나 담양군과 이웃한 전북 순창군이 피노리에 세운 '전봉준 장군 피체被逮 유적비'에는 "전 장군이 일본군의 추격을 피해 정읍 입암산성에서 백양사로 거처를 옮기고 다시 김개남 장군을 만나기 위해 피노리에 피신 중 체포됐다"고 기록돼 있다.

전 장군이 일본 영사와 대한제국 법무아문의 공동 조사를 받을 때 작성된 '전봉준공초供草'에는 전 장군이 체포되기 직전의 동선動線이 상세히 기록돼 있다. 전봉준 공초에 따르면 동학농민군은 1894년 10월 23일 공주 우금치 전투에서 패하고 일본군과 관군에 밀려 내려오다가 11월 25일 원평 전투, 11월 27일 태인 전투를 벌였다. 태인 전투를 마지막으로 동학농민군은 황급하게 쫓기는 처지가 됐다. 동학혁명기념재단 연구조

노령산맥이 금성산성을 향해 진군해오는 모습이다. (사진 황호택)

사부장 이병규 박사는 "1894년 말 전봉준 장군이 패주敗走하는 농선에서 3개월 동안 금성산성에 은둔했거나 며칠이라도 가 있었던 기록조차 찾을 수 없다"고 말했다.

전 장군은 11월 27일 태인 전투에서 패하고, 28일에는 입암 대흥리 동학접주 차치구의 집에서 잤다. 29일에는 입암산성에 찾아가 친분이 있던 별장 이종록의 호의로 식사를 하고 하룻밤을 묵었다. 30일 관군이 온다는 소식이 들려와 입암산성을 나와 백양사 청류암에서 유숙했다. 입암산성 군졸이 와서 관군이 입암산성에서 수색하고 있다고 알려줘 백양사를 황급히 빠져나갔다. 이때 타던 말도 버리고 심복 세 명만 대동했다. 12월 1일 순창 장터 주막에서 하룻밤을 묵고 나서 2일 체포됐다.

전 장군이 체포된 순창군 쌍치면 피노리가 금성산성과 가깝고, 담

→ 충용문의 설경. 아래로 눈에 덮인 담양호가 내려다보인다. (사진 제공 담양군)

호남창의회맹소의 의병들이 일본
군과 전투를 벌인 곳임을 알리는
국가보훈처의 현충 시설 안내판.
(사진 황호택)

양, 장성, 광주, 순창 등지에서 싸우던 동학농민군의 간절한 신앙이 '금성
산성의 녹두장군 전설'을 만들어 낸 것 같다. 전봉준 장군이 체포된 후
에도 동학군은 전국 도처에서 관군, 일본군, 민보군民堡軍(동학농민군을 진압
하기 위해 지방 양반층과 향리층이 결성한 민간 군대 조직)과 싸우다 소멸돼 갔다.

그로부터 13년 뒤 기삼연 의병장이 이끌던 호남창의회맹소湖南倡義
會盟所가 일본군과 마지막 일전을 치른 곳도 금성산성이다. 금성산성에는
호남창의회맹소의 전투지인 현충 시설임을 알리는 국가보훈처의 표지
판이 서 있다. 호남창의회맹소는 1907년 10월 30일 전라남도 장성의 수
연산隨緣山 석수암石水庵에서 의병장 기삼연을 중심으로 4~5개 의병부대
가 연합하여 결성한 부대다. 1908~1909년 호남 지역의 의병 항쟁에서
중심적 역할을 했다.

회맹소가 기세를 떨치는 지역에서는 조세를 거둘 수 없을 지경이었

보국사 터의 당간 지주가 폐사 터임을 알려준다. (사진 황호 택)

다. 1908년 기삼연 의병장이 이끄는 부대가 담양읍을 공격해 일제 침략 기구인 우편소와 세무서, 군아 등을 점령해 각종 기물을 파괴했다. 그러고 나서 혹한을 피하고 설을 지내기 위해 천험天險의 요새인 금성산성으로 들어갔다. 이날 밤 날이 춥고 비가 쏟아져서 군사들의 의복이 젖어 얼고 굶주렸다. 미처 성을 지킬 준비도 하기 전에 뒤쫓아온 일본군의 탄환이 비 오듯 쏟아졌다. 회맹소 의병은 일본군경의 기습을 받아 60여 명의 사상자를 냈다.

기삼연 의병장은 본진을 해산하면서 정월 보름 이후에 다시 모이기로 맹세하고 순창 구수동 친척 집에 잠적했다. 그런데 불시에 일본군이

20여 명이 이 집을 기습했다. 음력 설날이었다. "내가 여기 있으니 주인은 해치지 말라." 기 의병장은 이렇게 말하고 걸어서 나와 광주읍 경찰서로 끌려갔다. 의병장을 탈옥시키려는 의병들이 뒤쫓아오는 데 불안해진 일본군은 기 의병장을 광주천변에서 총살했다. 회맹소의 마지막 전쟁터였던 금성산성은 기 의병장과 의병들의 항일 정신이 서려 있다.

산성 안에는 보국사輔國寺라는 큰 절이 있었다. 기록에 따라서는 금성사金城寺라고도 쓰여 있다. 창건 연대는 알 수 없고 금성산성의 수호 사찰의 기능을 했을 것으로 보인다. 한국 전쟁 때 불탔다. 보국사 터에는 폐사지에서 많이 발견되는 당간 지주가 있다. 폐사 터에 남아 있는 장대석長臺石 석축과 계단, 우물터 등이 금성산성의 피어린 역사를 말해 주는 듯하다.澤

풍수지리 사연 담긴
담양의 석조 문화재

당간은 돛대, 돌장승은 뱃사공

"이렇게 멋진 조형물을 길에서 만나다니······." 담양 도심에서 객사리 석당간石幢竿을 감상하고 인터넷 블로그에 글을 올린 사람들의 이구동성이다. 글을 올린 사람이 전문가나 마니아일 수도 있고 아마추어일 수도 있겠지만, 그 표현은 적확하다. 그 표현 그대로, 담양에서 석당간을 만나는일은 예상치 못한 행복이다.

담양군청에서 가까운 곳, 순창으로 향하는 메타세쿼이아 가로수 길초입에 객사리 석당간이 서 있다. 석당간이라고 하면 돌로 만든 당간을말한다. 예로부터 절에서는 '당幢'이라고 하는 깃발을 내걸었다. 법회와같이 중요한 행사를 널리 알리거나 사찰의 위치를 알아볼 수 있도록 하기 위해서였다. 혹은 부처님의 위엄을 보여 주려는 장엄용莊嚴用이기도 했다. 이 깃발을 달아 두는 장대가 바로 당간이다. 당간은 주로 나무나 돌,철로 만들었다. 당간은 길고 높기 때문에 혼자 서 있기가 힘들다. 당간을양쪽에서 지탱해 주는 지주支柱가 필요한데 이를 당간 지주라 한다. 당간지주는 대부분 돌로 만들었다. 당이 남아 있는 경우는 거의 없다. 당간지주는 흔히 볼 수 있는데 당간은 매우 드물다.

담양 객사리 석당간은 당간과 지주가 함께 남아 있다. 역사적, 문화적으로 귀한 경우여서 현재 보물로 지정되어 있다. 청주 용두사지 철당간(국보), 공주 갑사 철당간(보물), 나주 동점문 밖 석당간(보물)과 함께 전통 당간의 대표작으로 꼽힌다. 객사리 석당간은 원래 고려 때 만들었으나 바람 등으로 인해 쓰러져 부서진 것을 조선 헌종 때인 1839년에 지금의 모습대로 고쳐 지었다고 한다. 당간 높이는 15미터, 당간 지주의 높이는 2.5미터다.

당간의 아래쪽에는 받침돌이 있다. 연꽃잎이 새겨진 넓적한 돌로, 그 위에 당간을 세우도록 되어 있다. 받침돌에 표현한 연꽃은 단정하고 반듯하다. 당간은 길쭉한 8각 돌기둥들을 위로 연결해 만들었다. 돌과 돌의 연결 부위는 긴 철심을 박고 철띠를 둘러 단단히 고정시켰다. 당간 지주 윗부분은 당간과 연결되어 당간을 곧게 지탱해 준다.

당간 위쪽 일부는 철로 기둥을 만들어 돌기둥과 연결한 모습이다. 맨 꼭대기에는 둥근 철제 보륜寶輪(바퀴 모양의 장식)을 올렸고 그 보륜에는 풍경風磬 같은 자그마한 장식이 달려 있다. 실제 풍경인지 장식물인지 다소 애매하다. 옛날 사진에는 두 개가 매달려 있는데, 현재는 하나만 남아 있다.

석당간이지만 위쪽 일부는 철제 기둥이 연결되어 있다. 돌기둥과 철기둥의 만남이 이색적이며 신선한 느낌을 준다. 이 당간과 관련해선 풍수지리적인 얘기가 전해 온다. 담양의 지형이 배가 떠다니는 모양(행주行舟)이어서 풍수상 돛대가 필요한데 그래서 이 당간을 만들어 세웠다는 얘기다.

석당간에서 길을 건너면 탁 트인 공간에 남산리 5층 석탑이 있다. 고려 때의 석탑으로 보물로 지정돼 있다. 이 탑을 눈여겨보면, 탑신塔身(몸돌),

옥개석屋蓋石(지붕돌)을 비롯해 전체적 모습이 백제탑인 부여 정림사지 5층 석탑(국보)과 비슷하다. 이는 남산리 5층 석탑이 백제계 석탑의 양식을 따랐다는 것을 의미한다. 담양이 백제 땅이었으니, 고개가 끄덕여진다.

탑의 전체 높이는 7미터. 상륜부가 사라져 아쉽지만, 전체적으로 늘씬하고 날렵하다. 그러면서도 사치스럽지 않다. 군더더기 없이 깔끔하다. 그런데 이 탑은 기단부基壇部(받침)가 일반적인 다른 탑에 비해 매우 낮다. 기단부 맨 윗돌의 너비는 1층 옥개석의 너비보다 약간 좁다. 기단부가 낮고 작다 보니 다소 불안정한 느낌도 주지만 전체적으로는 깔끔하고 세련된 조형미를 자랑한다. 옥개석의 윗면을 보면 별석받침을 놓았다. 별도의 돌로 받침을 만들어 끼워 넣은 것으로, 위층의 탑신을 받쳐주는 역할을 한다. 우리 전통 석탑에서 그리 흔하지는 않은 것으로 남산리 5층 석탑의 두드러진 특징이라고 할 수 있다.

옥개석의 경사는 완만하고 부드럽다. 옥개석의 지붕선은 네 귀퉁이에서 살짝 들려 있다. 가볍게 올라간 그 각도가 지나치지도 않고 부족하지도 않다. 그렇게 살짝 올라간 귀퉁이에는 작은 구멍이 뚫려 있다. 여기에는 풍경을 달았을 것이다. 5층 석탑 옥개석의 네 모퉁이 매달린 스무개의 풍경들. 눈을 감고 그 모습을 그려 본다. 바람이 불면 그 풍경은 저마다 흔들리며 싱그러운 소리를 낼 것이다. 고려 때 담양 사람들은 그 풍경 소리를 들으며 온갖 번뇌를 바람에 날려 보냈을 것이다. 담양군은 현재 객사리 석당간과 남산리 5층 석탑 주변을 역사문화공원으로 조성하고 있다.

석당간과 석탑이 한곳에 있다면 거기 고려 시대 사찰이 있었다는 얘기다. 그렇다면 석당간이 있는 곳은 절의 입구가 되고, 탑이 있는 곳은 절의 내부였을 것이다. 그런데 아쉽게도 절의 실체를 아직 확인하지

담양 남산리 5층 석탑. 부여 정림사지
5층 석탑의 모습을 이어받은 백제계
고려 석탑이다. 뒤로 보이는 메타세쿼
이아 가로수 길과 잘 어울린다. 아래는
남산리 5층 석탑 부분. (사진 이광표)

남산리 5층 석탑 주변의 우물. 2013년 발굴에서 확인되었고 이를 원래 모습에 가깝게 추정해 복원한 것이다. (사진 이광표)

는 못했다. 담양군은 역사문화공원 조성의 전 단계로 5층 석탑과 석당간 주변 지역을 발굴한 바 있다. 2012~2013년에 5층 석탑 주변을 발굴 조사한 결과 '목사木寺,' '대사大寺,' '만卍' 자 등이 새겨진 기와를 찾아냈다. 이곳이 사찰이었음을 보여 주는 유물이지만, 아쉽게도 좀 더 구체적이고 결정적인 유물은 나오지 않았다. 당시 발굴에선 건물터 8곳, 다량의 폐廢기와, 우물의 흔적(12개) 등을 확인했고 현재 석탑 주변엔 일부 우물을 복원해 놓았다.

　2014~2015년에 석당간 주변을 발굴 조사했고 그 결과 고려 시대 건물터와 담장, 수로 등의 흔적과 청자편 등을 발견했다. 지금까지의 발굴 결과를 종합해 보면, 객사리와 남산리 일대에 고려 시대 사찰이 존재했음은 확실하다. 다만, 정확한 위치를 확정할 수는 없는 상황이다. 그렇

담양 천변리 석인상. 마을의 안녕을 위해 1838년 세운 할아버지 할머니 장승. (사진 이광표)

다 보니 객사리 석당간과 남산리 5층 석탑이 원래 위치에서 옮겨왔을 개연성이 제기되기도 했다. 그러나 이 또한 추정일 따름이다.

　전국의 도시 가운데 도심 한복판의 널찍한 평지에 두 점의 보물이 마주 보고 있는 곳은 아주 드물다. 객사리 석당간은 오래된 불교 유물이지만 세련되고 모던한 설치미술 분위기를 물씬 풍긴다. 남산리 5층 석탑은 반듯하고 단정한, 백제계 고려 석탑의 전범이다. 거기 우물이 가세해 공간에 변화를 준다. 그 뒤로는 메타세쿼이아 가로수 길이 쫙 펼쳐져 있다. 이곳에 운치 있는 역사문화공원이 조성되면 석당간과 5층 석탑, 우물을 배경으로 멋진 미디어아트를 기획해 보는 것도 좋지 않을까.

　이곳에서 멀지 않은 곳 천변리에는 2구의 석인상石人像이 있다. 천변리마을 초입에 세워져 있는 2구의 돌장승으로 오른쪽이 할아버지, 왼쪽이 할머니 모습이다. 조선 헌종 때인 1838년 담양부사 홍기섭洪耆燮이 제작한 것으로 전해 온다. 돌장승에 걸맞게 마을의 입구에서 마을 수호신 역할을 한다. 그런데 마을 수호신 치고는 너무나 편안하고 소박하다. 얼굴이 전체의 절반을 차지할 정도로 투박하고 정겹다. 할아버지 장승은 머리에 관을 썼고 눈은 움푹 들어갔으며 손에는 홀笏을 쥐고 있다. 문관을 표현한 것이다.

이 석인상은 앞서 설명한 객사리 석당간과 풍수지리 스토리의 짝을 이루는 문화재다. 담양 땅이 배 모양이어서 풍수지리상 돛대가 필요해 석당간을 세웠고 배를 저을 뱃사공이 필요해 이 장승을 세웠다는 것이다.

개선사지 석등 명문, 후백제와 신라의 갈등 반영

담양의 문화재를 말하면서 개선사지開仙寺址 석등을 빼놓을 수 없다. 통일신라 때인 868년 담양의 개선사에 세운 석등이다. 지금 개선사는 사라졌고 보물로 지정된 석등만 홀로 남아 그 터를 지키고 있다. 개선사지 석등은 담양군 가사문학면 학선리에 위치한다. 행정 구역은 담양이지만 광주호 상류 쪽의 무등산 자락이어서 광주 충효동으로 돌아서 들어가야 한다.

석등은 절 안을 환하게 밝힌다. 물리적인 빛을 발산하는 데 그치지 않고 부처의 가르침을 사방에 비춘다는 상징적인 의미를 지닌다. 이 석등은 높이 3.5미터로 비교적 큼지막하면서 전체적으로 세련되었다. 석등에서 불을 밝히는 부분을 화사석火舍石이라고 한다. 개선사지 석등의 화사석은 8각으로 되어 있고 8개 면에 모두 직사각형의 창을 뚫어 놓았다. 석등의 맨 아래 기단부(받침돌)에는 연꽃을 새겼고, 그 위로 화사석을 받치는 기둥은 장구 모양이다.

→ 담양 개선사지 석등. 통일신라 왕실의 발원에 의해 868년 건립되었다. (사진 이광표)

화사석 위의 옥개석(지붕돌)은 8각으로 펼쳐져 있는데 각각의 끝부분에는 꽃 모양 장식을 세워 놓았다. 하지만 세월이 흐르며 떨어져 나가고 지금은 하나만 남아 있다. 그런데 옥개석을 잘 들여다보면, 8각의 변마다 중간에 살짝 각을 주어 위로 솟아오르게 했다. 이를 포함한다면 옥개석은 8각형이 아니라 16각형이 된다. 중간중간 살짝 반전反轉을 두어 지붕돌의 디자인에 변화와 생동감을 준 것이다. 개선사지 석등의 감춰진 매력이 아닐 수 없다. 9세기 담양 지역 석공의 미감과 손놀림에 절로 미소가 나온다. 옥개석 맨 위에는 상륜부를 올렸다. 꽃(앙화仰花), 보륜, 보주寶珠(구슬 모양의 장식)가 차례로 올라가 있다.

화사석의 창과 창 사이에는 통일신라 진성여왕 5년(891)에 새겨 넣은 명문銘文이 있다. 경문왕과 왕비, 공주(훗날의 진성여왕)의 발원에 의해 868년 승려 영판靈判이 석등을 건립했으며 891년 개선사의 승려가 유지비를 충당하기 위해 토지를 구입했다는 내용 등이다. 석등에 명문이 있는 경우는 매우 이례적이다. 명문의 앞부분은 이러하다.

경문대왕, 문의황후, 큰공주께서 등燈 두 심지를 원하셨다. 당唐 함통咸通 9년 무자년(868) 2월, 저녁 달빛을 잇고자 전前 국자감경國子監卿 사간 김중용이 등유와 식량으로 운영하도록 조租 300석을 올려 보내니, 승려 영판이 석등을 건립하였다. 景文大王主文懿皇后主大娘主願燈二炷 唐咸通九年戊子中春夕繼月光 前國子監卿沙干金中庸 送上油粮業租三百碩 僧靈判建立石燈

석등 건립을 발원한 사람과 석등을 제작한 사람, 건립 시기와 건립 과정, 운영 비용 마련 등에 관한 내용은 무척이나 흥미로운 대목이 아닐 수 없다. 그런 점에서 개선사지 석등의 역사적 가치는 더욱 크다. 특히 통

개선사지 석등의 화사석. 석등의 제각에 관한 명문이 새겨져 있다. (사진 이광표)

일신라 전후의 석등의 연대를 판단하는 데 매우 중요한 자료가 된다.

개선사지 석등은 규모도 작지 않고 그 모습도 아름답고 고급스럽다. 그런데 여기에 왕실에서 발원해 만들었다는 명문까지 새겨져 있다. 이 같은 정황은 개선사와 이 석등의 존재 의미를 방증한다. 개선사는 9세기 당시 크고 중요한 사찰이었음을 의미한다. 석등 외에 그 흔적이 거의 남아 있지 않아 아쉬울 따름이다.

통일신라가 기울어가던 9세기 말, 왜 이곳에 석등 불사가 있었던 것일까. 명문이 의미하는 바는 무얼까. 변동명 지역사연구소장은 이에 대해 흥미로운 설명을 내놓은 바 있다. 그 논의 과정이 학술적이고 복잡하지만, 결론은 이렇다. "9세기 말엽 광주에 견훤의 후백제가 들어섰다. 신라 중앙과 타협하고 중앙 귀족에게 협조하던 지역 토착 세력이, 기왕의 고식적인 방책을 버리고 왕경 경주의 통제에서 벗어나 독자 세력으로 자립하였다. 무등산 개선사지 석등의 명문에는 그처럼 이제까지와 다른

길을 선택하기에 이른 광주 지역 사회의 분위기가 담겨 전한다"(변동명,

"삼국 통일신라시기의 무등산과 광주," 〈호남학〉 제69집).

이러한 해석은 다소 놀랍다. 명문에 등장하는 연호(龍紀 3)가 잘못되

었고 토지 매입 과정에 왕실의 개입이 보이지 않는다는 점, 석등을 세우

고 무려 23년이 흐른 뒤에 명문을 새겼다는 점 등등을 토대로 볼 때, 신

라 왕경(경주)의 분위기와 사뭇 다른 정치적 의도가 개입되었다는 것이

다. 그 무렵 견훤甄萱(867~936)이 무진주(지금의 광주)에서 세력을 구축하고

스스로를 왕이라 칭하기 시작했던 상황을 예로 든다. 변 소장의 설명을

듣다 보면 이 아름다운 석등과 드라마틱한 정치적 함의를 연결시킬 수

있어 흥미롭다.

개선사지 석등을 찾아가려면 가사문학면 한국가사문학관 바로 앞

에서 광주호 상류 쪽으로 들어가야 한다. 길은 다소 외지고, 몇 번의 굽

이를 돌다 보면 인적 드문 넓은 밭 사이로 석등이 나타난다. 그 석등이

너무 깨끗하고 담백하여 더 쓸쓸해 보인다. 변 소장의 해석이 떠오른다.

무언가 시대 상황이 연결되었을 것 같다는 생각. 흥미진진한 문화 콘텐

츠 스토리가 탄생할 수도 있을 것 같다.*)

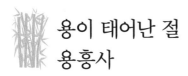

용이 태어난 절
용흥사

무수리 최 숙빈의 기도

담양군 월산면 용흥사 들어가는 길은 고즈넉하다. 고찰로 가는 길의 분위기라고 할까. 한참 들판을 지나가면 커다란 제방과 함께 저수지가 나타나고, 곧이어 시원한 계곡이 이어진다. 널찍한 야영장도 있다. 좀 더 올라가면 일주문이 나오고 거기 '용구산 용흥사龍龜山 龍興寺' 편액이 걸려 있다. 이곳은 담양의 북쪽으로 장성과 가깝다. 용흥사는 백양사의 말사末寺다. 원래 백제에 불교를 전했던 간다라 지역의 승려 마라난타가 창건했다고 전한다. 하지만 아쉽게도 조선 후기까지의 기록이 남아 있지 않다.

절의 원래 이름은 용구사龍龜寺. 절 이름이 지금의 용흥사로 바뀐 데에는 흥미로운 일화가 숨어 있다. 다름 아닌 조선 시대 영조의 생모인 숙빈 최씨와 관련된 이야기다. 숙빈 최씨의 이름은 최복순崔福順. 어린 나이에 숙종비 인현왕후를 따라 입궁한 뒤 최말단 하급직인 무수리로 일하던 그는 숙종의 승은을 입고 1694년 영조를 낳는다. 숙빈 최씨가 이 절에서 기도한 뒤 영조를 낳았다고 한다. 영조가 왕위에 오르자, 왕실은 절 이름을 용흥사로 바꾸었다. 용을 태어나게 한 곳이라는 의미다. 아울러 용구산의 이름도 성군을 꿈꾸게 한 곳이라는 의미를 담아 몽성산夢聖山

으로 고쳤다고 한다. 하지만 숙빈 최씨가 언제 어떻게 용흥사에서 기도를 올렸는지에 대한 기록은 남아 있지 않다.

어쨌든 숙빈 최씨와의 인연 덕분에 몽성산 용흥사는 번창하기 시작했다. 이때부터 50여 년간 절은 규모를 키워 나갔고 용구산에 7개의 암자를 거느렸다. 그러나 19세기 말, 호남 지역 항일 의병의 근거지가 되면서부터 수난을 겪었다. 일제에 맞서 싸우다 사찰 전각 40여 개 동이 불에 타 버렸다. 역경을 딛고 1930년대 들어 대웅전과 요사채 등을 복원했으나 일제 강점기에 불상과 불화를 약탈당했다. 1950년 6·25 전쟁 때 다시 불에 타 사라졌다. 1957년에 중창하고 1970년대에 대웅전을 새로 지었으며, 1990년대부터 대대적인 불사를 일으켜 오늘에 이른다. 19~20세기 수난의 상흔이 숨어 있지만 현재 용흥사 곳곳은 반듯하게 잘 정리되어 있다. 대웅전 앞 용구루龍龜樓 2층 찻집에서 내다보는 천왕문과 일주문 쪽 전망도 일품이다.

용흥사에서 가장 유명한 문화재는 보물로 지정된 용흥사 동종銅鐘. 대웅전에 봉안되어 있으며 '담양 용흥사 순치원년명順治元年銘 동종'이라 부르기도 한다. 종의 몸체 표면에 '순치 원년(1644)에 김용암金龍岩에 의해 조성됐다'는 명문이 새겨져 있다. 높이 78센티미터, 아래쪽 입지름 66센티미터. 동종을 만든 주조장鑄造匠 김용암은 17세기 중반 전라도 지역을 중심으로 활약한 장인이다.

용흥사 동종은 조형미와 무늬(연꽃, 덩굴, 용 등) 표현, 비례감 등이 돋보이는 수작이다. 종의 표면에는 다양한 무늬가 장식되어 있다. 윗부분 용뉴龍鈕 주변으로 돌아가면서 연꽃잎과 원형 범자梵字 무늬를 배치했다. 몸체 위쪽에는 4각형의 연곽蓮廓이 있고 그 안에 9개씩의 연뢰蓮蕾(연꽃봉오리)가 돌출되어 있다. 연곽 사이에는 보살상을 배치했다. 보살상은 긴 법

→ 용흥사 대웅전의 설경. 용흥사에는 조선 영조의 생모인 숙빈 최씨의 일화가 전해 온다. (사진 이광표)

조경이 살된 용흥사 경내. (사진 이광표)

의를 걸치고 합장하고 있는 모습이다. 몸체 아래쪽에는 여의주를 쥐고 구름을 헤쳐가는 용의 모습을 부조로 표현했다.

　용흥사 동종에서 가장 특이한 점은 용뉴다. 용뉴는 종의 맨 윗부분에 붙어 있는 용 모양의 고리를 말한다. 종을 종각에 걸어 놓기 위해 만든 고리다. 용뉴의 용은 고려 때까지는 한 마리였고 조선 시대에는 주로 두 마리(용의 몸통은 하나인데 머리가 두 개)였다. 그런데 용흥사 동종은 용뉴의 용이 네 마리다. 매우 이례적인 용뉴 장식인데, 그 덕분에 용흥사 동종은 생동감 넘치고 역동적이다.

　이 용뉴와 관련해 이런 이야기가 전한다. "조선 시대 용흥사 스님 한 분이 '효성이 지극한 소녀가 용흥사 절에 딸린 암자에 들어와 산신령의 인도로 고관대작을 만나 입궐한 후 왕을 낳을 것'이라 예언했다. 그리하여 후세에 길이 남을 성군을 기리기 위해 용 네 마리로 장식된 범종을

용흥사 대웅전에 봉안된
17세기 동종(보물). (사진
이광표)

용흥사 동종의 용뉴에는
이례적으로 네 마리 용이
장식되어 있다. 이와 관련
해 숙빈 최씨가 낳은 영조
(용)를 상징한다는 이야기
가 전해 온다. (사진 이광
표)

제작해 부처님께 바쳤다." 출처는 알려지지 않았지만, 숙빈 최씨에 관한
스토리가 분명하다. 새로운 용(영조)의 탄생을 축원하는 마음을 담아 이
례적으로 용을 네 마리나 장식했다는 얘기다. 이제 용뉴에 등장하는 네
마리 용의 비밀이 풀릴 것 같다. 17~18세기 용흥사의 위상을 보여 주는
얘기이기도 하다. 용흥사 동종은 보존 상태가 양호하고 주조 기술이 우
수하며, 종의 형식과 세부 장식이 독창적이다. 제작 시기와 주종장에 대
한 내용이 기록되어 있어 그 가치는 더욱 높다.

용화사의 불복장 무형문화재

담양 도심의 메타세쿼이아 가로수 길 인근에는 용화사龍華寺가 있다.
1934년 백양사의 포교당으로 출발해 1945년 묵담 스님(1896~1982)이 담
양 지역 청년 불자들과 함께 세운 사찰이다. 묵담 스님은 5~7대 조계종
의 종정宗正에 이어 3대 태고종 종정 등을 지내고 만년에 용화사 주지를
맡아 큰 족적을 남겼다.

용화사의 일주문을 지나면 바로 왼편에 불복장작법佛腹藏作法 안내판
이 서 있다. 다른 사찰에서는 볼 수 없는 용화사만의 특징이다. 이곳이
국가중요무형문화재 불복장작법의 중심이기 때문이다. 이곳의 조실인
수진 스님은 불교의 전통 의식인 불복장을 정통으로 설행設行하면서 전
승하고 있다.

불복장 의식은 불상 내부에 부처님 사리와 발원문, 경전, 다라니, 직
물, 복식, 장신구, 오곡 등 200여 가지의 물목物目을 넣는 과정과 관련 의
식 일체를 말한다. 불상을 처음 만들면 그것은 세속의 불상과 차이가 없
다. 그런데 여기에 물목을 넣고 점안點眼 의식을 거행하면 그 불상은 성스
러움을 획득하고 그럼으로써 진정한 예배의 대상이 된다. 법당에 모시

는 불상의 상징성을 부여하는 과정, 속상俗像에서 성상聖像으로 변화하는 과정이라고 할 수 있다. 불상뿐 아니라 불화 틀 안에도 물목을 봉안한다.

불복장은 고려 때 시작되어 지금까지 700여 년 동안 이어져 오고 있다. 불복장의 근거가 되는 경전은《조상경造像經》. 여기엔 그 근거와 절차 등이 기록되어 있는데 최초의 목판본(1575)이 담양 추월산 용천사본이다. 이 조상경의 내용과 의미는 세월이 흐른 뒤 1910년대 묵담 스님에게 이어졌고 다시 용화사 수진 스님으로 전승되었다. 묵담 스님이 전수 받았던《조상경》필사본은 현재 용화사가 소장하고 있다. 이런 과정을 보면 담양이 불복장 문화의 전승 지역이며 용화사가 그 중심이라는 사실을 쉽게 알 수 있다.

용화사 조실 수진 스님은 1970년대 말 묵담 스님을 시봉하면서 불복장 의식을 전수받았다. 이후 김제 금산사, 청도 운문사, 서울 영화사, 공주 성곡사 등 여러 사찰의 불복장 의식을 집전했다. 수진 스님은 담양

용화사를 세운 묵담 스님 상과 묵담유물관. (사진 이광표)

묵담 스님(동상)으로부터 불복
장을 전수받은 수진 스님. (사
진 황호택)

용화사 신도회를 중심으로 한국불교전통불복장의식보존회를 결성해
전승에 앞장섰다. 그 노력에 힘입어 불복장은 2019년 국가무형문화재로
지정되었다. 용화사와 담양은 이렇게 불복장의 상징으로 자리 잡았다.

용화사에서 수진 스님을 만나 "지금 전승 인력이 어떻게 되느냐"고
물었다. 그러자 "다른 사람 얘기보다도 내가 열심히 정진하는 것이 더 중
요하다"고 했다. 이런 것이 우문현답인가. 불복장은 내밀하고 본질적인
불교 의식이자 문화라는 점에서 볼 때, 수진 스님의 말에 고개가 끄덕여
진다. 스님은 말을 이었다. "대략 20명 정도지요. 다들 열심히 하지만 그

담양 용화사 미륵불(높이 16미터). (사진 황호택)

래도 미래를 위해 전승관이 필요한데……"라고 했다.

용화사에는 묵담 스님의 정신도 면면히 이어져 오고 있다. 그 대표적인 공간이 2004년 개관한 묵담유물관이다. 이곳에는 묵담 스님이 소장했던 불교 전적류와 불상을 비롯해 다양한 전통 유물이 보관 전시돼 있다. 가장 대표적인 것이 《불조역대통재佛祖歷代通載》. 현재 보물로 지정되어 있다. 석가여래 탄생부터 고려 말 1334년까지 학덕이 높은 스님들의 전기傳記를 연대순으로 적어 놓은 책이다. 조선 성종 때인 1472년에 간행된 것으로 총 7권이다. 책 한 편엔 "묵담默潭이 세상을 떠난 스승으로부터 대대로 물려받아 간직해 왔다"는 글도 적혀 있다고 한다.

수진 스님도 16세 때 용화사에 들어왔다. 용화사에서는 갈 데 없는 아이들을 받아들여 동자승으로 기르는 제도가 있다. 미혼모의 자녀도 들어왔다. 이렇게 길러낸 동자승이 50명을 넘었다. 지금도 동자승이 네 명이나 있다. 수진 스님은 "혼자 잘사는 게 좋은 게 아니고 더불어 사는 정신이 중요하다"고 말했다.

용화사는 용화세계龍華世界를 꿈꾸는 곳이다. 용화는 미륵보살이 성불한 후에 중생을 제도하기 위하여 연 법회를 말한다. 따라서 용화세계는 우리에게 찾아올 희망의 세계가 된다. 수진 스님의 얘기가 재미있다. "묵담 스님께서는 어느 부처님이든 다 귀하지만 미래의 부처인 미륵불을 원불로 모셨습니다. 그래서 우리 용화사에도 16미터 높이의 미륵불을 세웠는데, 세상일이 그렇지요. 지는 해보다 뜨는 해. 청년들이 더 중요합니다. 그래서 우리도 다음 대통령에 관심을 더 갖는 거 아니겠습니까?"杓

3부

가사 문학과 원림

가사 문학의 최고봉
담양

우리말의 미학을 구현한 한글 의식

무등산 한 활기 뫼히 동다히로 버더 이셔

멀리 떼쳐와 제월봉霽月峰이 되어거늘

무변대야無邊大野의 므슴 짐쟉하노라

일곱 구비 한데 움쳐 므득므득 버려는 듯

(무등산 한 줄기 산이 동쪽으로 뻗어 있어

멀리 떨치고 나와 제월봉이 되었거늘

끝없이 넓은 들에 무슨 생각 하느라고

일곱 굽이 한데 움츠려 무더기를 벌여 놓은 듯)

_〈면앙정가〉 일부

이 몸 삼기실 제 님을 조차 삼기시니

한생 연분이며 하늘 모를 일이런가

나 하나 졈어 닛고 님 하나 날 괴시니

이 마음 이 사랑 견졸 데 노여 업다

(이 몸 태어날 때 임을 따라 태어나니

한평생 살아갈 인연, 하늘이 모르겠는가

나 오직 젊었고 임은 오직 나를 사랑하시니

이 마음 이 사랑을 비교할 곳 다시 없네)

_ 〈사미인곡〉 일부

강호애 병이 깊퍼 듁님의 누엇더니

관동 팔백니에 방면을 맛디시니

어와 셩은이야 가디록 망극하다.

(자연을 사랑하는 병이 깊어 대숲에 누워 있었더니

관동 지방 800리 방면의 소임을 맡기시니

아, 임금의 은혜야말로 갈수록 끝이 없구나)

_ 〈관동별곡〉 일부

송순의 〈면앙정가俛仰亭歌〉, 정철의 〈사미인곡思美人曲〉, 〈관동별곡關東別曲〉. 우리에게 익숙한 조선 시대 가사 문학의 대표작이다. 이 작품을 읽다 보면 500년 전 지어진 고전 문학은 어렵고 고리타분할 것이라는 우리의 선입견이 여지없이 무너져 버린다. 그 시발점은 가사의 운율이다. 운율 덕분에 구절구절 입에 착착 감겨 읽어 나가는 데 막힘이 없다. 아름다운 우리말이 읽는 이를 미소 짓게 하고 고도의 은유와 상징이 탄성을 자아낸다.

송순의 가사 〈면앙정가〉, 정철의 가사 〈사미인곡〉, 〈속미인곡續美人曲〉, 〈성산별곡星山別曲〉, 〈관동별곡〉은 절창絶唱 중의 절창이다. 한국 문학사의 빛나는 성취다. 그런데 이들이 전남 담양에서 탄생했다. 조선 시대 가사 문학의 최고봉이 모두 담양에서 태어난 것이다. 담양은 자타가 공인하는 가사 문학의 본향이다. 담양의 가사(담양 사람이 지은 가사, 담양을 배경으로 한 가사)는 모두 18편. 조선 전기(16세기) 때의 가사 6편, 조선 후기(18~19세기) 때의 가사 12편이다.

가사 문학은 고려 말 처음 등장해 조선 시대에 중요한 문학 장르로 정착되었다. 조선 시대 가사는 담양뿐 아니라 전국 곳곳에서 창작되었고 그 주제나 내용도 무척이나 다양하다. 담양의 가사 18편은 현전하는 조선 시대 전체 가사 문학 가운데 지극히 일부다. 그러나 그 의미와 가치에서 담양의 가사 문학은 단연 두드러진다. 가사 문학의 정점으로 평가받는 송순과 정철의 작품이 이곳에서 탄생되어 지금까지 면면히 전승되어 김동을 주기 때문이다. 그래서인지 담양 곳곳에는 송순과 정철의 창작 공간 등 구체적인 흔적이 남아 있다. 이러한 흔적은 송순과 정철의 가사 문학의 미학을 제대로 만나는 중요한 현장이 된다. 가사 문학이 창작된 다른 지역과의 두드러진 차별점이다.

가사 문학의 역사적 문화적 의미와 가치는 다양하지만 그 가운데 가장 두드러진 것은 국문 정신과 한글 의식이라고 할 수 있다. 가사는 기본적으로 한글로 창작되었다. 15세기 세종 때 한글이 창제되었지만 양반은 16세기에도 여전히 한문을 썼다. 그런 시기에 양반 사대부가 한문이 아니라 한글로 글을 짓고 그것도 아름다운 문장으로 구현했다는 것은 각별한 의미가 있다. 송순과 정철로 대표되는 담양의 가사는 조선 전기 양반이 우리말로 시어를 사용하여 한글로 작품을 써 내려간 가장 뛰어난 사례다. 또한 담양을 중심으로 한 호남 지역의 사대부들이 우리말과 한글을 적극적으로 수용하고 활용했음을 보여 주는 것이기도 하다.

전문가들은 이를 두고 '개방적 문자 의식'이라고 일컫는다. 당시 상황을 고려해 볼 때, 이러한 문자 의식은 과감하고 선진적인 것이다. 용기

담양군 봉산면 제월봉에 자리한 면앙정. 제월봉 높은 곳 탁 트인 면앙정에서 송순은 〈면앙정가〉를 지었다. (사진 이광표)

있는 도전 정신, 창의적이고 자주적인 성찰의 발로인 셈이다. 그 결과는 송순과 정철의 가사 문학에서 활짝 꽃피었고 그 무대는 담양이었다.

송순과 정철의 국문 정신, 한글 의식은 가사 문학의 지속에 매우 중요한 역할을 했다. 한글을 적극적으로 수용함으로써 가사는 17, 18세기를 거쳐 19세기에 더욱 대중화되었다. 창작 계층도 양반층을 넘어 전 계층으로 확장되었고 내용도 다양해졌다. 가사가 한글로 쓰이지 않았더라면 어려운 일이었다. 그러한 가사 문학의 무대가 된 담양은 국문학사에서도 매우 중요한 위상을 지닌다고 평가받아 마땅하다.

〈사미인곡〉은 이렇게 시작한다. "이 몸 삼기실 제 님을 조차 삼기시니." 〈관동별곡〉은 "강호애 병이 깊퍼 듁님의 누엇더니"로 시작한다. 여기서 알 수 있듯 가사는 한 행이 4음보로 이뤄져 있다. 이 운율의 효과는

정철이 〈성산별곡〉을 창작한 담양군 가사문학면의 식영정. (사진 이광표)

대단하다. 읽다 보면 막힘없이 절로 이어진다. 나도 모르게 소리 내어 읽게 된다. 이 운율은 우리 민족 고유의 내새적 율격이다. 전통적인 우리말의 관습이라고 할까. 그렇기에 쉽게 전달되고 오랫동안 편안하게 기억된다. 가사가 시대를 초월해서 지금까지 이어져 오는 것도 4음보 덕분이다.

4음보 운율은 가사의 중요한 힘이다. 송순과 정철은 이 시적인 운율에 빼어난 어휘와 매력적인 의미를 얹어 한글 문학의 미학을 구현했다. 정철의 가사는 특히 이 대목에서 타의 추종을 불허한다. 가장 빛나는 성취가 아닐 수 없다. 이것은 다음과 같은 평가로 이어진다. "가사는 고려 말에 발생한 이후 현대에 이르기까지 오랜 시간 시대의 변화를 흡수하면서 우리 민족의 삶과 의식, 아름다움을 담아온 의미 있는 갈래"(김은희, 〈가사 문학의 창의적 가치〉). "우리 민족의 미의식의 심층에 잠재하고 있어 얼마든지 현대적 장르로 부흥할 가능성을 충분히 갖추고 있다"(김학성, 〈가

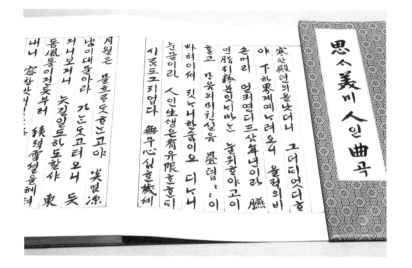

정철의 〈사미인곡〉을 옮겨 적은 서예 작품. 한국가사문학관 소장. (사진 이광표)

사의 양식 특성과 현재적 가능성〉).

누정은 열린 공간이자 소통의 공간

담양 출신의 송순은 41세 되던 1533년 한양에서 담양으로 낙향해 봉산면의 제월봉霽月峰 언덕에 정자를 짓고 면앙정俛仰亭이라 이름 붙였다. 그 후 1550년대 초에 이곳에서 〈면앙정가〉를 지었다. 어린 시절 10년을 담양에서 지냈던 한양 출신의 정철은 출사出仕 이후 관직 생활 도중 네 차례나 낙향해 담양에서 지냈다. 1550년대엔 담양 남면 지곡리의 식영정息影亭에서 〈성산별곡〉을 지었으며 1580년대엔 담양 고서면에 송강정을 짓고 기거하면서 〈사미인곡〉, 〈속미인곡〉을 창작했다. 조선 최고의 가사 문학은 이렇게 담양의 누정樓亭에서 탄생했다. 누정이라는 공간은 가사 문학을 이해하고 담양의 문화와 정신을 이해하는 데 중요한 키워드가 된다.

면앙정 앞에 서 있는 송순 시가비. (사진 이광표)

　　송순과 정철의 가사를 읽어 보면 담양에서 성찰하되 담양 밖의 더 넓은 세계를 지향했음을 알 수 있다. 송순과 정철은 어수선한 정치적 혼란기에 중앙 정치에서 물러나 담양으로 낙향했을 때 가사를 지었다. 그것이 자의였든 타의였든 성찰의 시간이었다. 하지만 정착과 안주보다는 외부 세계를 향한 열망을 담았다. 담양의 풍광과 함께하되 담양에 움츠러드는 것이 아니라, 외부로 나아가려는 내용을 담았다. 그래서 담양의 가사를 두고 '개방성의 문학'이라 평가하기도 한다.

　　이러한 개방성은 송순과 정철이 누정에서 가사를 창작했다는 점과 연결된다. 누정은 닫힌 공간이 아니라 열린 공간, 소통의 공간이다. 면앙정, 송강정, 식영정은 자그마한 누정이지만 한가운데에 작은 방이 있고 빙 둘러 가며 마루로 트였다. 한쪽으로 막힘이 없이 사방으로 온전하게 열린 공간 구조를 지니고 있다. 송순과 정철은 누정에서 담양과 호남

한국가사문학관에 전시돼 있는 《송강집》. (사진 이광표)

의 사림들과 교유하며 시문詩文을 짓고 미래를 고민했다. 면앙정이나 송
강정, 식영정에 오르면 사방이 눈에 확 들어온다. 추월산, 영산강, 광주호
등 먼 곳으로 시선이 닿는다. 송순과 정철은 그 너머의 곳까지 꿈꾸었고,
그것이 〈면앙정가〉, 〈사미인곡〉으로 구현되었다.

담양의 가사 문학은 이렇게 개방적이다. 그것은 담양에 어린 도도한
정신이기도 하다. 무등산에서 뻗어 나온 우직한 기상은 담양의 제월봉
에서 면앙정과 만나고, 담양에서 발원하여 나주 목포를 지나 서해로 이
르는 영산강은 식영정과 정철의 가사를 만났다. 그래서인지 송순과 정철
의 가사는 유려하고 막힘이 없다. 담양의 가사는 무등산과 영산강을 닮
았다. 담양의 가사는 열린 문학이고 그렇기에 더더욱 현재적이고 우리
시대로 이어진다. 담양의 진정한 상징이 아닐 수 없다.

가사의 명칭에도 그 정체성과 철학이 담겨 있다. '歌'는 노래하는 것
이고 '辭'는 글이나 말로 표현하는 것이다. 노래와 말, 글이 하나로 만나
가사로 태어났다. 시적인 산문, 노래하는 문학이라고 할 수 있지 않을까.

식영정에서 내려다본 광주호. (사진 이광표)

이것은 융합이고 조화다. 다소 다른 것, 다소 낯선 것이 하나로 만나 새로운 장르로 나아간 것이다. 융통성이라고 힐 수도 있으리라. 이것이 가사의 본질이고 철학이다.

송순·정철은 가사 문학의 정점

가사 문학은 국문학 장르 가운데에서도 남다른 특징을 지니고 있다. 고려 말 가사가 등장한 이래 조선 말기에 이르면 폭넓은 지역에서 창작이 이뤄졌다. 일제 강점기에도 활발하게 창작이 이뤄지고 많은 사람들이 향유했다. 이렇게 해서 지금까지 우리에게 전하는 가사는 수천 편에 달한다는 것이 전문가들의 견해다. 그 작품 세계나 주제도 매우 다양하다. 그 지속성의 결정적인 계기는 우리말의 아름다움과 깊이를 극적으로 구현한 송순과 정철의 가사였다.

식영정 바로 앞에 위치한 한국가사문학관. (사진 제공 담양군)

　　담양 지역엔 면앙정, 송강정, 식영정 등 송순과 정철의 가사 문학 창
작 공간이 구체적으로 남아 있다. 가사 문학이 탄생한 다른 지역에서는
찾아보기 어려운 담양만의 특징이자 매력이다. 담양의 가사 문학은 누
정 문화와 긴밀히 연결되어 있고 이러한 누정 문화는 담양 지역 사림의
원림園林 문화와 어우러지면서 담양의 또 다른 매력으로 자리 잡았다.

　　송순과 정철의 가사를 읽다 보면 '이렇게 아름다운 우리 고전 문학
이 어디 있을까'라는 생각이 절로 든다. 형식과 내용 모두에서 고품격이
면서 대중성을 함께 갖추고 있다. 그래서 담양의 가사 문학 전통은 현대
적이고 또 현재적이다. 담양에 가면 지금도 사람들이 가사를 읽고 가사
를 짓는다. 담양은 그런 곳이다.[*]

꽃이 진다고 슬퍼 마라
— 송순 면앙정

사화 피바람 부는 조정 피해 낙향

담양을 두고 누정과 원림, 가사 문학의 본향이라고 한다. 그 매력적인 문화의 뿌리엔 면앙정이 있다. 담양군 봉산면 제월리의 제월봉으로 오르는 높다란 언덕 앞엔 면앙정이라 새겨진 커다란 석비가 서 있다. 여기서 언덕을 올려다보면 면앙정의 기와지붕이 보일 듯 말 듯하다.

송순은 1533년 자신의 고향인 담양 봉산면 제월봉 오르는 길목에 면앙정을 지었다. 그의 나이 41세. 불혹을 갓 넘긴 시절이었다. 송순은 90세까지 장수했으며 50년 동안이나 관직 생활을 했다. 27세 때인 1519년 빼어난 성적으로 과거에 급제해 세간의 주목을 받으며 출사했다. 그런데 그해 겨울 조광조趙光祖 등 사림 개혁파가 훈구파에 의해 크게 화를 입는 기묘사화己卯士禍가 일어났다. 이 사건은 송순의 머릿속에 깊이 각인되었다.

한양에서 관직 생활을 하던 송순은 1533년 김안로金安老 일파가 조정을 쥐락펴락하자 미련 없이 벼슬을 내려놓고 담양으로 낙향했다. 그때 면앙정을 지었다. 3년 남짓 자연과 함께 시를 짓고 마음을 다스렸다. 은일隱逸의 시간이었다. 그런데 1537년 김안로가 사약을 받고 실각하자 곧

1533년 송순이 지은 면앙정은 임진왜란 때 부서졌고 1654년 후손들이 다시 지은 뒤 몇 차례의 수리를 거쳐 지금에 이르고 있다. (사진 이광표)

바로 홍문관 부응교에 제수되어 관직에 다시 나아갔다. 이후 경상도 관찰사, 사간원 대사간을 거쳐 50세인 1542년 전라도 관찰사가 되었다.

1545년 을사사화乙巳士禍가 일어났다. 윤원형尹元衡 일파에 의해 많은 사림들이 화를 입자 송순은 〈상춘가傷春歌〉라는 시조를 지었다.

꽃이 진다 하고 새들아 슬퍼 마라
바람에 흩날리니 꽃의 탓 아니로다
가노라 희짓는 봄을 새와 무삼하리오

송순은 이 시조에서 희생당한 사림들을 낙화에 비유했다. 눈 밝은 사람이면 거기 담긴 비유와 메시지를 어렵지 않게 읽어 낼 수 있었다. 여

면앙정에서 내려다본 담양군 봉산면 제월리 일대. 멀리 영산강이 흐른다. (사진 이광표)

기저기서 이 노래가 불렸고 그로 인해 송순은 큰 변을 당할 뻔했다.

1550년엔 대사헌, 이조참판에 올랐으나 사론邪論을 편다는 죄목으로 충청도 서천으로 귀양을 가야 했다. 귀양에서 풀려난 송순은 1552년 60세 때 면앙정을 개축했다. 몇 차례의 부침을 겪었으나 송순은 1569년 77세에 의정부 우참찬에 이르렀다. 이때 그는 관직에서 물러났다. 1519년에 출사했으니 무려 50년 만이다. 이후 90세에 세상을 떠날 때까지 송순은 면앙정에 머물며 줄곧 시문과 풍류를 즐기면서 강호가도江湖歌道의 담양 가단을 구축했다.

1550년대에 송순은 면앙정에서 〈면앙정가〉를 지었다. 면앙정 주변의 풍광을 감상하고 자연과의 합일을 추구하는 마음을 노래한 것이다. 도가적 풍류적 삶이라 할 수 있다. 이 가사는 이렇게 마무리된다.

신선이 엇더턴지 이 몸이야 긔로고야

강산풍월 거늘리고 내 백년을 다 누리면

악양루 샹의 이태백이 사라오다

호탕浩蕩 정회情懷야 이에서 더할소냐

이 몸이 이렁 굼도 역군은亦君恩이샷다

그 뜻은 이렇다. "신선이 어떤 것인지, 이 몸이야말로 신선이로구나. 강산 풍월 거느리고 내 평생 다 누리면 악양루 위의 이태백이 살아온다 한들 넓고 끝없는 정회야 이보다 더할쏘냐. 이 몸이 이렇게 지내는 것도 역시 임금의 은혜이시도다." 자연친화적, 도가적, 풍류적이지만 그래도 임금의 은혜를 칭송하며 유교적으로 마무리했다. 당시 세상의 도리를 지킨 것이다.

〈면앙정가〉는 정극인丁克仁의 〈상춘곡賞春曲〉과 함께 호남 가사 문학의 원류로 평가받는다. 내용과 형식 등에서 정철의 〈성산별곡〉에 영향을 주었고, 정철은 이에 힘입어 담양 땅에서 〈사미인곡〉, 〈속미인곡〉 등을 창작했다. 면앙정과 송순은 이렇게 조선 시대 가사 문학의 본격적인 시 발점이다. 또한 담양이 '한국 가사 문학의 최고봉'의 명성을 얻는 데 결정적인 역할을 했다. 담양 출신의 송순은 학자이자 관료였으며 넉넉하고 풍류 넘치는 예인이었다. 특히 음률에 밝아 시가에 능했다고 한다. 이런 기질이 4음보의 가사 문학을 창작하는 데 영향을 미쳤을 것이다.

1552년 송순은 면앙정을 개축했다. 그의 나이 60세 때였다. 송순은 이렇게 기뻐했다. "하늘을 쳐다보기도 하고, 땅을 내려다보기도 하며 바람을 쐬면서 남은 생을 보내게 되었으니 나의 본래 원하던 바를 이제야 이뤘다." 면앙정 개축을 자축하기 위해 송순은 기대승에게 〈면앙정기俛

仰亭記〉를 부탁했다. 그리고 20여 년이 흐른 1576년엔 임제林悌(1540~1587)에게 〈면앙정부俛仰亭賦〉를 써달라고 했다. 그때 송순의 나이는 84세, 임제는 28세였다. 나이 차이는 무려 56세. 그런데도 송순은 나이 차이에 개의치 않고 교류와 소통을 했다. 500년 전에 이런 일이 있었다는 사실이 놀라울 따름이다.

면앙정은 송순의 호이기도 하다. 면앙俛仰은 땅을 내려다보고 하늘을 쳐다본다(우러른다)는 뜻. 하늘 우러러 부끄럼 없어야 하고, 사람에게 굽어보아 또한 부끄러움이 없어야 한다는 말이다. 기묘사화, 을사사화의 와중에 송순은 '면앙'을 되뇌며 마음을 비우고 정신을 다잡았을 것이다.

송순은 면앙정을 두고 이렇게 읊은 바 있다.

십년을 경영하여 초려삼간草廬三間 지어내니
나 한 간 달 한 간에 청풍淸風 한 간 맡겨두고
강산은 들일 데 없으니 둘러두고 보리라

시원하고 넉넉한 시가 아닐 수 없다. 송순의 가치관과 면앙정을 지은 까닭을 이 한 편의 시에서 만날 수 있다. 실제로 송순은 1524년 정자를 지을 땅을 샀고 10년 동안의 준비 끝에 면앙정을 지었다고 한다.

이 시에서 송순이 노래한 것처럼 면앙정은 작고 소박하다. 지금의 면앙정은 정면 3칸, 측면 2칸으로, 가운데에 한 칸짜리 방이 있고 이를 둘러싸고 마루가 놓여 있다. 내가 한 칸, 달이 한 칸, 바람이 한 칸을 차지하고 강산은 먼발치로 감상하겠다고 했다. 투명한 풍류와 낭만이다. 송순이 지었던 원래의 정자는 초가草家로 추정되지만 임진왜란 때 부서졌다. 1654년 후손들이 기와지붕의 정자로 다시 짓고 1970~1980년대

← 면앙정 앞의 참나무. 송순이 심은 것으로 전해 온다. (사진 이광표)

'면앙정' 편액. 16세기 명필 성수침의 글씨로 전해 온다. (사진 이광표)

중수를 거쳤다.

면앙정에 오르면 사방이 탁 트여 주변 풍광이 한눈에 다 들어온다. 면앙정 마루 위에는 10점의 편액이 걸려 있다. 가장 먼저 눈에 들어오는 것은 '면앙정' 편액으로, 당내의 명필 성수침成守琛(1493~1564)의 글씨다. 송순은 이 글씨를 받기 위해 성수침이 사는 경기 파주까지 찾아갔다는 얘기도 전한다. 면, 앙, 정, 세 글자는 별다른 기교 없이 반듯하면서 힘이 넘친다. 성수침은 면앙하며 자연과 하나가 되고자 했던 송순의 삶을 이 세 글자에 잘 구현한 것 아닐까 하는 생각이 든다.

당대 명사들의 편액

송순의 〈면앙정 삼언가三言歌〉 편액도 눈에 띈다. "俛有地 仰有天 亭其中 興浩然 招風月 揖山川 扶藜杖 送百年(면유지 앙유천 정기중 흥호연 초풍월 읍산천 부여장 송백년)" 그 뜻은 대략 이러하다. "굽어보면 땅이요, 우러러보면 하늘이라/그 가운데 정자를 지으니 흥취가 호연하다/바람과 달 불러들

174

〈면앙정 삼언가〉 편액. (사진 이광표)

이고 산천도 끌어들여/청려장 지팡이 짚고 백년을 보내리라." 이 삼언가를 통해 면앙의 의미, 송순의 삶의 철학, 면앙정의 존재 의미를 어렵지 않게 엿볼 수 있다.

이외에 이황李滉(1501~1570)과 김인후가 면앙정에 관해 쓴 시의 편액, 기대승의 〈면앙정기〉와 임제의 〈면앙정부〉 편액, 면앙정에서 바라보는 30가지 승경을 노래한 고경명과 임억령林億齡(1496~1568)의 '면앙정 30영詠'의 편액 그리고 이안눌李安訥(1571~1637), 소세양蘇世讓(1486~1562), 소쇄원瀟灑園의 주인 양산보梁山甫(1503~1557)의 시가 적힌 편액도 보인다.

면앙정은 자그마하지만 사방이 탁 트여 모든 것과 함께한다. 땅과 하늘은 물론이고 바람과 달, 나아가 주변 강산을 면앙정에서 함께한다. 여기에 좋은 사람이 빠질 수 없고, 그들이 읊어내는 시문이 빠질 수 없다.

송순은 면앙정에서 김인후, 임억령, 고경명, 정철, 임제, 양산보, 김성원金成遠(1525~1597), 기대승, 박순朴淳(1523~1589) 등과 교유했다. 모두 당대를 대표하는 학자와 문인이다. 이들은 면앙정을 찾아 송순으로부터 시

면앙정에 걸린 당대 명사들의 편액들. (사진 이광표)

를 배우고, 함께 시를 지었다.

　면앙정은 작은 정자이지만 그 의미는 창대하다. 당대 최고의 문사들이 면앙정에 모여 송순과 함께 면앙정을 노래했기에 단순한 정자 건물의 차원을 뛰어넘는다. 당시 조선 가단歌壇의 총화라고 할 수 있다. 면앙정은 송순이 생활하며 〈면앙정가〉를 창작한 공간이지만 〈면앙정가〉를 잉태한 공간만으로 그치지 않는다.

　당대의 지성과 낭만이 행복하게 만나 무수히 많은 명문名文으로 태어났다. 그 흔적의 일부는 현재 면앙정에 걸려 있는 편액을 통해 만날 수 있다. 편액들은 그 내용도 내용이지만 문화적, 역사적으로 의미가 크다. 많은 선비 문인들이 이곳을 찾아 송순을 기리고 면앙정의 풍광을 즐겼음을 웅변한다. 송순이 세상을 떠난 뒤에도 마찬가지였다. 이렇게 호남의 가단이 형성되었고 이는 당대 최고 문사들의 시와 풍류의 향연이자 학문과 사상의 연찬研鑽이었다. 모두 송순과 면앙정이 있었기에 탄생할 수 있었던 글들이다. 조선 시대 시문학과 풍류 사상의 한 축이 바로 이

송순의 〈면앙정가〉를 옮겨 놓은 서예 작품. 한국가사문학관에 전시되어 있다. (사진 이광표)

면앙정에서 발원하여 조선 시대를 관통했다.

면앙정 뒤쪽으로 영산강 흐르는 너른 평야

안견安堅의 〈몽유도원도夢遊桃源圖〉를 두고 안평대군安平大君과 정인지鄭麟趾, 신숙주申叔舟, 박팽년朴彭年, 성삼문成三問, 김종서金宗瑞, 박연朴堧 등 당대 최고의 인사 22명이 발문을 쓴 것이나, 김정희金正喜의 〈세한도歲寒圖〉를 두고 중국 청나라의 학자 16명과 국내의 정인보鄭寅普, 이시영李始榮, 오세창吳世昌이 발문을 쓴 것과 같은 맥락이다. 면앙정은 유형과 무형의 측면에서 모두 매력적인 문화적 성취다.

　면앙정이 그리 높은 곳에 있는 것은 아니다. 그래도 면앙정에 오르는 길은 제법 가파르다. 가파른 돌계단을 오르다 보면 낙엽 더미 옆으로 작은 대숲이 눈에 들어온다. 12월 겨울 날씨에도 대숲은 늘 푸르다. 낙엽의 메마른 갈색과 대비를 이루는 푸른 대나무. 대숲을 지나자마자 면앙정이 나온다. 면앙정 뒤쪽으로 평야가 넓게 펼쳐지고, 멀지 않은 곳으로 영산강이 흘러간다. 대숲 일렁이는 소리를 들으며 "면앙, 면앙" 중얼거려 본다. 참, 깊은 울림을 준다. 우리네 삶을 성찰하게 한다. 신발 벗고 면앙 정 마루에 올라 저 영산강을 바라보고 하늘과 땅 사방을 둘러본다. 면앙 은 송순의 삶의 철학이었고 어수선한 시대를 견디는 힘이었다. 면앙정은 조선 시대 학문과 시문의 총화를 일궈낸 구체적인 실천 공간이었다.^的

송강이 광주호 바라보면
무슨 시 지을까

송강 정철은 지금의 종로구 청운동에서 태어났다. 서울 청운동 청운초등학교 담장 옆에는 그를 기리는 석비가 여럿 세워져 있다. 정철이 열 살 때인 1545년 을사사화가 일어났다. 그 여파로 정철의 집안은 풍비박산되었다. 정철의 아버지 정유침鄭惟沈은 함경도, 경상도로 유배되었고, 맏형은 장형을 받고 유배 가던 중 죽고 말았다. 어린 정철은 아버지를 따라 유배지에서 우울한 소년기를 보내야 했다. 16세 때인 1551년 아버지가 해배解配되자 정철 가족은 할아버지의 묘가 있는 담양의 창평으로 옮겼다.

정철이 지냈던 담양 창평은 지금의 담양군 가사문학면 지곡리. 정철은 1562년까지 11년 동안 이곳에서 지냈다. 여기서 송순, 김윤제金允悌(1501~1572), 김인후, 기대승, 임억령 등을 스승으로 모셨고 고경명, 송익필宋翼弼(1534~1599), 백광훈白光勳(1537~1582) 등과 교유했다. 그러면서 1560년경 〈성산별곡〉을 지었고 27세가 되던 1562년엔 과거에 장원 급제해 관직으로 나아갔다.

낙향하여 11년 머무른 곳

출사 이후 치열한 당쟁과 권력 투쟁의 풍파 속에서 정철은 부침을 거듭하

16세에 담양으로 내려온 송강은 영일 정씨들의 집성촌인 지실마을에 터를 잡았다. 담양군 가사문학면 지곡리 지실마을 표석. (사진 황호택)

며 네 차례나 담양으로의 낙향을 감행했다. 1575년, 1579년, 1581년에 담양으로 내려와 1, 2년씩 지냈다. 또 1585년엔 담양에 내려와 1589년까지 5년간 기거하며 한국 문학의 절창인 〈사미인곡〉과 〈속미인곡〉을 탄생시켰다. 정철에게 담양은 고향 그 이상이었다. 담양에서 정철은 정치 풍파를 벗어나 마음의 안정을 찾았고 책을 보고 사색하며 빼어난 문학을 창작했다. 동시에 서울의 정치 현실을 향해 부단히 무언가를 모색했다.

담양으로 내려온 정철은 처음엔 지곡리 지실마을에서 지냈다. 그리고 얼마 뒤 우연히 환벽당環碧堂의 주인 김윤제를 만났고 그의 호의 덕분에 줄곧 환벽당에서 학문을 연마했다. 지실마을은 한국가사문학관 바로 뒤편에 있다. 현재의 행정 구역으로 치면 담양군 가사문학면에 속하는데, 원래는 남면이었으나 2019년 가사문학면으로 이름이 바뀌었다.

지실마을에서 정철의 후손들이 살아온 고택 '계당'의 편액. 찾아갔을 때는 수리 중이었다. (사진 이광표)

마을 입구에는 지실芝室이라 새겨진 커다란 안내 표석이 서 있다. 이 길을 따라 쭉 들어가면 수령 300여 년의 은행나무가 나타난다. 안으로 좀 더 들어가노라면 한쪽으로 대숲이 펼쳐진다. 역시 담양이다. 무언가 서늘한 느낌이 전해 온다. 저 댓잎들이 '늘 깨어 있어야 한다'고 수런거리는 것 같다. 그 대숲 맞은편에 마당이 있는 작은 고택이 있다. 계당溪堂이다. 정철의 후손들이 살아온 집. 지금은 지붕 수리 공사가 한창이다.

　계당에서 돌아나와 한국가사문학관을 지나가면 바로 옆 성산星山(별뫼)의 끝자락에 식영정이 있다. 정철이 〈성산별곡〉을 지은 바로 그곳이다. 누정과 원림, 가사 문학의 본향 담양에서 지곡리 일대는 각별하다. 무등산에서 발원하여 흘러온 창계천을 따라 식영정, 독수정獨守亭, 소쇄원, 취가정醉歌亭, 환벽당 등이 모여 있기 때문이다. 취가정과 환벽당은 식영정

송강이 〈성산별곡〉을 지은 곳인 식영정. 배롱나무와 소나무기 많다. (사진 이광표)

인근이지만 행정 구역상으로는 광주시에 속한다.

식영정을 세운 사람은 문인학자 김성원이다. 그는 1560년 지곡리에 서하당棲霞堂을 지었고 이어 스승이자 장인인 임억령을 위해 바로 옆 언덕 높은 곳에 식영정을 건립했다. 임억령은 원래 해남 사람이다. 1545년 동생 임백령林百齡(1498~1546)이 소윤小尹 윤원형 일파에 가담하여 을사사화를 일으키자 스스로 자책하며 군수직에서 물러나 해남에 은거했다. 이렇게 임억령은 정치 관료로 일하기엔 청렴하고 결백했으며 풍류 가득한 인물이었다.

식영정이란 이름은 임억령이 붙였다. '그림자가 쉬어간다'는 뜻이다. 임억령의 문학적 감수성, 낭만과 풍류가 뚝뚝 묻어난다. 면앙정과 다르고 송강정과 다르다. 면앙정이 논리적 철학적이라면 식영정은 지극히 서정적이다. 게다가 '노을이 머무는 곳'이란 의미의 서하당과 함께 있으니

식영정에 걸려 있는 명사들의 편액들. (사진 이광표)

식영정, 서하당 풍경은 여백이 가득한 한 폭의 수묵화를 떠올리게 한다. 임억령의 〈식영정기息影亭記〉엔 이런 대목이 나온다.

그림자는 언제나 그 본형을 따라다니기 마련이다. 그렇기에 사람이 구부리면 저도 구부리고 사람이 쳐다보면 그림자도 쳐다본다. 어디 그뿐이랴. 사람의 행동을 따라 그림자도 똑같이 행동한다. 그늘진 곳이나 밤에는 사라지고, 밝은 곳이나 낮이면 생겨난다. 사람이 세상에서 처신하는 것도 이런 이치와 같다. 옛말에, 꿈에 본 환상과 물에 비친 그림자라는 말이 있지 아니한가. 덧없고 무상한 것이 인생이다. 사람이 자연의 법칙에 따라 생겨났으므로 조물주가 사람을 희롱하는 것이 어찌 본형과 그림자의 관계에만 국한하겠는가.

'구름이 쉬어 가는 정자'라는 뜻의 '식영정' 편액. (사진 이광표)

이 대목을 읽고 나면 낭만과 풍류를 넘어 철학적 성찰까지 발견하게
된다. 인간사의 번잡함을 넘어서는 무애無㝵의 경지라고 해도 좋을 듯하
다. 그래서일까. 이 경치 좋고 멋진 이름의 식영정에 쟁쟁한 문인 학자들
이 모여들었다. 송순, 김윤제, 김인후, 기대승, 양산보, 백광훈, 송이필, 고
경명…… 정철이 여기 빠질 리 없다. 특히 김성원과는 각별한 사이였기
에 정철은 서하당과 식영정을 즐겨 찾았다. 김성원은 정철의 처 재당숙
이었다. 나이는 열한 살 많았지만 김윤제 아래에서 동문수학한 사이여
서 매우 가까웠다고 한다.

이들이 모였으니 시를 짓는 것은 당연한 일이었다. 임억령은 지곡리
성산 일대의 승경 20곳을 골라 〈식영정 이십영二十詠〉을 지었다. 그러자
김성원, 고경명, 정철이 차운次韻하여 각각 20수를 지었고 이들을 합하여
〈식영정 팔십영〉이 되었다. 그래서 임억령, 김성원, 정철, 고경명을 두고
'식영정의 4선四仙'이라 칭하기도 한다.

1560년 식영정에서 정철은 〈성산별곡〉을 뽑아냈다(1561, 1562년경으로

식영정에 걸려 있는 송강 정철의 〈식영정 잡영〉 편액. (사진 이광표)

보는 견해도 있다). 그의 나이 25세. 등과_{登科}하여 담양을 떠나기 2년 전이다. 정철은 〈성산별곡〉 외에도 수많은 시를 식영정에서 지었다. 식영정이야 말로 정철 문학의 뿌리이자 출발점이라고 할 수 있다. 정철은 〈성산별곡〉에서 성산 주변의 사계절 풍광과 거기서 노니는 서하당과 식영정 주인 김성원의 풍류를 노래했다.

담양의 한국가사문학관 앞 큰길에서 2~3분 오르면 식영정이 나온다. 정면 2칸, 측면 2칸의 자그마한 정자다. 온돌방을 하나 올렸는데 마루의 한쪽 귀퉁이로 몰아서 배치했다. 서남쪽 4분의 1에 방을 배치하고 4분의 3은 마루다. 이처럼 다소 특이한 배치를 두고 '서남쪽에 배치해 석양을 막고 겨울철 찬바람을 막기 위한 것'으로 해석하는 이도 있다.

김성원이 지은 식영정은 임진왜란 때 불에 타 버렸고 후대에 다시 건축했다. 그런데 언제 중건했는지 정확한 기록이 없어 아쉽다. 식영정에는 편액이 여럿 걸려 있다. 우선 눈길을 끄는 것은 단아한 전서체의 '식영정' 편액이다. 그림자가 쉬어 가는 매력적인 공간에 어울리게 편액 글씨체도 사람의 마음을 잡아끈다. 현재 걸려 있는 '식영정' 편액 글씨는 서예가 안규동安圭東(1907~1987)이 쓴 것으로 전해지지만 정확한 기록이 없어 단정 짓기는 어렵다고 한다. 이 외에도 임억령의 〈식영정기〉와 〈식영정 이십영〉 내용을 담은 편액, 정철의 〈식영정 잡영雜詠〉의 내용을 담은 편액, 김성원, 고경명, 민덕봉閔德鳳(1519~1573) 등의 글을 옮겨 놓은 편액들이 걸려 있다.

식영정이 서 있는 언덕 아래로는 서하당과 부용당芙蓉堂이 있다. 김성원이 짓고 살았던 공간이다. 원래의 건물은 모두 없어졌고 지금의 부용당은 1970년대에, 서하당은 1990년대에 복원한 것이다. 서하당 옆에는 정철의 자료를 보관하기 위해 1970년대 지은 장서각 건물이 있다.

식영정 일대는 하나의 작은 공원 같다. 벤치도 몇 개 놓여 있고 '송강 정철 가사의 터'라고 새겨진 안내석도 세워져 있다. 앞으로는 광주호가 보이고 뒤로는 언덕과 식영정이 병풍처럼 감싼다. 이곳 벤치에 앉으면 아늑하고 편안한 느낌이다.

젊은 정철의 고뇌 〈성산별곡〉

광주호 건너편으로는 무등산 자락이 눈에 들어온다. 무등산에서 시작된 창계천이 부지런히 흘러와 지실마을, 독수정, 소쇄원, 취가정, 환벽당을 지나 식영정에 이르고 광주호와 만난다. 광주호는 광주댐을 건설하면서 형성된 인공호수다. 창계천은 왜소해졌지만 광주호 덕분에 식영정 앞의 풍광은 더욱 호방해졌다. 송강이 다시 살아와 저 광주호를 바라본다면 어떤 시를 지을까.

정철은 지곡리와 식영정에서 11년 동안 지내며 자연과 풍류를 노래했다. 그러면서도 출사와 정치, 현실의 한복판을 꿈꾸었다. 그렇기에 〈성

식영정 아래 평지에 있는 서하당(오른쪽)과 부용당. 최근에 복원했다. (사진 이광표)

식영정 옆에 있는 〈성산별곡〉 시비. (사진 이광표)

산별곡〉에는 젊은 시절 정철의 고뇌가 담겨 있다. 담양에서 자신을 추슬렀으나 그럴수록 그는 더 큰 세상을 갈망했다.

〈성산별곡〉의 마지막 부분에는 이런 대목이 나온다.

인심이 낫 갓타야 보도록 새롭거늘
세사世事는 구롬이라 머흐도 머흘시고
엇그제 비즌 술이 어도록 니건나니
잡거니 밀거니 슬카장 거후로니
마음의 매친 시름 져그나 하리나다

요즘 말로 풀어 보면 이런 뜻이다. '인심이 얼굴 같아서 볼수록 새로운데/세상일은 구름과 같아 험하고도 험하구나/엇그제 빚은 술이 얼마

나 익었느냐?/주거니 받거니 실컷 마시고 나니/마음에 맺힌 근심 조금은
풀리는구나.'

　담양에서 자연과 풍류를 노래했지만 그 내면에는 근심이 자리 잡고
있었다. 그 근심은 현실에 대한 미련이자 세상을 향한 욕망이다. 나이 스
물다섯이었으니 당연한 일이다. 결국 2년 뒤 정철은 과거에 장원 급제해
서울로 나아갔다. 정치와 현실 속으로 걸어간 것이다. 어찌 보면 그건 정
철의 젊음이었다. 그 첫걸음은 담양의 식영정에서 시작되었다.[約]

정치와 문학의 기묘한 만남,
정철과 송강정

나이 쉰에 송강정 머물다

송강 정철이 담양의 식영정에서 〈성산별곡〉을 쓴 것이 1560년경. 2년 뒤
인 1562년, 스물일곱의 정철은 과거에 장원 급제해 관직으로 나아갔다.
그의 무대는 서울(한양)로 옮겨졌다. 당시 명종과 선조 연간에는 붕당이
치열했다. 정철은 비교적 승승장구하면서도 번번이 탄핵과 파직으로 인
해 권력에서 밀려났고 그때마다 담양을 찾았다. 모두 네 차례에 걸쳐 낙
향을 거듭한 것이다. 그사이 강원도 관찰사 시절인 1580년경에 〈관동별
곡〉을 지었다.

1584년 49세 때엔 대사헌의 자리에 올라 선조 임금의 총애를 받았
다. 그러나 서인의 영수였던 정철은 율곡이 타계(1584)한 이후 동인의 탄
핵을 받았다. 1585년 50세였다. 탄핵당한 정철은 대사헌 자리를 내려놓
고 담양의 창평으로 내려왔다. 네 번째 낙향이었다. 1589년까지 5년 동
안 머물렀으니 길다면 긴 세월이었다.

이때 그는 담양 창평의 죽록천이 내려다보이는 언덕에서 지냈다. 이
미 있던 죽록정竹綠亭을 고쳐 짓고 송강정이라 이름 붙였다. 지금의 담양
군 고서면이다. 고향이나 다름없는 담양에서 정철은 안정을 되찾았다.

송강정 측면의 '죽록정' 편액. (사진 이광표)

창평의 풍광과 인심을 통해 따스함을 만났다. 그럼에도 그의 마음속은 복잡다단했다. 정치와 권력이 아른거렸다.

　송강정에 머무는 동안 정철은 〈사미인곡〉과 〈속미인곡〉을 지었다. 정철은 〈사미인곡〉을 통해 선조에 대한 연군戀君의 정을 남편을 잃은 여인의 마음에 빗대 노래했다. 선조를 향한 그리움이 시종 절절하게 흐른다. 〈사미인곡〉 가운데 봄을 노래한 대목.

　　동풍東風이 건듯 부러 젹셜積雪을 헤텨내니

　　창窓 밧긔 심근 매화 두세 가지 피여셰라

　　가득 냉담冷淡한데 암향暗香은 므슨 일고

　　황혼의 달이 조차 벼마테 빗최니

　　늣기는 듯 반기는 듯 님이신가 아니신가

　　뎌 매화 것거 내여 님 겨신 데 보내오져

　　님이 너를 보고 엇더타 너기실고

이 대목을 현대어로 풀이하면 이렇다. '봄바람 문득 불어 쌓인 눈을 녹여 헤쳐내니/창 밖에 심은 매화 두세 송이 피었구나/가뜩이나 차갑고 담담한데 그윽한 향기는 어쩐 일인가/황혼의 달이 좇아와 베갯머리에 비치니/흐느껴 우는 듯 반가워하는 듯하니, 이 달이 임인가 아닌가/저 매화를 꺾어 내어 임 계신 곳에 보내고 싶구나/임이 너를 보고 어떻게 생각하실까.'

한 폭의 그림이 그려진다. 서늘한 그림 속으로 절절함이 시리도록 극명하게 드러난다. 비유와 회화적 표현이 감탄을 자아낸다. 우리말의 구사 능력에 있어 정철은 독보적이며 〈사미인곡〉과 〈속미인곡〉은 그 정점에 있다. 《구운몽九雲夢》의 작가 김만중金萬重이 "우리나라의 참된 글은 〈사미인곡〉, 〈속미인곡〉, 〈관동별곡〉 세 편뿐"이라고 극찬하기도 했다. 〈사미인곡〉은 속편인 〈속미인곡〉과 함께 우리말의 미학을 잘 살린 한국 문학 최고 절창 가운데 하나로 꼽힌다.

송강정은 〈사미인곡〉과 〈속미인곡〉의 산실이다. 1585년 정철이 원래 고쳐 지었던 송강정은 정철이 죽고 난 뒤 허물어지고 폐허가 되었다. 송강정이 사라진 죽록천 언덕에는 무덤이 많이 들어섰다고 한다. 200년 가까이 세월이 흐른 1770년 정철의 후손들이 언덕의 무덤을 옮기고 소나무를 심은 뒤 송강정을 다시 지었다. 이후 1955년 중수해 오늘에 이르고 있다.

송강정 주변에 대나무도 있지만 소나무가 더 두드러진다. 송강정으로 오르는 길 주변의 소나무들을 보니, 특이하게도 정자 쪽을 향해 많이 기울어져 있다. 어떤 것들은 기울어져 쓰러질 것 같다. 어찌 보면 고개 숙여 인사하는 것 같고, 또 어찌 보면 도도한 물결이 흘러가는 것도 같다. 송강의 삶과 문학에 예의를 갖추려는 것일까. 인상적이다. 강원도 영

← 송강정 앞에 수문장처럼 서 있는 커다란 노송. (사진 이광표)

소나무들이 송강정을 향해 경배하듯 휘어져 있다. (사진 이광표)

월에 있는 단종의 무덤 장릉莊陵이 떠올랐다. 장릉에 가면, 봉분封墳 아래쪽 평지에 심겨진 소나무들이 한쪽으로 조금 굽어 있다. 이를 두고 소나무들이 언덕 위쪽 단종의 봉분을 향해 머리 숙여 애도를 표하는 것으로 해석하는 이들도 있다. 식물학적으로 설명하면 소나무들이 광합성 작용을 하기 위해 햇볕을 많이 받으려고 나무가 적은 정자나 묘소 쪽으로 기울어진 현상이다.

정자는 크지 않다. 정면 3칸, 측면 3칸. 가운데에 방을 배치했고 앞과 좌우로 마루가 있다. 정면에는 '송강정' 편액이, 측면에는 '죽록정' 편액이 함께 걸려 있다. 송강정 앞에 우뚝 솟은 커다란 노송 한 그루도 인상적이다. 송강의 후손들이 심은 소나무일 텐데, 송강정 건물과 잘 어우러져 이제는 송강정의 상징이 된 듯하다. 송강정 마당 한편에는 1969년에 세운 정철 시비가 서 있다.

송강정 마루에는 여러 개의 편액이 걸려 있다. 송강의 시 4편을 옮

송강의 시 네 편을 적어 놓은 편액. (사진 이광표)

겨 놓은 편액도 눈에 띈다. 그 맨 앞의 시는 〈숙송강정사宿松江亭舍〉로 '송강
정에 묵으며'란 뜻의 제목이다. 그 내용은 "차명삼십재 비주역비빈 모자
재개옥 부작배귀인借名三十載 非主亦非賓 茅茨纔蓋屋 復作北歸人"이다. 뜻은 이렇다.
'남의 이름 빌려 쓴 지 서른 해/주인도 아니고 또한 손도 아니라네/띠풀로
겨우 집을 덮고는/다시 짓자 그 사람은 등지고 돌아가네.' 이 가운데 '등
지고 돌아간다'는 죽록정을 고쳐 짓고 곧바로 떠나겠다는 정철의 마음이
다. 정철은 담양에서 은거하면서도 이렇게 늘 서울과 정치를 꿈꾸었다.

송강은 담양의 자연과 함께하면서도 권력의 끈을 놓지 않았다. 그러
면서도 그 권력 의지를 문학적 미학으로 드라마틱하게 구현해 냈다. 이러
한 특징은 〈사미인곡〉과 〈속미인곡〉에서도 잘 드러난다. 이 작품들은 연
군의 노래이지만 그 본질은 정치이면서 귀거래歸去來다. 정치와 귀거래는
서로 어긋나는데도 송강은 그 모순을 문학적으로 구현했다. 둘 사이의
긴장은 시종 정철의 삶으로 이어졌고 그렇기에 정철의 문학은 더욱 깊어
지고 더욱 매력적일 수 있었다. 정철에게 송강정에서의 5년은 정치적 시
련기였으나 문학적으로는 가장 빛나는 시절이었다.

〈사미인곡〉의 마지막인 결사結詞 부분는 이러하다.

5년 동안 정철이 송강정 마루에 오르내릴 때마다 밟은 댓돌. (사진 이광표)

하루도 열두 때 한 달도 셜흔 날
져근덧 생각 마라 이 시름 닛쟈 하니
마음의 매쳐 이셔 골슈骨髓의 깨텨시니
편쟉扁鵲이 열히오나 이 병을 엇디 하리
어와 내 병이야 이 님의 타시로다
찰하리 싀어디여 범나븨 되오리라
곳나모 가지마다 간 데 죡죡 안니다가
향 므든 날애로 님의 오새 올므리라
님이야 날인 줄 모르샤도 내 님 조츠려 하노라

현대어로 풀어 보면 이런 뜻이 된다. '하루는 열두 시간, 한 달은 서른 날/잠시라도 임 생각을 하지 않고 이 시름 잊으려 하니/마음속에 맺혀 있어 뼛속까지 사무쳤으니/편작 같은 명의가 열 명이 오더라도 이 병을 어찌하리/아, 내 병이야 이 임의 탓이로다/차라리 죽어 호랑나비가 되리라/꽃나무 가지마다 가는 곳마다 앉았다가/향기 묻힌 날개로 임의 옷

'송강 정선생 시비'는 1969년 세워
졌다. (사진 이광표)

에 옮아가리라/임이야 그 호랑나비가 나인 줄 모르셔도 나는 끝까지 임
을 따르려 하노라.'

임을 향한 정철의 열망은 드디어 실현되었다. 송강정에서의 생활이
5년째로 접어들던 1589년 말 정여립鄭汝立 사건이 터지자 정철은 우의정
으로 발탁되었다. 정여립 사건의 전모를 조사하는 책임자가 되어 다시
화려하게 정계로 복귀한 것이다. 권력을 다시 손에 쥐었으나 그것도 몇
년 가지 못했다. 또다시 파직과 유배를 거듭한 끝에 1593년 58세의 나이
에 강화도에서 쓸쓸하게 삶을 마쳤다.

권력에 대한 열망, 쓸쓸한 연정으로 끝나

정철의 개인사는 파란의 연속이었다. 이렇게 부침을 거듭한 사람도 드

물 것이다. 그런 점에서 정철은 문제적 인물이다. 특히 정치와 문학의 거리를 생각해 볼 때 더욱 그렇다. 이토록 아름다운 한국 문학을 창작한 인물이 이렇게 처절한 권력 투쟁의 한복판에 있었다니.

송강 정철의 문학의 뿌리는 과연 무엇일까. 담양의 식영정에서는 송강의 20대가 떠오르지만 송강정에 오르면 송강의 50대가 떠오른다. 정철은 더욱 절실했기에 한층 더 원숙하고 멋진 절창을 뽑아냈다. 하지만 그렇기에 〈사미인곡〉, 〈속미인곡〉은 더 쓸쓸하게 다가온다. 역설이 아닐 수 없다. 권력의 봉우리가 높을수록 그 골짜기도 더 깊어졌기 때문이리라.

송강정에서 휘어진 소나무들 사이로 저 멀리 죽록천 쪽을 내려다본다. 바로 앞 주차장 건너편에 커다란 대형 숯불갈비집이 있다. 수많은 사람들이 그 갈비집을 드나든다. 사람들의 분주한 발걸음을 보면서 〈속미인곡〉의 한 대목을 읊조려본다.

님다히 쇼식消息을 아므려나 아쟈 하니
오늘도 거의로다 내일이나 사람 올가
내 마음 둘 데 업다 어드러로 가쟛 말고

지금의 우리말로 풀어 보면 '임 계신 곳의 소식을 어떻게 해서라도 알려고 하니/오늘도 거의 저물었구나, 내일이나 소식 줄 사람이 올까/내 마음 둘 데 없다, 어디로 가야 한단 말인가'라는 의미다.

감상자에게는 쓸쓸한 연정으로 다가오지만 정철에게는 절규에 가깝다. 권력에 대한 지독한 열망이기도 하다. 정치와 문학이 이렇게 비극적이면서도 아름답게 만난 사례가 또 있을까.[9]

한국 전통 정원의 백미
소쇄원

은일처사의 별장

"소쇄원은 한국 민간 정원의 원형을 간직한 곳이다. 자연에 대한 인간의 경외와 순응, 도가적 삶을 산 조선 시대 선비들의 은둔과 사유, 만남과 교류의 장으로서 경관의 아름다움이 탁월하게 드러난 유산이다." 오랫동안 소쇄원을 연구한 천득염 전남대학교 교수는 소쇄원의 특징과 의미를 이렇게 요약한 바 있다.

우리에게 익숙한 이름, 소쇄원. 한국 전통 정원의 백미 소쇄원을 처음 조성한 사람은 16세기 대표적인 은일처사隱逸處士 양산보다. 담양 출신의 양산보는 15세가 되던 1517년 한양으로 올라가 대사헌 조광조의 문하에 들어갔다. 양산보는 열심히 공부하고 조광조의 개혁 정신을 배우며 출사를 꿈꾸었다.

그러던 1519년 기묘사화가 일어났다. 사림을 이끌던 조광조는 기득권 훈구파의 모함으로 권력을 잃었다. 조광조 그룹의 급진적인 개혁에 위기의식을 느낀 훈구파가 '주초위왕走肖爲王'의 계략을 짜낸 것이다. 조趙씨를 파자破字한 주초走肖가 왕이 된다는 모함에 걸려들어 조광조는 전남 화순으로 유배되었다.

→ 주인의 사색 공간인 제월당. (사진 이광표)

양산보는 좌절과 회의에 빠졌다. 그는 서울 생활을 접고 담양으로 내려왔다. 스승 조광조는 유배 한 달 만에 사약을 받고 생을 마쳤다. 조광조의 나이 서른여덟, 양산보의 나이 열일곱이었다. 스승의 죽음과 개혁의 좌절은 청년 양산보에게 엄청난 충격이었다. 양산보는 현실 정치에 환멸을 느꼈고 처사의 길을 선택했다. 담양 창평의 무등산 자락 창암촌 초야에 묻히기로 마음먹었다. 그곳이 지금의 담양군 가사문학면 지곡리.

그렇게 탄생한 소쇄원은 조선 시대 대표적인 별서정원別墅庭園으로 꼽힌다. 별서는 살림집에서 좀 떨어진 풍광 좋은 곳에 마련한 별장 같은 주거 공간을 말한다. 여기서 소쇄는 '기운이 깨끗하고 시원하다'는 뜻. 양산보는 자신의 호를 아예 소쇄옹瀟灑翁으로 정했다.

소쇄원의 조성 시기를 정확하게 알 수는 없다. 그러나 이런저런 정황으로 보아 양산보가 1520년대 중반 무렵 짓기 시작했고 지금과 같은 모습은 1530년대 후반쯤 완성되었을 것으로 추정한다. 1597년 정유재란으로 건물들이 불에 타 버리자 양산보의 손자가 1614년 다시 지었다. 이후 후손들이 잘 관리해 소쇄원은 옛 정취를 간직하고 있다.

소쇄원엔 당대의 내로라하는 문인 학자들이 드나들었다. 송순, 임억령, 김윤제, 김인후, 고경명, 정철 등. 이곳은 면앙정, 식영정, 환벽당과 함께 담양을 중심으로 한 호남 가단의 핵심으로 자리 잡았다. 이들은 소쇄원에 모여 시를 짓고 세상을 논했다. 수많은 시인 묵객과 학자들의 정신적 위안처가 되었고 풍류와 낭만의 상징 공간이 되었다.

소쇄원을 노래한 글 가운데엔 김인후가 1548년에 지은 〈소쇄원 48영〉이 대표적이다. 김인후는 양산보와 친구이자 사돈 관계였다. 소쇄원을 지을 당시부터 이런저런 조언을 했다고 한다. 그런 김인후였기에 소쇄원을 수시로 드나들며 소쇄원의 멋진 풍광을 48가지로 정리해 빼어난 시

→ 제월당과 광풍각을 둘러싼 담장. 막힌 듯하지만 다가가면 열려 있다. 멀리서 보면 기하학적 공간을 연출한다. (사진 이광표)

소쇄원 진입로의 대숲길. (사진 이광표)

로 남긴 것이다.

소쇄원으로 향하는 초입은 좌우가 대나무숲이다. 몇 분 걸어가 대숲이 끝날 즈음, 탁 트인 공간에 흙담 한 모퉁이가 눈에 들어온다. 건물 한두 개도 슬쩍 모습을 보인다. 담장 안쪽으로 쭉 따라가면 대봉대待鳳臺가 나온다. 소쇄원 답사의 본격적인 출발점이다. 소쇄원 답사의 동선은 흔히 대봉대─오곡문五曲門─암반 계류溪流─화계花階─제월당霽月堂─광풍각光風閣으로 이어진다.

소쇄원에 여러 건물과 공간이 있지만, 크게 대봉대 영역(전원前園) 제월당 영역(내원內園), 광풍각과 계류 영역(계원溪園)으로 나눌 수 있다. 제월당과 광풍각 이름의 유래는 11세기 중국 송나라의 황정견黃庭堅(1045~1105)과 주돈이周敦頤(1017~1073)의 얘기에서 유래했다. 황정견이 주돈이의 인물됨을 논하며 '흉회쇄락여광풍제월胸懷灑落如光風霽月'이라 했는데, 여기

대봉대 내부의 편액. (사진 이광표)

서 따왔다. '가슴에 품은 뜻이 맑아서 청량한 바람과 같고 비 갠 뒤의 맑은 달과 같다'는 뜻이다.

　대봉대는 소쇄원에서 가장 먼저 만나는 건물이다. 자연석으로 축대를 쌓고 그 위에 초정草亭을 올렸다. 대봉대에 앉으면 소쇄원의 전경이 한눈에 들어온다. 대봉대는 봉황을 기다리는 곳이라는 뜻. 기다리는 손님을 봉황처럼 모시는 곳이라고 해석하기도 한다. 봉황은 아름답다. 봉황은 아침 이슬과 대나무 열매를 먹고 오동나무 가지에 깃든다고 한다. 그래서일까. 대봉대 바로 옆에는 오동나무가 우뚝 서 있다.

　대봉대의 봉황을 두고 누군가는 성군聖君의 상징물로 보기도 한다. 그렇다면 양산보가 그리워했던 성군일 것이다. 현실을 등져야 했던 양산보의 마음이 애잔하게 다가온다. 소쇄원 대봉대에 앉으면 그리운 이름이 떠오르는 것 같다. 지금의 대봉대는 1985년 복원한 것이다.

광풍각은 손님을 맞는 사랑채다. 앞으로 물길이 흐르고 뒷편으로 세월당이 보인다. (사진 이광표)

　　대봉대에서 담장을 따라가면 애양단愛陽壇, 오곡문이 나온다. 애양단은 대봉대와 붙어 있는 작은 공간. 소쇄원에서 볕이 가장 잘 드는 곳이다. 애양단 바로 옆엔 오곡문이 있고, 오곡문에서 외나무다리를 건너면 제월당 영역으로 들어서게 된다. 외나무다리를 지나 제월당 오르는 길목엔 단을 쌓아 매화, 산수유 등 꽃나무를 심어 놓은 화계花階가 보인다. 그 뒤로 담장이 있고 거기 '소쇄처사양공지려瀟灑處士梁公之廬'라는 글자판이 보인다. 송시열宋時烈(1607~1689)의 글씨로, '소쇄처사 양산보의 조촐한 집'이라는 뜻이다. 화계를 지나 위로 올라가면 제월당이다. 제월은 '비갠 후의 맑은 달'을 의미한다.

　　제월당은 정면 3칸, 측면 3칸짜리 건물이다. 왼쪽 한 칸에는 방을 만들었고 나머지 두 칸은 마루로 트여 있다. 마루 뒷벽에는 문이 있는데 이문을 통해 내다보는 뒤쪽 풍경이 매력적이다. 마루에 앉아 앞을 내려다

보면 아래쪽으로 광풍각이 보인다.

제월당은 안채다, 소쇄원 주인이 혼자서 조용히 책을 보고 사색하는 공간이다. 그래서 소쇄원의 가장 높은 곳에 있다. 광풍각은 손님을 맞이하는 사랑채다. 소쇄원을 가로지르는 계곡물 바로 옆에 석축을 높게 쌓고 거기 광풍각을 올렸다. 그렇게 물길과 바짝 붙어 있다 보니 물 흐르는 소리, 물이 떨어지고 바위에 부딪히는 소리가 생생하게 들린다. 물 흐르는 모습도 감상할 수 있다. 김인후는 〈소쇄원 48영〉에서 광풍각을 '침계문방枕溪文房'이라고 노래했다. '머리맡으로 계곡 물소리를 들을 수 있는 선비의 방'이라는 뜻으로, 소쇄원의 풍류가 잘 드러난다. 그렇기에 제월당이 정적靜的이라면 광풍각은 동적動的이다.

막힌 듯 열린 담장으로 흐르는 물길

소쇄원에서는 물길과 담장을 눈여겨보아야 한다. 소쇄원 공간의 한복판으로 힘찬 물길이 통과한다. 북쪽 장원봉에서 내려온 물길은 담장 오곡문을 거쳐 소쇄원 내부로 들어온다. 오곡문은 계곡물이 흘러갈 수 있도록 담장 아래쪽을 뚫어 놓은 모습이다. 넓적한 돌을 쌓아 올려 담장의 받침돌로 삼았고 나머지 아래쪽은 뻥 뚫려 있다. 이 담장 밑으로 흘러들어온 물이 암반 위에서 다섯 굽이를 이룬다고 해서 오곡이라는 이름이 붙었다. 이 물줄기는 암반을 지나며 광풍각 바로 앞으로 뚝 떨어진다. 암반을 지나면서 폭포가 형성되는 것이다.

오곡문은 수문이면서 담장이다. 뚫린 담장이라고 할 수 있다. 오곡문에서 볼 수 있듯, 소쇄원 곳곳에 있는 담장은 매우 상징적이다. 소쇄원을 두고 열린 공간이라고 하는데 그 열림의 의미는 바로 담장을 통해 상징적으로 구현된다.

제월당 담장의 송시열 글씨판. 소쇄처사 양산보의 조졸한 집이라는 뜻이다. (사진 이광표)

소쇄원을 거닐다 보면, 담장이 계속 눈에 들어온다. 담장은 관람객의 동선을 유도하는 역할을 한다. 그런데 담장을 보면 곳곳이 뚫려 있다. 특별히 대문 같은 것도 없다. 오곡문 담장 바로 옆은 끊겨 있는데, 원래는 문이 있었으나 언제부턴가 사라졌고 그냥 뚫린 채로 내버려 두었다. 담장 곳곳엔 애양단, 오곡문, 소쇄처사양공지려와 같은 글자판도 박혀 있어 흥미로운 볼거리를 제공한다.

제월당과 광풍각 영역은 그 담장의 구조가 특이하고 그 덕분에 공간 구성이 드라마틱해졌다. 제월당은 사색의 공간이고 광풍각과 물길은 자연을 즐기는 공간이기에 분위기가 다소 다를 것이다. 그래서 둘 사이에 담장을 살짝 놓았다. 담장은 기본적으로 두 공간을 구분하기 위함이지만 가까이 다가가면 곳곳으로 뚫려 있다. 제월당 담장의 협문挾門을 나서 담을 따라 몇 계단 내려서 광풍각 안으로 들어선다. 제월당에서 광풍각으로 내려가는 그 경사면에 층층 계단처럼 꺾여 내려오는 담장, 그 담

소쇄원은 양산보와 오리의 인연을 기억하기 위해 오리를 키우고 있다. (사진 이광표)

장은 어느새 광풍각 앞에서 뚫려 있다.

　막힌 듯 열려 있고 열렸다 싶으면 적당히 구분의 메시지를 전달한다. 그 담장의 변화가 리드미컬하고 생동감 넘친다. 고정된 벽이 아니라 움직이는 칸막이 같은 느낌을 준다. 어느 건축가는 소쇄원의 이런 담장을 가리켜 "뫼비우스의 띠처럼 안과 밖이 소통한다"고 했다. 또 다른 건축가는 "자연 지형을 이용한 공간 구성은 지루할 틈이 없다"고 평했다. 양산보의 은일의 삶도 감동적이지만 담장과 함께하는 리듬감도 소쇄원의 빼놓을 수 없는 매력이다.

　겨울이 깊어지도록, 소쇄원 감나무에는 감이 많이 달려 있다. 광풍각 옆, 대봉대 옆 마찬가지다. 수시로 새들이 떼 지어 날아와 감을 쪼아댄다. 댓바람 소리가 들리고 새들의 푸드덕 소리가 들린다. 소쇄원은 언제 찾아가도 우리의 시청각을 투명하게 한다.

　소쇄원에서 오리 이야기도 빼놓을 수 없다. 양산보가 소년 시절 우연히 오리를 쫓게 되었다. 오리를 계속 따라갔는데 그 오리가 다다른 곳이 청명한 물소리와 솔바람 향기 그윽한 곳, 바로 지금의 소쇄원 자리였다고 한다. 소쇄원 입구 매표소 옆 개울에는 오리들이 산다. 양산보와 오리와 소쇄원의 아름다운 인연을 기억하기 위해 소쇄원 관리사무소에서 키우는 오리들이다. 관리사무소 측에 따르면, 암컷 2마리와 수컷 3마리다. 헤엄치고 날갯짓하는 오리를 보고 있노라면 500년 전 소년 양산보의 해맑은 모습이 떠오른다.[釣]

인조의 삼고초려 사절한 명옥헌

한국에서 가장 아름다운 배롱꽃 정원

누정과 원림의 고장 담양에서도 명옥헌鳴玉軒은 분위기가 독특하다. 담양군 고서면 신덕리 후산마을 안쪽에 위치한 명옥헌. 후산마을을 가로질러 들어가야 하는데 그 길이 매우 흥미롭다.

　마을 초입에 차량 차단기가 있고, 거기에 200년 된 느티나무가 떡하니 서 있다. 바로 옆에는 저수지가 보인다. 아담한 저수지인데, 저수지 둑 한쪽에 왕버들 노거수 네 그루가 웅장한 모습을 뽐낸다. 나뭇잎이 무성한 계절에는 더욱 장관이겠지만, 겨울철에도 왕버들은 묘한 매력을 발산한다. 잎은 다 떨어졌어도 전체적으로 풍성한 수세樹勢나 육중한 몸피의 모습에서 오랜 세월이 그대로 전해 온다.

　근처에 후산리 은행나무가 있다. 높이가 30미터를 넘을 정도로 육중하고 당당하다. 이 은행나무의 이름은 '인조대왕 계마행繫馬杏.' 여기엔 조선 시대 인조가 말을 묶어 두었다는 일화가 담겨 있다.

　인조는 능양군이었을 때 반정反正을 계획하며 자신과 생각을 함께할 인물을 찾고 있었다. 세력을 규합하기 위해 조선 팔도를 돌아다녔다. 능양군은 주변 사람들로부터 오희도吳希道(1583~1623)를 추천받았고 오희

인조와 오희도의 일화가 담겨 있는 담양 후산리 은행나무. (사진 제공 문화재청)

담양 명옥헌 전경. (사진 이광표)

도를 만나기 위해 담양의 후산마을을 찾았다. 그때 능양군이 이 은행나무에 말을 묶어 두었다는 것이다. 이와 관련해 이런저런 얘기가 있다. 능양군이 말을 매어둔 나무는 은행나무가 아니라 오동나무였는데, 세월이 흐르면서 주인공이 은행나무로 바뀌었다고도 한다. 한편으론, 은행나무에도 말을 맸고 오동나무에도 말을 맸던 것으로도 본다. 지금 그 오동나무는 없다. 어쨌든 이 웅장한 은행나무는 오희도와 인조의 인연을 스토리로 간직한 채 후산마을의 상징으로 자리 잡았다.

후산리 은행나무를 옆에 두고, 저수지를 지나 골목길로 접어든다. 걷다 보면 나지막한 오르막이 나오고 그 낮은 언덕을 넘어서면 분지처럼 널찍한 공간이 쭉 펼쳐지며 명옥헌 원림이 나타난다. 먼저 눈에 들어오는 것은 배롱나무 숲이다. 지금 같은 겨울철엔 잎이 져 맑은 갈색의 나뭇가지만 드러내고 있지만, 늦여름에 가면 온통 배롱나무 붉은 꽃들로 가득하다. 배롱나무 옆으로 연못이 보이고 먼발치로 작은 정자가 살짝

명옥헌의 겨울. 여름에는 느낄 수 없는 배롱나무의 품격과 정갈함을 전해 준다. (사진 이광표)

모습을 보인다. 바로 명옥헌 건물이다.

명옥헌은 오희도의 아들이 조성한 정원이다. 아버지를 일찍 여읜 오희도는 어머니를 따라 후산마을로 옮겨 살았다. 후산마을엔 오희도의 외가인 순천 박씨가 터를 잡고 있었다. 오희도는 광해군 때인 1614년 과거에 합격하였으나 벼슬에 나가지 않았다. 서인과 북인이 힘겨루기 하던 광해군 연간, 오희도는 어수선한 정치판을 멀리하고 후산마을에서 조용히 살고자 했다. 그는 이곳에 작은 서재를 하나 지었는데 그 이름이 망재忘齋였다. 세상사를 잊어버리는 공간이라는 뜻. 세상과 절연하겠다는 오희도의 의지가 어느 정도였는지 쉽게 알 수 있다.

그러던 중 능양군이 찾아왔다. 능양군은 오희도에게 반정에 동참하기를 청했다. 오희도는 이를 거절했고 후산마을을 떠나지 않았다. 하지만 능양군도 뜻을 굽히지 않았고, 두세 차례 오희도를 찾아왔다고 한다. 능양군의 정성 때문이었을까, 아니면 세상이 바로잡혔다고 생각한 것일

바위에 새겨져 있는 '鳴玉軒 癸丑' 글씨. 송시열의 글씨를 새겨넣은 것이지만 마모가 심해 지금은 잘 보이지 않는다. (사진 이광표)

까. 초야에 묻혀 있던 오희도는 인조반정이 성공한 1623년 바로 그해 과거를 통해 결국 관직에 나아갔다. 능력을 인정받아 예문관 검열에 제수되었지만 천연두에 걸려 1년도 못 되어 세상을 떠났다. 불과 41세였다.

그리고 세월이 흘렀다. 오희도의 아들 오명중吳明仲(1619~1655)도 벼슬의 뜻을 버리고 이곳에서 아버지를 기리고 책을 보며 학문에만 매진했다. 아버지 오희도가 갑작스레 세상을 떠났을 때 오명중의 나이는 불과 다섯 살. 1652년 오명중은 아버지를 기리기 위해 이곳에 정자를 지었다. 물길을 따라 연못을 파고 그 주변으로 배롱나무를 심었다. 명옥헌 원림은 그렇게 조성되었다.

오명중의 아들 오기석吳祺錫(1651~1702)은 송시열의 제자가 되었다. 오희도 가문과 인연을 맺은 송시열은 그들의 뜻을 기리기 위해 1673년 이곳을 찾았다. 정자 옆으로 흐르는 물줄기를 본 송시열은 이 정자를 '명

'명옥헌' 편액. 송시열의 바위 글씨를 그대로 옮겨 놓은 것이다. (사진 이광표)

옥헌'이라 이름 짓고 바위에 '명옥헌 계축鳴玉軒 癸丑'이라는 글씨를 새겨 넣었다. 정자 옆의 물 흐르는 소리가 옥이 부딪히는 소리와 같다고 해서 이런 이름을 붙인 것이다.

세월이 흐르며 명옥헌과 주변은 다소 퇴락했는데 오기석의 아들 오대경吳大經(1689~1761)이 연못을 확장하고 정자를 고쳐 지었고 그 모습이 오늘까지 이어지고 있다. 그 과정에서 배롱나무를 더 심었던 것으로 보인다. 명옥헌은 오희도를 추모하고 기억하기 위한 공간으로 출발했다. 이후 오명중-오기석-오대경 등 대를 이어 보완하고 유지되었다. 그 과정은 효로 요약할 수 있다. 그래서 명옥헌을 두고 '효 문화의 별서 원림'이라 평하기도 한다. 오희도 스스로도 효심이 대단했다고 한다.

명옥헌 원림은 주변의 지세를 적극 활용했고 그렇기에 인공의 흔적이 별로 없다. 담양 소쇄원이 정교하게 구성되었다면 명옥헌은 단순하고 소박하다. 명옥헌은 크게 정자와 연못 2개와 물길로 이뤄져 있을 뿐이다.

명옥헌 정자는 정면 3칸, 측면 2칸이다. 한가운데에 방이 있고 빙 둘

명옥헌 마루에 걸려 있는 '삼고' 편액. 능양군 시절 인조가 오희도를 두세 번 찾아온 일화를 담고 있다. (사진 이광표)

러 가며 마루가 놓여 있다. 마루에 난간이 둘러쳐져 있다. 남도 지방 정자의 전형을 따르고 있다. 정자 마루에 걸려 있는 '명옥헌' 편액은 바위에 새겨진 송시열 글씨를 그대로 옮겨온 것이다. 마루 한편엔 '삼고三顧'라는 글씨가 큼지막하게 쓰여진 편액이 걸려 있다. 인조가 능양군 시절에 오희도를 두세 번 찾아왔던 일화를 기억하기 위한 편액이다.

정자 왼쪽으로는 물길이 흘러 내려온다. 높은 곳에서 흘러내리는 물길은 두 개의 연못으로 통한다. 위의 연못은 작고 아래의 연못이 크다. 모두 사각형 모양으로 되어 있으며 연못 안에는 둥근 모양의 섬을 갖추고 있다. 방지원도형方池圓島形 연못으로, 하늘은 둥글고 땅은 모나다는 천원지방天圓地方의 세계관을 반영한 것이다. 명옥헌 뒤쪽에는 담양 지역의 이름난 선비들을 제사 지냈던 도장사道藏祠의 터가 남아 있다.

담백한 겨울 배롱나무, 오희도의 삶 떠올라

이런저런 매력이 많지만 명옥헌에서는 역시 배롱나무다. 아래쪽 연못과 정자 주변으로 넓게 펼쳐진 수십 그루의 배롱나무. 여름에 꽃이 피면 100일 동안 지지 않는다고 해서 백일홍이라고 부르기도 한다. 늦여름 배롱나무가 만발했을 때, 명옥헌의 풍광은 그야말로 압권이다. 배롱나무의 붉은빛을 두고 누군가는 꽃물결이라 하고 누군가는 몽환적이라고 한다.

배롱나무는 꽃이 붉어 자미목紫薇木이라는 이름도 갖고 있다. 나무껍질을 손으로 긁으면 잎이 움직인다고 해서 간지럼나무라고 부르기도 한다. 배롱나무는 붉고 아름답다. 붉은색이지만 그 농도가 지나치지 않아 그 붉음은 맑고 투명하다. 배롱나무는 꽃도 꽃이지만 전체적인 수세와 줄기의 모습이 품격 있고 고풍스럽다. 줄기는 곧은 듯 구부러지면서 가지가 넓게 퍼진다. 배롱나무는 자라면서 껍질을 벗어내고 매끄럽고 정결하게 변한다. 그래서 줄기와 가지의 표면도 매끄럽고 깨끗하다. 그 색깔 또한 은은하고 부드럽다. 한옥의 오래된 마루처럼 뽀얗고 정갈하다.

배롱나무꽃은 여름 더위에 맞서 100일을 견딘다. 추위나 서리를 견디는 매화나 국화 못지않게 맹염猛炎을 이겨내는 배롱나무 또한 선비의 상징이 아닐 수 없다. 100일 동안 피어 있는 배롱나무 꽃처럼 쉼 없이 수행 정진하라는 의미를 담고 있다. 배롱나무 껍질은 아주 매끈하여 마치 껍질이 없는 것처럼 보인다. 이는 겉과 속의 일치를 상징한다. 즉 표리부동表裏不同이 아니라 표리일체表裏一體요, 문질빈빈文質彬彬이다. 이 또한 선비의 상징이다. 그래서일까. 예로부터 배롱나무를 좋아했다. 특히 서원이나 정자 주변, 사찰에 많이 심었다. 그중에서도 명옥헌은 단연 두드러진다. 명옥헌을 두고 우리나라에서 가장 아름다운 배롱꽃 정원이라고 한다. 우리 땅 도처에 멋진 배롱나무들이 많지만 군락을 이루며 정자와 연

→ 명옥헌에 배롱나무 수십 그루가 활짝 꽃이 핀 모습. (사진 제공 담양군)

후산마을 초입의 왕버들 노거수. (사진 이상표)

못과 물길과 함께 조화를 이룬다는 점에서 명옥헌 배롱나무는 명품이 아닐 수 없다.

겨울에는 그 몽환적인 분위기를 맛볼 수 없지만, 대신 배롱나무의 수세와 줄기 가지의 정갈한 품격을 만끽할 수 있다. 푸른 잎과 붉은 꽃을 모두 떨궈 낸 배롱나무의 담백함. 명옥헌 배롱나무를 보면 오희도와 오명중의 삶이 떠오른다. 다섯 살의 나이에 아버지를 떠나보낸 아들 오명중. 그 어린 아들이 성장해 아버지를 기리는 공간을 조성하고 배롱나무를 심었다. 그렇기에 명옥헌 배롱나무는 아버지를 향한 오명중의 절절한 그리움을 진하게 뿜어낸다.[*]

고려 충신이 무등산 자락에 지은 독수정

전신민이 세운 담양 누정 문화의 원조

2021년 말부터 TV 드라마 〈이방원〉이 방송 중이다. 오랜만에 찾아온 정통 사극이어서인지 마니아층의 관심을 끌고 있다. 드라마 초반부에서 인상적인 장면은 이방원李芳遠(1367~1422)이 정몽주鄭夢周(1337~1392)를 죽이는 장면이었다. 정몽주의 죽음은 곧 고려의 멸망이었다.

1392년 이성계와 정도전鄭道傳(1342~1398) 그룹이 조선을 건국하자 고려 유신遺臣 72인이 개성의 광덕산 서쪽 기슭으로 모였다. 이들은 이 마을의 동쪽과 서쪽에 문을 세우고 빗장을 걸어 잠근 채 문밖으로 나가지 않았다. 조선과의 새로운 인연을 거부하고 고려를 향한 일편단심을 끝까지 지키기 위함이었다. 그래서 이곳을 두문동杜門洞이라 부르게 됐고, 두문불출이라는 말도 생겼다. 이성계는 72인을 회유했으나 그들이 꿈쩍도 하지 않자 두문동에 불을 질렀다는 얘기도 전해 온다. 이렇게 최후를 맞이한 이들을 '두문동 72현賢'이라 부르기도 한다.

이런 상황 속에서 개성을 등지고 호남으로 내려온 충절들이 있었다. 그 가운데 한 명이 전신민全新民(생몰년 미상)이다. 전신민은 고려 공민왕 때 북도안무사北道按撫使 겸 병마원수兵馬元帥를 거쳐 병부상서兵部尚書를 지냈

다. 병부상서는 지금으로 치면 국방부 장관에 해당한다. 이성계가 조선을 건국하자 전신민은 두문동 72현과 함께 두 나라를 섬기지 않을 것을 다짐하고 미련 없이 개성을 등지고 남쪽으로 향했다.

그는 천안 전씨였지만 천안을 지나쳐 담양까지 내려갔다. 담양과의 특별한 인연은 없지만 전신민의 발길을 잡아끈 곳은 무등산 자락이었다. 지금의 담양군 가사문학면 연천리. 전신민의 삶에 대한 기록이 거의 없어 정확하게 추정하긴 어렵지만, 담양에 내려왔을 무렵 그의 나이는 대략 예순을 넘겼을 것으로 보인다.

무등산 자락에 자리 잡은 전신민은 1393년경 이곳에 북향으로 정자를 짓고 독수정이라 이름 붙였다. 북향으로 정한 것은 고려 수도였던 개성을 향하고자 함이었다. 태조 이성계가 여러 차례 그를 불렀으나 전신민은 한사코 나아가지 않았다. 전신민은 두 나라를 섬기지 않을 것을 다짐하며 아침마다 조복을 입고 개성을 향해 곡을 하며 절을 올렸다고 한다. 두문동 72현처럼 그는 평생을 독수정에서 두문불출했다.

독수정이라는 이름은 당나라 시인 이백李白(701~762)의 시구에서 따왔다. "백이숙제는 누구인가/홀로 서산에서 절개를 지키다 굶주렸다네夷齊是何人 獨守西山餓"라는 구절이다. 독수는 숨어사는 선비의 높은 절개를 상징적으로 표현한 것이다. 전신민의 결의가 지금도 느껴진다.

전신민은 정자를 세우고 난 뒤 〈독수정 원운獨守亭原韻〉이란 시를 지었다.

풍진은 아득하고 내 사념은 깊은데 　　　　　　風塵漠漠我思長

어느 곳 운림에 늙은 이 몸 맡길 건가 　　　　何處雲林寄老蒼

천리 밖 강호에서 귀밑머리 눈처럼 희어졌네 　千里江湖雙鬢雪

← 독수정으로 오르는 길. (사진 이광표)

'독수정' 편액과 마루. 편액 위쪽으로 '고종 28년(1891) 다시 지었다'는 내용의 상량문이 있다. (사진 이광표)

백년 세월, 천지엔 슬픔만 남았구나	百年天地一悲凉
......	
이 청산에 뼈를 묻으려고	卽此靑山可埋骨
홀로 지킬 것을 맹세하며 이 집을 지었다네	誓將獨守結爲堂

　고려에 대한 그리움이 진하게 배어 있다. 전신민의 아호는 '서은瑞隱'이다. 천안 전씨 대동보에는 전신민과 관련해 '남하서석산은거南下瑞石山隱居'라는 대목이 나온다. 이로 미루어 서은은 '서석산瑞石山에 숨어 사는 사람'이라는 뜻임을 알 수 있다. 서석산은 지금의 무등산이다.

　전신민이 1393년경 지은 애초의 독수정 건물은 사라졌고 1891년 전신민의 후손들이 재건했다. 당시에는 초정이었으나 1915년에는 지붕을 기와로 바꾸었고 1972년 중수하여 지금에 이르고 있다. 지금의 정자 건물은 정면 3칸, 측면 3칸이다. 가운데는 한 칸짜리 방이 있고, 마루에 앉으면 멀리 무등산 자락이 눈에 들어온다.

애초 독수정은 1393년 조선이 건국한 직후에 지어졌다. 이는 독수정이 조선 시대 담양 지역 누정 건축의 역사에서 중요한 위치를 차지한다는 것을 시사한다. 마루에 작은 방을 갖춘 남도 특유의 정자 건축의 모델이 되었기 때문이다. 독수정이 절의를 지키기 위해 낙남落南한 인물이 지은 공간이라는 점도 각별하다. 담양 지역에 유서 깊은 누정과 원림이 많지만, 충절과 은일의 측면에서 볼 때 독수정은 단연 두드러진다.

담양 지역의 은일의 누정 문화는 독수정에서 출발했다. 그것이 하나의 전범이 되어 면앙정, 소쇄원, 식영정, 환벽당, 송강정, 명옥헌, 취가정 등이 잇달아 조성되었다. 담양의 누정과 원림 문화는 그렇게 시작되었고 빛나는 가사 문학의 탄생을 가져왔다.

전신민의 은거는 낭만적인 은거가 아니었다. 절박한 충의의 발로였다. "호남에 의리 정신의 씨앗을 심고, 독수정이라는 정자를 지어 표상으로 남긴 사람이 전신민이다," "독수정은 호남 충의 정신의 1번지"(김성기, "서은 전신민의 독수정과 호남의 충의," 〈고시가연구〉 제9집)라는 평가도 나온다. 조선 시대 호남 지역 사림 정신과 선비 정신의 뿌리는 바로 전신민이었고 그 상징 공간이 독수정이다.

우리는 흔히 '고려 3은三隱'을 이야기한다. 고려 말기의 대표적 유학자인 목은牧隱 이색李穡(1328~1396), 포은圃隱 정몽주, 야은冶隱 길재吉再(1353~1419)를 일컫는다. 그런데 담양의 독수정에 올라 전신민의 삶을 떠올려 보면, '고려 4은'이라 해도 손색없다.

환벽당은 광주시 북구 충효동에 있는데 다리만 건너면 담양군 가사문학면 지곡리다. (사진 이광표)

푸르름으로 둘러싸인 곳

독수정 가까운 곳엔 환벽당과 취가정이 있다. 두 정자는 행정 구역상 광주에 속하지만 여전히 담양의 누정문화권, 가사 문학권의 영역에 포함된다. 환벽당은 담양 출신의 김윤제가 낙향하여 1540년에 지은 별서別墅다. 김윤제는 붕당의 와중에 벼슬을 버리고 고향에 돌아와 이곳에서 책을 보고 시를 짓고 당대의 문인 학자들과 교유하면서 후학을 가르쳤다. 그 과정에서 발굴한 인물이 바로 정철이다.

아버지와 함께 담양에 내려와 지곡리 지실마을에서 지내던 정철은 18세 때인 1563년 무렵 환벽당 앞 창계천에서 물놀이를 하다 우연히 김윤제를 만났고 정철의 재능을 알아본 김윤제는 환벽당에 정철을 들여 공부를 가르쳤다. 정철은 10년을 이곳에서 지냈다. 창계천 건너 식영정을 오가면서 25세 때 〈성산별곡〉을 지었다.

환벽당에서 내려다본 창계천. 이 일대는 담양 원림 문화의 핵심 공간이었다. (사진 이광표)

환벽당은 '푸름으로 둘러싸인 곳'이라는 뜻이다. 환벽당이란 이름은 서화가인 신잠申潛(1491~1554)이 지었고, 마루에 걸려 있는 '환벽당' 편액은 송시열의 글씨다. 이름에 걸맞게 환벽당은 전체적으로 깔끔하고 상쾌하다. 정면 3칸, 측면 2칸의 정자 건물도 군더더기 없이 단정하다. 아 이것이 선비의 삶이었구나 하는 생각이 절로 든다. 환벽당 정자 마루에서 내려다보면 창계천 물길이 한눈에 다 들어온다. 창계천 너머로는 요즘 지은 한국가사문학관 건물도 보인다.

취가정은 임진왜란 당시의 의병장 김덕령金德齡(1567~1596)의 정신을 기리기 위해 1890년 후손들이 지은 정자다. 이 일대의 누정 가운데 역사가 가장 짧다고 할 수 있다.

가사의 전통을 이어 가는 곳, 한국가사문학관

2001년 11월 문을 연 한국가사문학관은 담양군 가사문학면 지곡리의 창계천변에 위치한다. 무등산에서 발원한 창계천 물길은 한국가사문학 관 앞에서 광주호로 이어진다. 한국가사문학관 좌우로는 소쇄원과 식영 정이 있고 창계천 건너편으로는 독수정, 취가정, 환벽당이 있다. 한국가 사문학관은 그야말로 누정 원림 문화와 가사 문학의 핵심 공간에 터를 잡았다. 조선 시대 수많은 선비 문인들이 오가며 시를 짓고 학문을 논하 였으며 자신의 절의를 다잡고 더 나은 세상을 꿈꾸었던 곳이다.

한국가사문학관은 우리 가사 문학의 700년 역사를 확인하고 그것 을 현대적으로 전승하고 재창조하기 위해 설립되었다. 이를 위해 국내 가사 문학과 관련된 자료를 수집, 보관, 연구, 전시한다. 이 가운데 가장 중요한 기능은 역시 전시가 아닐 수 없다. 전시를 통해 사람들과 만날 수 있기 때문이다. 한국가사문학관 전시실에선 송순, 정철의 가사와 관련된

한국가사문학관에 전시된 송순의 《면앙집》. (사진 이광표)

정철이 선조로부터 하
사받은 옥배. (사진 제공
한국가사문학관)

자료가 두드러진다. 송순의 글을 모은 《면앙집》, 〈면앙정가〉 관련 자료,
송순이 80세 되던 해 8남매에게 재산(전답과 노비 등)을 분배하는 내용을
담은 〈분재기分財記〉, 정철의 글을 모은 《송강집》과 목판, 정철이 선조로
부터 하사받은 은배銀盃와 옥배玉盃 등. 전국 곳곳에서 수집한 다양한 내
용의 가사 자료, 그리고 전통 가사를 기억하고 향유하기 위한 우리 시대
의 그림과 서예 작품도 함께 전시되어 있다.

　한국가사문학관은 담양 지역에 머무르지 않고 담양 그 너머를 지향
한다. 자료 수집이나 연구, 전시 활용에서 담양 지역의 가사에 국한하지
않고 국내 가사 문학 전체를 대상으로 삼는다는 말이다. 그래서인지 한
국가사문학관이 운영하는 프로그램의 면면을 보면 다채롭고 흥미롭다.
가장 대표적인 것은 2014년 창간한 계간지 〈오늘의 가사문학〉을 들 수
있다. 주간을 맡고 있는 최한선 전남도립대학교 교수는 "가사 문학에 관
한 열린 광장으로 만들어 가사 문학의 부흥과 세계기록유산 등재를 위
한 토대로 삼겠다"고 밝힌 바 있다. 그의 말대로 〈오늘의 가사문학〉은
전문 연구자들과 일반인들이 함께 만나 가사 문학의 의미와 매력을 경

한국가사문학관이 소장하고 있는 정철의 《송강집》 목판. (사진 이광표)

험하는 마당 역할을 하고 있다.

이런 성과를 바탕으로 한국가사문학관은 《한국 명품 가사 100선》을 발행했으며, 한국 가사 문학 대상 공모전, 전국가사문학 학술대회, 전국가사문학 낭송대회, 랩 페스티벌 등의 프로그램도 진행하고 있다. 최근엔 《한국 가사시 100인선》, 《가사로 쓰는 동화 100인선》을 발간해 가사 문학 창작이 이어질 수 있도록 노력하고 있다. 가사 문학이 박제화된 고리타분한 전통이 아니라 지금 우리에게도 여전히 유효한 문화의 한 장르라는 사실을 웅변하고 실천하고 있는 셈이다. 나아가 유네스코 세계기록유산 등재도 추진할 계획이다.

700년 역사의 가사 문학, 500년 역사의 누정 원림 문화. 그 본향인 창계천변에서 그 전통을 이어가고 있는 22년 역사의 한국가사문학관. 이들이 어울려 담양의 문화는 더욱 깊어지고, 넓어지고 있다.[*)

4부

왕대밭의 미래 유산

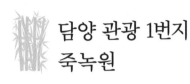

담양 관광 1번지
죽녹원

대나무 살아나면 담양이 살아난다

담양은 지명부터 못 담潭, 별 양陽으로 환경친화적이다. 담양은 대나무숲과 함께 정철과 송순의 인문 정신이 깃든 슬로시티, 생태 도시로 변신하고 있다. 담양은 현재 2565헥타르인 대나무밭을 1만 헥타르로 늘려나갈 계획이다. 대나무가 지금의 4배로 늘어나면 담양군은 한국에서 산소 발생량이 가장 많은 지역이 된다.

1970년대 이후 죽물竹物이 플라스틱에 밀리고 중국산에 자리를 내주기 시작할 때만 해도 담양 사람들은 "대나무로 먹고살던 시대는 우리 대代에서 끝났다"며 고개를 떨어뜨렸다. 그러나 담양군은 2003년부터 대나무밭을 사들여 테마공원(죽녹원)을 만들고 대나무로 가로수를 심기 시작했다. 당시 지역 사회에는 "사양길로 들어선 대나무로 뭘 하자는 건가" 하는 싸늘한 분위기가 있었다.

'대나무에 미친 사람'이라는 말까지 듣던 최형식 군수는 2006년 지방 선거에서 재선에 도전했으나 610표 차로 낙선했다. 4년 쉬며 와신상담한 그는 그 뒤로 내리 3선을 해 도합 4선을 했다. 담양군의회 의원들도 중국 저장성浙江省의 대나무 도시 안지현安吉縣을 돌아보고 와서는 인식

→ 죽녹원의 겨울. (사진 제공 담양군)

이 달라졌다. 대나무숲으로 관광객도 끌어오고 먹고살 수도 있다는 생각을 하게 됐다. 담양군 공무원들은 안지현에서 대나무를 관리하고 활용하는 법을 배워왔다.

담양의 관광 붐은 카페 수에서도 확인할 수 있다. 인구 4만 6000여명 시골 군에 카페가 213개. 최근에는 담양읍 백동사거리에 웅장한 투썸플레이스가 문을 열었다. 카페가 인구 216명당 1개꼴인데 대부분 관광객을 상대로 성업 중이다.

생금밭 대나무의 고장

담양에서 대나무가 잘나가던 시절에 '대밭은 생生금밭'이라는 말이 생겼다. 조선 시대부터 담양 경제는 대나무가 움직였다. 대나무가 살아나면 담양이 살아나고 대나무가 약하면 담양이 약해졌다. 담양에서는 고려 초부터 음력 5월 13일을 죽취일竹醉日(대나무를 심는 날)로 정해 마을 주변에 대나무를 심고 죽엽주를 마셨다. 지금은 이 행사가 대나무 축제로 발전했다.

15세기에 편찬된 〈세종실록 지리지〉에 담양에서 올리는 공물이 가는 대, 왕대, 오죽, 화살대, 죽력竹瀝(대나무를 구워서 나온 진액)으로 기록돼 있을 만큼 대나무 산업의 역사가 오랜 고장이다. 조선 시대부터 대나무로 만든 물레, 바늘 상자, 삿갓, 방석, 바구니, 키가 생산되었다. 조선 말기부터 담양의 죽물은 만주, 몽골로까지 진출했다. 담양에서 1916년에는 참빗을 만드는 진소계眞梳契라는 조직이 만들어졌다. 1919년에는 참빗조합으로 발전하고 1926년 산업조합이 탄생했다. 1930년대 들어서는 본격적으로 죽제품의 상품화가 이뤄졌다.

담양이 '전남에서 가고 싶은 곳 1위'로 올라간 데는 죽녹원 효과가

죽녹원에 붙어 있는 담양향교. 죽녹원은 담양향교의 대나무밭을 빌려 조성했다. (사진 황호택)

크다. 담양군은 2003년 향교가 소유한 대나무밭을 임차하고 인근 대밭을 사들여 31만 238㎡(9만 3840평)의 땅에 죽녹원을 개장했다. 지금은 연간 120만 명 관광객이 죽녹원을 찾는다. 4.2킬로미터에 이르는 대숲 산책길과 죽림욕장에는 평일에도 탐방객의 발길이 끊이지 않는다. 죽녹원은 경관을 가꾸기 위해 간벌을 하면서 죽세공 용도의 대나무를 생산하는 경제림이 됐다.

죽녹원의 8개 길에는 모두 이름이 붙어 있다. 운수대통 길, 죽마고우 길, 사색의 길, 추억의 샛길, 사랑이 변치 않는 길, 성인산 오름길, 철학자의 길, 선비의 길.

죽녹원 북쪽에 있는 시가문화촌은 담양의 정자 문화와 한옥 체험을 한곳에서 할 수 있는 역사문화 공간이다. 담양의 정자를 대표하는 면앙정, 송강정, 식영정, 소쇄원, 광풍각, 명옥헌, 환벽당을 실물대實物大로 재현해 놓았다. 우송당(소리전수관), 한옥체험장, 죽로차 체험장에서도 담

죽녹원의 인공 폭포. 중국 쓰촨성에 주로 사는 판다는 대나무 잎을 먹고 산다. (사진 황호택)

양의 문화와 풍취를 만날 수 있다. 추성창의기념관은 임진왜란 당시 고경명 의병장을 중심으로 전국 최초로 창의倡義의 깃발을 올린 6000여 의병의 우국충절을 기리는 건물이다. 삼지내마을의 고재선 가옥을 모티브로 한 사군자 공원도 개장을 앞두고 있다.

이이남아트센터에서는 현대적인 미디어아트를 감상할 수 있다. 한국의 대표적인 미디어아티스트인 이 작가의 고향이 담양이다. 2층 대나무숲으로 들어서면 김홍도의 〈묵죽도〉와 조익의 〈청죽도〉를 재해석한 영상과 함께 대나무가 바람에 흔들릴 때 나는 소리가 들린다. 동양의 고전 원작과 현대 미술이 함께 작품 소재가 된다. 이 작가는 클래식 작품에 디지털 기술을 접목해 그것이 어떤 현대적 가치를 생산하는지를 오랫동안 탐구했다.

대나무는 이름처럼 나무가 아니다. 벼과 식물이다. 벼·보리·밀·갈대·옥수수처럼 다년생 풀이다. 대나무는 매년 죽순이 나와 하루 1미터

대나무는 줄기 표면의 색깔로 연령을 구분할 수 있다. 녹색이 진한 것이 1년생이고 나이가 들수록 엷어진다. (사진 황호택)

이상 자란다. 대나무가 빨리 자라는 이유는 다른 벼과 식물처럼 줄기의 속이 비어 있기 때문이다. 속을 채우는 데 영양분을 쓰지 않으니 빨리 높이 자라서 햇빛을 많이 받을 수 있다. 그리고 각 마디마다 성장점이 있어 동시에 자라기 때문에 30~40일이면 다 자란다. 그래서 경제성이 높다. 대나무의 생명력은 상상을 초월할 정도로 강하다. 베트남 전쟁에서 고엽제 살포에도 끄떡없이 살아남았다.

　대나무는 연녹색이 진한 것이 1년생이고, 연하면 2년생, 노란 것이 3~4년생이다. 5년생 이상은 땔감이다. 항균 작용을 하는 연녹색이 없어지면 시커먼 점이 생기기 때문에 땔감 외에는 용도가 없다. 다른 벼과 식물은 매년 씨앗을 인간의 먹이로 제공하는데 대나무는 평생 한 번 꽃을 피우고 씨앗을 만들면 죽는다. 대나무는 인간에게 씨앗을 제공하지 않는 대신에 몸통을 내주었다. 플라스틱이 없던 시절에 인간은 대나무의 단단하고 썩지 않는 줄기로 온갖 생활 도구를 만들었다.

이름에 '황皇' 자가 들어간 등황각은 죽녹원에서 가장 고급스러운 숙소다. (사진 황호택)

죽녹원에는 왕대, 맹종죽, 분죽(솜대)이 빽빽이 들어차 있다. 죽녹원을 걸으며 대나무 이름 맞히기를 하는 재미도 쏠쏠하다. 관광객이 이 세 종류의 대나무를 구분하기가 쉽지 않다. 줄기 마디 잎을 꼼꼼히 살펴야 한다.

'왕대밭에 왕대 난다'는 속담 때문인지 죽녹원에 와서 왕대와 맹종죽을 혼동하는 사람들이 적지 않다. 가장 키가 크고 굵은 대나무는 왕대가 아니라 맹종죽이다. 맹종죽은 몸피의 직경이 20센티미터에 달한다. 죽질이 연해 죽순이 식용으로 많이 쓰여 죽순대라고도 한다. 맹종죽은 연해서 잘 휘어진다. 멀리서 보아 대통이 굵고 휘어진 나무는 맹종죽이다. 최근에는 정원 또는 건물의 조경수로도 많이 심는다. 대통밥이나 대통술도 맹종죽으로 만든다. 대나무에 글과 그림을 새기는 낙죽에도 맹종죽을 쓴다.

왕대는 줄기가 굵고 섬유가 질기며 결이 곱고 탄력성이 좋아 죽세공

과 죽재竹材로서 용도가 다양하다. 왕대는 강해서 곧게 자란다. 옛날 죽
창을 만들 때도 이 나무를 썼다. 솜대(분죽)는 줄기에 흰 무늬가 있어 이
것이 솜처럼 보인다고 해서 솜대라고 부른다. 죽순도 맛이 좋아 식도락
가들의 사랑을 받는다.

죽녹원 안의 한옥체험관에서 숙박을 하면 며칠 동안 양반 사대부
가 된 기분이 들 것이다. 입식 생활을 하다 온돌방을 쓰려니 처음에는
바닥에 누웠다 일어나고 앉는 일이 여간 힘들지 않다. 그런데 적응하고
보니 둘째 날부터는 앉았다 일어서며 요가하는 재미를 느낄 수 있다. 대
숲에 둘러싸인 한옥체험관 중에서는 등황각登皇閣이 가장 고급스럽다. 한
달 내내 땀 흘려 일하고 하루 이틀 황제 기분을 내보는 것도 즐겁지 아니
한가.

천연기념물 지정된 영산강 둔치 대나무숲

대전면 태목리 대밭은 하천 변을 따라 길게 이어진 퇴적층에 형성된 대
나무 군락지다. 대나무 이 울창해지려면 수량이 풍부해야 한다. 태목리
대밭은 영산강의 지류인 대전천 하천 습지에 있다.

태목리 대밭은 영산강 8경에 들어간다. 대나무숲에 안개가 짙어지면
마실 나갔던 바람이 돌아와 운무雲霧를 거둬가는 죽림연우竹林煙雨의 풍경
이 연출된다. 대나무밭과 습지에 멸종위기종인 수달, 삵, 매, 큰기러기, 흰
목물떼새, 구렁이, 황조롱이 등 다양한 동물이 서식하고 있다. 사진을 찍
으려고 물억새 숲을 헤치고 나가자 대전천의 철새 수십 마리가 이방인의
침입에 놀라 날개를 치며 비상했다. 우리나라 최초로 하천 습지 보호 지
역으로 지정된 이곳에서 다양한 목본 식물이 밀생한다.

문화재청은 2020년 11월 태목리 대나무숲을 천연기념물 제560호로

야생 동물의 낙원 태목리 대나무숲. (사진 황호택)

지정했다. 대나무 군락지가 천연기념물로 지정된 것은 처음이다. 담양은 전국 대나무 분포 면적의 36%를 차지한다. 담양 대나무숲이 국가중요농업문화유산 및 세계농업문화유산으로 지정된 데 이어 '태목리 대나무 군락지'가 천연기념물로 지정됨으로써 대나무의 고장 담양의 브랜드이미지가 더 확고해졌다.

태목리에는 권율 장군 후손들이 가꾸는 대밭이 오랜 세월 잘 보존돼 있다. 옛날 태목리 대밭 옆 대전천 하천 부지에서는 농사를 지었다. 그런데 큰물이 질 때마다 농민들이 땀 흘려 가꾼 논밭의 작물이 쓸려 나갔다. 태목리에서 가장 먼저 김병관 씨(95)가 하천 부지에 대나무를 심기 시작했다. 대나무숲은 물이 들어차더라도 채소처럼 쓸려 나가지 않았

← 영산강 상류 담양 습지. 수달, 삵, 큰기러기 등이 서식한다. (사진 제공 담양군)

다. 김 씨가 대를 심어 돈벌이를 하자 다른 농민들도 논밭과 하천 습지에 대밭을 조성했다.

태목리 사람들은 대나무로 바구니를 만들고 죽순 껍질로는 방석을 짜서 담양 죽물 시장에 내다 팔았다. 대밭 한 마지기에서 나오는 소득이 논 열 마지기보다 나았다. 대밭은 홍수 피해도 없었다. 대밭이 없는 사람들은 죽물을 열차에 싣고 서울, 부산, 경기, 강원 등지로 나가 장사를 해 생계를 유지했다.

그러다 하늘이 시샘했는지 1970년대부터 대값이 폭락하고 대밭이 하나둘 사라져 갔다. 주민들은 대를 베어내고 논밭을 복원했으나 둔치에 있던 대나무들은 방치됐다. 강변의 대나무들은 왕성한 생명력으로 뻗어 나가 무성한 숲을 이루었다.

태목리 사람들은 지금은 대나무 대신 딸기 농사를 짓는다. 돈벌이가 되는 딸기 농사에 빈부귀천을 가리지 않는다. 천연기념물로 지정된 태목리 대나무밭의 이름이 높아지면서 태목리의 환경친화적 이미지가 딸기 판매에도 보탬이 될 것이다.澤

세계중요농업유산
삼다리와 만성리 대나무밭

대나무밭이 유엔식량농업기구(Food and Agriculture Organization of the United Nations: FAO)로부터 세계중요농업유산시스템(Globally Important Agricultural Heritage Systems: GIAHS)으로 인증받은 것은 담양이 세계에서 처음이다. 담양 대나무가 세계 1등이 될 만한 이유가 있다.

담양은 연평균 기온이 섭씨 12.5도로 따뜻하고 연간 강수량이 1,300밀리미터인 고온다우高溫多雨 지역이다. 높은 산들이 병풍처럼 둘러싸 큰바람이 들이치지 않고 낮은 산들은 마을의 방풍림 노릇을 해 준다. 영산강 상류가 임야를 가로질러 토지가 비옥하고 수량이 풍부하다. 이렇게 대나무가 자라기에 최적의 환경을 갖춘 고장이 담양이다.

세계중요농업유산은 다음 세대에 물려줄 전통적인 농업 기술 문화, 다양한 생물과 경관을 지역 시스템으로 보전하는 제도다. 우리나라에서는 완도군 청산도 구들장 논, 제주 밭담, 하동 전통 차 농업, 금산 전통 인삼 농업이 세계중요농업유산에 올랐다.

담양은 우리나라 전체 대나무 면적의 36%를 차지한다. 담양의 대나무밭은 예로부터 마을과 더불어 존재했다. 담양군 354개 마을 중 담양읍 3개리를 제외하고 대부분 마을에 대나무밭이 형성돼 있다. 이중

세계중요농업유산의 핵심 지역은 담양읍의 삼다리와 만성리 두 마을.

담양 대나무밭 한국 전체의 36%

삼다리 대나무숲은 17만 평으로 우리나라 최대. 이렇게 대규모 대숲이 유지된 것은 대밭이 산에 있어 개발의 손길이 미치지 않았기 때문이다. 대나무가 사양길에 접어들자 평지의 대밭들은 대나무를 베어내고 밭작물을 재배하거나 택지, 창고 등으로 개발됐다. 삼다리에서는 대나무가 사양길에 접어들어 대나무밭을 내버려 둔 사이에 대나무들이 산으로 올라가 시루봉(253미터)까지 이어졌다. 대나무숲이 40여 년 만에 대나무 산으로 바뀐 것이다.

삼다리는 1960년대까지 석작을 만들던 마을이다. 삼다리 주민 김명식(68) 씨는 "플라스틱이 출현하기 전까지 삼다리마을은 사계절 중 여름만 빼고 밤 11~12시까지 호롱불 켜 놓고 다섯 살 어린이부터 아흔 살 노파까지 석작을 만들었다"고 말했다.

석작은 뚜껑이 있는 네모난 대바구니다. 옛날에는 이바지나 폐백 또는 선물을 줄 때 석작에 담아서 보냈다. 말석은 정사각형으로 대바구니가 3중으로 들어가는 삼합과 5중으로 들어가는 오합이 있다. 말석은 대 껍질이 붙어 있는 겉대로 만드는 고급품이다. 석작은 겉대와 껍질이 없는 속대를 섞어 만들었다.

호시절에는 담양 관방제 옆 죽물 시장에 나온 석작의 80%가 삼다리 석작이었다. 농사보다 농외소득이 더 큰 삼다리는 담양에서 손꼽아 주던 부촌. 대나무밭과 대바구니 짜기로 자녀를 대학에 보냈다고 한다.

← 대나무가 우거진 산들이 소쿠리처럼 둘러싸고 있는 삼다리 내다마을 전경. 1960년대까지 대나무 바구니 석작을 생산했으나 석작이 역사의 유물이 되면서 지금은 대나무숲에서 자라는 죽로차로 더 유명하다. (사진 제공 김병재 사진작가)

죽로차 체험장 명가혜.
다기장 위에 올려 있는
대바구니가 석작이다.
(사진 황호택)

그래서 '대학나무'란 별명이 생겼다.

대나무밭을 조성한 후에는 관리비가 거의 들지 않는다. 대나무는 벼, 보리, 감자, 고구마, 사과 등에 비해 순수입이 매우 높다. 벼보다도 순수입이 5배가량 많으니 삼다리 사람들은 대나무가 주업이고 벼농사를 부업으로 했다.

대나무 수액 먹고 자라는 죽로차

삼다리三茶里는 마을 이름에서 보듯이 옛날부터 자생차로 유명했던 마을

대나무밭 속 그늘에서 자라는 죽로차. (사진 황호택)

이다. 조선 시대의 옛 이름은 다전리茶田里였다. 근년에 행정 구역 개편을 통해 동다東茶, 서다西茶, 외다外茶 등 3개 마을을 합쳐 삼다리라 하다가 다시 내다마을과 외다마을로 나뉘었다.

우리나라에서 차가 자생하는 지방은 제주, 하동, 보성, 해남, 장성 등 여러 곳이지만 죽로차竹露茶는 삼다리가 원조다. 대나무가 차나무밭으로 침범해 들어가 그늘을 만들면서 죽로차가 자연스럽게 생겨났다. 대나무가 뿌리에서 빨아올린 수액을 새벽에는 이슬로 떨어뜨린다. 이 수액을 받아먹고 자란 게 죽로차다.

대나무와 공존하는 식물은 반음반양半陰半陽의 그늘에서 자라는 차나무밖에 없다. 키가 큰 대나무가 포위하면 종국에 다른 나무들은 목숨을 부지하지 못한다. 삼다리 뒷산의 소나무들은 산책로 주변에서만 근근이 살아남았다. 대나무는 뿌리줄기인 근경根莖을 통해 옆으로 뻗어 나간다. 대나무는 벌채 후 다시 식재할 필요가 없다. 대나무의 근경은 땅속으로 30센티미터 정도밖에 들어가지 않는 천근성淺根性이다. 차나무의 뿌리는 직근直根으로 키의 3배 이상 들어간다. 차나무는 음지식물이고 뿌리가 내리는 영역이 달라 대밭에서도 살아남은 것이다. 과거 대나무의 호황기에는 대밭에 차나무가 있으면 대나무의 영양분을 빨아먹는다며 뽑아 없애 버렸다. 지금은 거꾸로 대나무보다 죽순과 죽로차의 경제적 가치가 더 높다.

담양의 죽로차는 차 애호가들이 알아준다. 죽로차는 대나무 잎 사이로 들어오는 적은 양의 햇볕을 많이 받으려고 다른 차나무보다 잎이 크고 잎간 간격이 더 벌어져 있다. 삼다리에서 죽로차를 제조 판매하는 명가혜茗可蹊 국근섭 대표는 "4월 초~5월 초에 죽로차의 어린잎을 따서 살청 – 유념 – 건조의 과정을 아홉 차례 반복한다"고 말했다. 찻잎 속의 효소가 산화하지 않도록 열을 가해 효소의 작용을 멈추게 한다[살청]. 그리고 찻잎의 성분이 물속에서 잘 우러나도록 비빈다[유념]. 그 후 다시 열을 가해 찻잎의 수분을 3~6% 정도까지 감소시킴으로써 향과 맛을 더하고 변질을 막는다[건조]. 국근섭 대표는 삼다리에서 나오는 죽순 껍질을 200℃의 가마솥에서 덖음해 노란빛이 나는 죽신황금차를 개발해 특허를 냈다. 죽순의 전라도 사투리가 죽신. 현대인의 스트레스 해소에 도움이 되는 차라고 한다.

죽로차는 떫은맛을 내는 탄닌 성분이 적다. 풋풋하며 깔끔한 맛이 일품이다. 담양군의 죽로차 재배 면적은 170헥타르다. 죽로차 재배가 대나무밭에서만 가능하기 때문에 품질이 유지되고 값도 비싸다. 대밭에서는 맥문동, 구기자, 둥굴레 등 약용 작물을 함께 재배할 수 있다.

내다마을은 입구만 트여 있고 대나무숲이 소쿠리처럼 마을을 둘러싸고 있다. 삼다리마을에서 광주의 무등산이 내다보이고 마을 앞으로는 영산강 지류인 용천이 흐른다.

명가혜 국근섭 대표가
진돗개를 데리고 삼다
리 마을에서 시루봉 가
는 길을 안내해 주었다.
길에 댓잎이 두툼하게
깔려 쿠션이 좋다. (사진
황호택)

삼다리의 대나무밭은 옛날에 석작을 만들던 솜대(분죽)가 주류다.
마을 앞에는 2500평 규모의 저수지가 있다. 대밭에서 흘러나온 물이다.
수질이 깨끗해 붕어와 가물치가 뛰어논다. 마을 앞의 논들도 대나무밭
에서 나온 물로 농사를 짓는다. 대나무의 침범을 막으려면 땅을 30센티
미터 이상 파고 플라스틱 패널 등으로 근경을 차단해야 한다. 가만히 놓
아두면 선산이건 밭이건 가리지 않고 대나무 근경이 뚫고 들어간다. 인
공의 테마파크인 죽녹원과 달리 삼다리의 대나무밭은 자연의 파라다이
스다. 산책로에는 댓잎과 솔잎이 수북하게 깔려 운동화를 통해 전달되
는 쿠션이 좋다.

삼다리 외다마을에 있는 300년 수령의 느티나무 보호수. 주민들이 매년 정초에 당제를 올리는 당산나무다. 녹슨 양철지붕의 정미소는 오래전에 폐업했다. (사진 국근섭)

삼다리 뒷산은 2~3분 능선까지 주민들이 소유권을 갖고 있다. 4부 능선부터는 산림청이 관리하는 국유림이다. 담양군은 세계농업유산 지정을 계기로 개인이 소유한 대나무숲을 매입하고 국유림은 임차해 죽다원竹茶苑을 조성할 계획이다. 이송진 담양군 농업연구사는 "유네스코의 세계문화유산은 규제가 많지만 세계농업유산은 사유재산권에 아무런 제약이 없다"고 말했다. 지자체와 주민이 힘을 합하면 전국 최대 규모의 대나무숲과 죽로차로 명물 농업 유산을 만들어 공존하는 방안을 찾을 수 있을 것이다.

세계중요농업유산은 근현대 농업이 지나치게 생산성에 편중돼 세계 각지에서 산림 파괴와 수질 오염 등 환경 문제를 일으키고, 지역의 고유문화와 경관, 생물의 다양성이 훼손되는 것을 막기 위해 창설됐다. 농촌 지역의 인구 감소, 고령화, 자유무역협정(FTA) 등으로 인해 수천 년에

대나무의 텃세에 길가로 밀려
난 소나무들. (사진 황호택)

걸쳐 유지되던 농촌의 전통, 경관, 문화, 기술이 위기를 맞고 있다. 이런 농업과 농촌의 자원을 보호하고 계승하기 위한 제도가 한국의 국가농어업유산과 FAO의 세계중요농업유산이다. 산업화의 침범을 이겨내고 현재까지 살아남은 농업 유산들은 환경 보호라는 관점에서도 소중한 가치를 지닌다.

내다마을에서 시루봉까지 2킬로미터의 대나무숲 오솔길이 이어진다. 어디서도 찾아보기 어려운 대나무숲 트레킹 코스다. 대나무 사양화로 버림받은 숲이 아니라 고급 웰빙 차와 죽림욕으로 다시 태어나고 있다.

만성리의 '제2 죽녹원' 맹종죽 숲

죽녹원에서 멀지 않은 담양읍 만성리에는 8000평 대나무밭에 맹종죽들이 하늘을 향해 쭉쭉 뻗은 장관을 볼 수 있다. 2020년 만성리는 삼다리와 함께 유엔 FAO로부터 세계중요농업유산(GIAHS)으로 지정됐다. 만성리 '제2 죽녹원'에 들어가 보면 키가 훌쩍 크고 몸피가 굵은 맹종죽이 늠름한 장엄미를 과시한다. 담양군은 이 대나무숲에 힐링의 공간을 만들어 죽녹원 관광객을 분산하려는 구상이다. 시설물 공사 중이어서 아직은 외부인의 출입을 통제한다.

대나무는 이산화탄소 흡수량이 소나무의 4배나 된다. 피톤치드 발생량은 사계절을 합하면 편백나무가 약간 많지만 여름만 놓고 보면 대

국가중요농업유산 만성리에 조성한 맹종죽 숲.
(사진 황호택)

나무가 두 배나 높다. 산림에서 주로 휘발성의 형태로 존재하는 피톤치드는 호흡기나 피부를 통하여 인체에 흡수돼 항염 항균, 면역 증진, 스트레스 조절 등에 도움을 준다. 죽림욕竹林浴은 맹종죽의 아름다운 숲을 감상하며, 대나무 잎이 서걱이는 소리를 듣고, 피톤치드를 몸으로 들이마시는 산림욕이다.

옛날에 만성리는 130호 가운데 100호가 부채를 만들던 부채마을이었다. 중국산 부채가 밀려오면서 많은 사람들이 직업을 바꾸거나 이사 갔다. 김대석 장인은 조부 때부터 만들던 부채를 놓지 않고 마을을 지켰다. 그의 집에는 각종 부채를 비롯한 대나무 공예품들이 방마다 가득 들어차 있다. 하나같이 진귀한 명품들이다. 만성리와 담양 죽세공 역사를 알리고 진품명품을 전시하는 박물관을 만드는 것이 그의 꿈이다.澤

대를 잇는
대나무 공예의 장인들

담양 죽물 300년의 역사

담양의 죽물竹物 시장은 300년 이상의 역사를 지니고 있었다. 향교리 관방
천과 만성교 사이 천변 부지에서 열리던 5일장이다. 죽물 시장의 통칭通稱
은 '삿갓점 머리'다. 이곳을 중심으로 삿갓이 유통돼서 생긴 이름이다.

　장날인 2일 7일에는 이른 아침부터 담양의 수백 개 마을 사람들이
소쿠리, 바구니, 키 등을 달구지에 싣거나 머리에 이고 삿갓점 머리로 나
왔다. 8킬로미터 이상 떨어진 먼 곳에서 오는 사람들은 동트기 전에 새
벽길을 나서 아침 6시경 읍내에 도착했다.

　담양 죽물 시장은 전국에서 죽제품을 사러 오는 사람들로 성황을
이루었다. 국숫집에서도 바구니를 많이 들고 온 사람에게는 외상을 달
아 주었다. 슈퍼마켓과 온라인 판매 등이 대세를 이루면서 지금은 전국
의 5일장이 거의 형해만 남았다. 담양 죽물 시장의 흔적은 천변 부지에
서 관방제 위로 올라온 국수 거리에서나 찾아볼 수 있다.

　《추성지》는 400년 전 전주에서 담양 향교리로 이사 온 김씨 성의 노
부부가 농한기를 이용해 빗을 만든 것이 담양 죽제품의 기원이라고 기
술한다. 담양의 마을마다 대를 잘라 쪼개는 집, 엮는 집, 낙죽하는 집들

1970년대 담양천변 죽물 시장을 가득 메운 죽제품들. (사진 제공 〈동아일보〉)

로 분업을 했다.

담양읍 천변리에 위치한 전국 유일의 대나무 박물관은 1만 5000평 부지에 동서고금의 죽제품 3000여 점을 전시한다. 담양 지역의 죽제품 역사도 한눈에 살펴볼 수 있다. 담양군은 우수 대나무 공예품을 발굴하고 예술인들의 창작 의욕을 고취하는 전국대나무디자인공예대전을 매년 실시해 수상작을 박물관, 갤러리에 전시한다.

귀족적 분위기의 화려한 채상

채상彩箱은 대나무 공예품 중에서 가장 화려하고 귀족적인 분위기가 난다. 조선 시대에는 혼수를 담아 보내거나 귀중품을 담는 함으로 많이 쓰였다. 채상은 죽공예의 꽃이다. 채상은 채죽상자彩竹箱子를 줄인 말이다. 전라관찰사를 지낸 서유구徐有榘(1764~1845)는 36년간 저술한 백과사전 《임원경제지林園經濟志》에서 채상에 대해 꼼꼼하게 설명하고 있다.

> 호남 사람들은 대나무를 종이쪽처럼 얇게 깎고 푸른색이나 붉은색 등 여러 색으로 물들여 옷상자를 짜서 만드는데, 안에는 푸른색 종이를 바른다. 크고 작은 것을 겹치면서 쟁여 넣으면 채상 5개가 한 벌이 되므로 민간에서는 이를 오합피죽상五合皮竹箱이라 부른다. 모든 직물이나 바느질 도구를 여기에 담을 수 있다.

옛날에는 온 가족이 참여하는 가내수공업으로 채상이 만들어졌다. 남자들은 대나무(왕대)를 물에 담가 불린 후 다듬고 쪼개고 훑어 얇게 대오리를 만들었다. 염색과 짜기는 주로 여자들의 몫이었다.

한국에서 유일한 국가무형문화재 채상장 기능 보유자는 죽녹원 채상장 전수관에서 가업을 잇는 서신정(63) 씨. 서 씨의 부친 서한규 선생은 1930년 담양읍 만성리 2구 벌메마을에서 태어났다. 그 시절 벌메마을의 100가구 중 80가구가 삿갓 등을 만들어 죽물 시장에 내다 팔았다. 한국 전쟁 전까지만 해도 삿갓을 쓰고 다니는 사람들이 많아 물건이 모자라 못 팔 정도였다. '벌메 삿갓'은 안쪽에 대는 테가 있었는데 최고의 브랜드였다. 1970년대에 들어 죽제품이 사양길로 접어들면서 서한규 선생은 새로운 활로를 찾아 나섰다. 그때 마침 할머니가 혼수로 가져온

부녀 2대의 국가무형문
화재 채상장 기능 보유자
서신정 씨. (사진 황호택)

2합짜리 채상이 눈에 띄었다. 이 채상을 바라보며 방에서 나오지 않고
대오리에 색칠을 하고 엮고 풀고 다시 엮으면서 5년 동안 채상 기법을 개
발했다. 국가무형문화재 채상장 기능 보유자 김동년 선생이 1987년 작고
한 뒤 서한규 선생이 국가무형문화재로 지정받아 채상장의 맥을 이었다.

　서신정 씨가 열아홉 살 때 대청마루에서 일하는 아버지에게 "취직
할 때까지만 거들고 싶다"고 말을 꺼내자 아버지 얼굴에 미소가 가득 찼
다. 아버지를 도우려다가 채상에 빠져들었다. 새벽 2시까지 불을 밝히
고 기예를 닦았다. 아버지가 만드는 패턴은 두 개였지만 문헌에는 12개

서신정 씨가 대나무로 만든 채상 핸드백. (사진 황호택)

가 나와 있었다. 그는 연구를 거듭해 패턴을 50개나 개발했다. 대오리를 염색하는 화학 염료를 천연염료로 바꾸고 전통색인 오방색(청백적흑황)을 사용했다. 제품을 현대화해 핸드백, 브로치, 도시락, 차 도구 바구니, 소반, 반닫이로 다양화했다. 서한규 선생은 2012년 딸이 국가무형문화재 채상장 기능 보유자로 지정받는 것을 보고 2018년 88세로 눈을 감았다.

　인쇄업을 하던 남편 김영관도 채상을 배워 22년 경력으로 채상장 전승 교육사로 활동하고 있다. 아들 김승우는 "외동인 내가 이 일을 잇지 않으면 자랑스러운 가업이 끊기지 않겠는가. 외할아버지가 살아계실 때 일을 배워야겠다"며 채상을 시작했다. 서한규 – 서신정 – 김승우로 3대째 채상장의 맥이 이어지고 있다.

　서신정 씨는 채상의 예술성 작품성이 높아 여유 계층의 수요가 살아나고 있다고 말했다. 가방, 차 도구 바구니, 접시 등 서신정 씨가 상용화에 성공한 제품이 50종이 넘는다. 차 도구를 넣고 뚜껑을 덮어 차 도구로 쓰는 채상 소반은 가격이 300만 원에 가까운데도 인기가 있다.

2021년에는 대구 신세계백화점 에르메스 매장의 스크린도어 열두 짝의 인테리어 협업도 했다. 참빗이나 부채 같은 공예는 시장성이 떨어져 정부의 보조를 받지 않으면 기능 전수가 어렵지만 채상은 고급화에서 활로를 찾아가고 있다.

필수 혼수였던 참빗 만들기 70년

참빗장 국가무형문화재 참빗장 기능 보유자 고행주(86) 씨는 증조부 고찬여 씨 이래 4대째 가업을 계승하고 있다. 담양향교 바로 밑에 집을 겸한 작업장과 전시실이 있다. 옛날에는 어머니들이 동백기름 바르고 쓰다듬고 멋을 낼 때 참빗을 썼다. 참빗이 생활필수품이었다. 시집갈 때 형편 좋은 집안은 참빗 한 묶음(50개)을 함에 혼수로 넣어주었다. 고행주 씨는 열 살 때 일을 배워 70년 동안 참빗을 만들었다.

담양에서는 조선 말기부터 300가구가 참빗을 제작했다. 한 집에 서너 명씩 일을 했다고 치면 가내수공업인 참빗 제조에 종사하는 근로자가 담양 전체에 1000명 정도였던 셈이다. 담양 죽물 시장에서 5일장이 열리는 날마다 전국 각지로 1만 개 이상 참빗이 팔려나갔다. 참빗은 빗살이 촘촘하고 길어야 긴 머리카락을 잘 파고든다. 옛사람들은 머리단장 외에 머리의 때를 빼거나 이, 서캐(이의 알)를 죽이는 데도 사용했다. 샴푸로 매일 머리를 감는 지금은 구경할 수조차 없는 곤충이다.

참빗을 만들자면 대나무를 가늘게 잘라서 빗살을 실로 매고, 염색, 접착, 건조, 다듬기 등 40여 가지의 공정을 거친다. 각종 연장이 작업실의 벽면을 메우고 있다. 참빗은 재질이 강한 왕대로 만든다. 입동 후 12월 1월에 베어낸 대를 사용한다. 그래야 우기에 곰팡이가 피지 않는

증조부 때부터 4대째 가업을 계승한 무형문화재 고행주 씨. 참빗 만드는 수십 가지 연장이 벽을 메우고 있다. (사진 황호택)

다. 아들 광록(62) 씨는 전통 빗도 하지만 디자인을 현대화해서 젊은 세대가 좋아하는 참빗을 만들고 있다.

1970년대부터 플라스틱 빗에 밀리고 동백기름을 바르던 어머니들이 파마를 시작하면서 참빗은 사라져 갔다. 이제 실생활에서는 거의 사라지고 관광 상품으로 살아남아 전라남도 담양과 영암에서만 생산된다. 고 씨가 생산하는 참빗에는 '죽향竹香'이라는 한문이 새겨져 있다. 고 씨가 만드는 참빗의 브랜드다.

무용선으로 중국 제품 이겨낸 접선장

합죽선과 접선(쥘선)은 접었다 폈다 하는 접이식 부채라는 점에서 비슷하지만 속살이 다르다. 합죽선은 대나무 껍질 두 개를 맞붙여 속살을 만든다. 접선은 대나무 껍질 하나로 속살을 만든다. 합죽선의 본향은 전라감영이 있던 전주이고 접선은 담양이 본향이다.

전주에서 합죽선을 만드는 김동식 씨(79)가 국가무형문화재 선자장 기능 보유자이고, 담양에서 접선을 만드는 김대석 씨(74)는 전남무형문화재 선자장扇子匠과 접선장摺扇匠이다. 김 씨의 조상은 200년 전 담양에 정착했고 접선은 조부 때부터 3대째 가업이다.

1960년대까지만 해도 만성리마을 100가구가 1년에 50만 개의 부채를 생산했다. 서울, 부산, 대구 등지의 상인들이 현찰 뭉치를 싸들고 담양에 부채를 사러 왔다. 선거철에는 더 많이 나갔다. 그런데 중국과 수교

접선장 김대석 씨 부부가 부채를 만드는 대를 함께 다듬고 있다. (사진 황호택)

김대석 씨의 만성리 집은 작은 박물관 같다. 진열장에 있는 작품은 장식용 대접선. (사진 황호태)

가 이뤄지면서 만성리마을에 황혼이 닥쳤다. 한국 업자들이 중국에서 10분의 1 가격으로 접선을 만들어 왔다. 만성리마을이 모두 접선을 접었는데 그가 혼자서 버틴 것은 먹고살 걱정을 하지 않아도 되는 정도의 농토가 있었기 때문이다.

그는 중국산과 가격 경쟁을 할 수 없는 실용 부채를 포기하고 고급 특수 부채로 방향을 돌렸다. 중국산이 따라올 수 없는 분야였다. 무용선, 무당의 굿 부채, 남사당 부채, 한량무의 한량부채는 그가 100% 독점하다시피 하고 있다. 햇볕을 가리기 위한 양산 같은 대륜선大輪扇도 있다. 왕실이나 고관대작들이 쓰던 부채다. 실용 부채는 거의 사라졌지만 아직도 선물용으로 주고받는 사람들이 있다.

그의 집은 부채 박물관 같다. 장식용 대大접선을 비롯해 유명 화가들의 그림으로 제작한 부채를 많이 보유하고 있다. 유명 화가들이 그림 두

점을 갖고 오면 한 점으로는 부채를 만들어 주고 한 점은 제작비 조로 받았다. 세계 각국에서 수집한 각양각종의 부채 외에 가구나 문방구 등 소목小木 작품도 명품이 다수다.

인두로 그리는 예술 낙죽

최남선은 《조선상식문답》에서 "조선 순조 때 전북 남원 박창규의 낙죽 烙竹 기예가 탁월해 서울의 재상들이 다투어 그의 작품을 가져갔다. 박창규의 기법은 손자에게 전해졌다"라고 썼다. 낙죽이 들어간 대나무 제품을 찾아보기 힘든 시대에 낙죽 기법이 살아남아 있는 것도 신기하다.

담양의 이형진 씨(전라남도 무형문화재 낙죽장 기능 보유자)는 집안이 가난해 어려서 고아원에서 자랐다. 그는 그림을 잘 그렸다. 1대 국가무형문화재 낙죽장 기능 보유자 이동연 씨(1905~1986)가 소문을 듣고 장애 소년에게 낙죽을 가르쳤다. 낙죽은 불에 달군 인두로 죽제품에 문양을 그려 넣는 공예다. 이 씨가 좋아하는 문양은 매화꽃이다.

낙죽의 맥을 잇고 있는 장인 이형진 씨 (사진 황호택)

요즘은 숯불 인두 대신에 전기인두를 사용한다. 가볍고 편리하지만 숯불에 달군 인두가 서서히 식어가면서 내는 깊은 맛을 살리지 못한다. 대나무에 인두가 지나가면 표면이 벗겨지기 쉽다. 인두로 지진 표면이 날아가지 않고 대에 붙어 있게 해야 장인의 반열에 든다.

이씨는 낙죽을 배울 때 가부좌를 틀고 장시간 작업을 했다. 수업을 받기 시작한 후 1년 만에 하반신 마비가 와서 2년 동안 걷지 못한 적이 있다. 그는 요즘 대나무박물관에 있는 체험관에서 제자들을 가르친다.

이 밖에도 죽렴(대발), 전라도에서 '치'라고 부르는 키, 대자리, 죽피 방석, 방립, 석작, 죽검을 만드는 장인들이 있다. 문화재청과 전라남도 담양군은 무형문화재, 전수 조교 등의 자격을 주어 대를 이용한 전통공예의 맥이 끊이지 않도록 지원하고 있다.澤

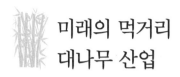

미래의 먹거리
대나무 산업

대나무 154종 보유한 대나무자원연구소

담양 사람들은 어린 시절 콩을 볶아 먹을 때 어른들로부터 대밭에 한 주먹 뿌리고 오라는 이야기를 듣고 자랐다. 사람 먹기도 귀한 콩을 왜 대밭에 뿌리라고 했을까. 어린이들에게 대밭의 소중함을 깨우치고 애정을 갖게 하려고 했다. 그만큼 대나무는 담양의 소중한 자원이었다.

담양군의 대나무자원연구소 산하 품종원에서는 자생종 10종을 포함해 세계 각국 대나무 154종을 재배한다. 세계적으로는 1400여 종 대나무가 있다. 문익점이 중국에서 목화씨를 붓두껍에 숨겨오듯 몰래 가져온 대나무도 있다. 공식 비공식으로 200여 종을 수집했지만 50여 종은 한국 땅에 적응하는 데 실패했다.

품종원을 둘러보던 관람객들이 "이것도 대나무냐"고 묻는 진기한 대나무도 있다. 중국 원산의 '어려도죽'은 담양에서 일상 만나는 왕대, 분죽, 맹종죽과는 전혀 딴판인 잡초 같은 대나무다. 키가 5센티미터도 채 안 된다. 대나무도 외형만 갖고 판단할 일이 아니다. 이러한 대가 어떤 잠재적 자원 가치를 가지고 있는지는 연구를 더해 봐야 알 수 있다. 유용한 자원을 찾아내서 필요하다면 한국에서 대량으로 증식하는 방법을

세계 각국 대나무 154종을 수집해 재배하는 내나무품종원. (사진 황호택)

연구하는 것이 대나무자원연구소의 과제다.

대나무 신품종을 들여올 때 꼭 근경을 캐거나 나무째 파내 올 필요는 없다. 대나무자원연구소의 기술로 뿌리나 줄기에서 채취한 조직을 배양하는 방법으로 성체 대나무를 만들어 낼 수 있다.

대나무자원연구소는 대나무 연구 개발을 활성화해 대나무와 관련한 신산업을 육성할 목적에서 2007년 설립됐다. 이곳에서 일하는 이송진 농업연구사는 대나무 박사다. 박사 학위 논문 제목은 〈대나무의 종 다양성 연구〉.

대나무는 2010년 12월 UN기후변화회의에서 지구온난화의 대응 식물로 가치를 인정받았다. 기후 변화와 환경 위기 시대를 맞아 대나무 자원 연구를 통해 고부가 가치 창출을 위한 대나무 뉴딜을 하자는 것이 담양군의 목표다.

담양군 대나무자
원연구소의 대나무
박사 이송진. (사진
황호택)

　대나무는 뿌리에서 잎까지 하나도 버릴 게 없는 바이오매스(에너지화
할 수 있는 생물 유기체)다. 대나무자원연구소는 대나무 성분 분석 및 유전자
분석 기자재 등을 활용해 기능성 소재를 개발해 상품화를 하고 있다. 대
나무의 미네랄 성분을 강화하고 유해 물질을 없앤 죽염도 개발해 특허
를 냈다.

　대나무는 아토피를 유발하지 않는 고급 건축 자재다. 열전도성이 빨
라서 겨울에는 적은 에너지를 쓰고 따뜻하게 지낼 수 있다. 대나무 돗자
리는 겨울에는 온기를 보전하고, 여름에는 냉기를 품어 준다.

담양에서 죽물 시장은 사라졌지만 대나무 생활 용기를 파는 죽물 도매상이 여러 곳 있다. (사진 황호택)

일반적인 나무들은 성장하는 데 10년이 걸리지만 대나무는 3년이면 건축 자재로 활용 가능하다. 척박한 땅에서도 빠르게 성장한다. 대나무의 쓰임새도 건축과 인테리어, 조경 등으로 확대되고 있다. 휘어짐에 내구성이 높아 곡선형 건축 구조에 유용하다. 대나무로 만든 섬유는 의류 전자기기 등 첨단 산업 분야에서 다양하게 활용된다. 대나무 합판은 자연친화적인 제품이기도 하다. 대나무는 도시의 건축이나 쌈지공원 조경수로도 인기다.

세계 최로로 제작한 대나무 자전거

대나무자원연구소는 2012년 튜브와 체인만 빼고 모두 대나무로 만든 친환경 자전거를 제작했다. 대나무로 산악용 자전거와 어린이 자전거도 만들었다. 열처리를 통해 대나무의 강도를 높여 가벼운 저탄소 제품을 만들었다. 기후 변화에 대응하는 상징성이 큰 제품이었다. 반기문 UN 사무총장이 아프리카 가나에서 만든 대나무 자전거를 들고 나와 홍보를 한 적이 있다. 사실 대나무 자전거는 담양에서 가나보다 먼저 만들었다.

죽염 제작 과정은 복잡하다. 황톳물을 섞은 서해 천일염을 대나무 통에 다져 넣고 이를 가마에 넣어 소나무 장작불로 구워 낸다. 이렇게 만든 초벌 죽염 원석을 분쇄한 후 다시 대나무 통에 다져 넣고 고열로 굽기를 3번 반복해 죽염을 만들어 낸다. 약재로 쓰일 죽염은 굽는 과정을 9번 반복한다. 죽염은 단백질 합성을 도와주고 중금속 독성에 중화력이 있다. 간장, 된장, 고추장 등 전통 장류에도 기존 소금을 넣지 않고 죽염을 사용한다. 문제는 대나무 통을 바꾸며 700~900℃의 고열로 3번 반복해 굽는 과정에서 유해 물질이 발생하는 것이다. 대나무자원연구소는

담양에서 세계 최초로 제작한 대나무 자전거. (사진 황호택)

대나무밭에서 자라는 흰망태버섯은 비싼 값에 팔린다. (사진 제공 담양군)

대나무 향과 미네랄을 추가하고 고열로 제조하지 않는 죽염을 개발해 특허 등록을 했다. 연녹색의 이 소금은 창평 슬로시티에서 판매한다.

폐식용유에 대나무 추출물을 넣어 분해해 만든 주방용 물비누의 특허를 내고 상품화했다. 광주, 담양 등지에서 파는 '강청 비누'다. 화장실 거실에 대나무 향기를 퍼뜨리는 디퓨저도 히트 상품이다. 모든 신상품은 제조에 성공하면 특허를 낸다.

대나무는 연구하고 개척해야 할 분야가 무궁무진하다. 담양 주민들은 대나무 외에도 대숲에서 부산물을 생산해 고수익을 올린다. 임업 통계 연보를 보면 담양에서 전국 죽순의 절반 이상이 생산된다. 담양군의 연간 죽순 생산량은 30만 킬로그램 이상. 죽순은 아주 빠르게 성장한다. 대밭에 비가 오면 죽순 천지가 돼 우후죽순雨後竹筍이라는 사자성어가 생겼다. 죽순은 영양 성분이 다양하고 섬유질이 독특한 무농약 웰빙 식품. 4~6월에 채취하는 죽순은 냉채, 회, 구이, 나물, 장아찌, 술 등 요리가 100여 가지 개발돼 있다.

주민들은 그늘이 지고 습기가 풍부한 대나무밭에 죽로차와 버섯, 구기자 등 약용 식물을 재배한다. 대나무밭에서는 모두 버섯 108종이 자라는데 자생 흰망태버섯은 재배가 힘들어 1킬로그램에 20만 원 정도 된다.

대나무 수액은 대나무의 체내에 존재하는 액체로 생장에 필요한 영양분이다. 채취 시기는 5~6월이다. 대나무 수액은 칼슘이 풍부하고 아미노산이 함유돼 있어 건강에 좋다.

대나무 숯은 왕대, 솜대, 죽순대를 잘라서 건조한 후 굽는다. 대나무 숯은 공기 정화 용품, 벽지, 페인트, 전자기기 케이스 등 실생활과 관련한 산업용으로 쓰인다. 대나무 숯을 이용해 숯부작을 만들어 각종 난이나

분재, 야생화를 심는다. 겨울철처럼 환기를 자주 못할 때는 실내 공기 정화에 도움이 된다.

죽초액은 대나무 숯을 구울 때 나오는 연기를 정제해 추출한 액체다. 초산을 주성분으로 200종의 천연 유기 성분이 함유돼 있다. 친환경 농업 용재, 환경 정화, 수질 정화, 악취 탈취제 등으로 활용되고 있다. 죽초액 비누도 나왔다.

일본에서는 대숯을 첨가한 커피, 카스텔라 같은 식품을 판매한다. 우리나라에서는 친환경 제품으로 개발되고 있지만 식품 첨가물로는 정식 허가를 받지 못했다.

댓잎의 활용 분야도 늘어나고 있다. 대나무 잎 분말은 국수와 냉면, 빵, 한과, 아이스크림, 술, 음료, 김치, 육가공 식품 등에 다양하게 쓰인다. 죽초액, 죽력, 죽로차도 환경 및 식품, 신약 분야에서 쓰임새가 다양해지고 있다.

죽여는 대나무의 신선한 줄기에서 외피를 제거하고 녹색을 띤 중간층을 실 또는 얇은 선 모양으로 긁어내 음지에서 건조해서 만든다. 죽여를 딸기, 멜론 등 농작물 재배에 활용하면 싱싱하고 탄력 있는 과실을 얻을 수 있다.

대나무 공예로 만든 현대 생활용품 인기

대나무 공예도 대나무의 독특한 아름다움과 개성을 살려 미래 지향으로 가야 산업이 될 수 있다. 2020년 제39회 전국대나무디자인공예대전에서 대상을 수상한 황미경 씨의 사례는 새로운 가능성을 보여 준다. 황미경 씨는 아버지가 대바구니를 만들던 집안에서 자랐다. 유년 시절부터 학교에 가 있는 시간을 빼고는 아버지 곁에서 일을 도왔다. 광주여상

← 영화 또는 CF 촬영 장소로 인기 있는 최희창 씨의 '담양 대나무숲'(대전면). (사진 제공 담양군)

황미경 씨가 제작한 현대 공예 작품 등갓. (사진 황호택)

으로 봉학을 하면서도 대나무를 놓지 못했다. 결혼을 하고 도회에서 직
장 생활을 시작하고 나서 대나무에서 벗어났다.

자녀들이 사춘기를 벗어났을 무렵 황 씨에게 가벼운 우울증과 빈
둥지 증후군이 찾아왔다. 그녀는 담양 친정에 휴식을 취하러 왔다가 죽
녹원을 찾았다. 대나무 박물관을 구경하고 대통밥을 먹었다. 대나무 박
물관에서 공예품을 감상하며 대공예를 다시 붙잡고 싶은 충동이 일었
다. 광주의 직장에 다니던 남편을 설득해 담양으로 집을 옮겼다. 대나무
계승자로 등록하고 죽제기竹祭器와 브로치 공예를 배우기 시작했다. 대
공예에 몰입하니 잡념도 사라졌다. 황 씨에게 브로치를 가르치던 김연
수 명인은 "당신의 아버지로부터 공예를 배워 그 기술로 평생 먹고살았
다"며 열심히 가르쳐 주었다. 아버지의 제자가 스승이 된 것이다. 황 씨

의 아들도 김 씨에게 브로치를 배우고 있다. 3대에 걸친 인연이다.

황 씨는 전남도립대학교 산업디자인학과를 1년 다니고 가사일로 그만뒀는데 그때 배운 디자인의 실기와 이론이 도움이 됐다. 아버지는 평생 대바구니를 만들었지만 지금 사람들은 그런 바구니를 쓰지 않는다. 그녀는 대바구니 대신에 대나무 등갓을 만들기 시작했다. 황 씨는 "손 기술이 좋고 디자인이 예쁘다"는 평을 듣는다. 대나무박물관 관계자는 "황 씨는 여러 분야를 잘한다. 아주 높은 장인의 수준"이라고 평가했다. 황 씨가 제작한 등갓은 현대적 감각의 디자인이 돋보인다. 2018년 코엑스에서 열린 공예트렌드페어에 전시한 청사초롱등은 인테리어 업계의 관심을 끌었다.

황 씨에게 등갓 주문이 많이 들어온다. 그녀가 만드는 등갓은 무늬의 패턴이 다양하다. 대나무 공예의 전통 패턴을 8개나 재현했다. 그녀는 자료를 수집해 《죽세공예입문》 대뜨기편을 출간했다. 이제는 대바구니편을 쓰려고 발품을 팔고 있다. 아버지 시대에는 대공예가 구전으로 배우는 도제 제도였지만 새로운 세대의 교육을 위해서는 이론화와 텍스

대나무 가공품 산업에 원자재를 공급하는 삼다리 청죽 시장. (사진 황호택)

트가 필요하다. 대학에서 가구 디자인을 전공한 큰아들 임어진(33) 씨는 대나무를 활용한 현대 생활용품과 인테리어 용품을 제작하고 있다.

대나무 산업의 허브를 지향하는 담양군 대나무자원연구소는 2023년부터 농업진흥청, 산림청과 공동 연구를 진행한다. 기후 변화에 대응하는 신소재 산업이 대나무의 미래 비전이다. 담양군의 대나무 뉴딜이 성공하면 세계 어느 나라든 대나무 관련 신소재, 신기술을 공부하기 위해 담양으로 와야 할 판이다.

5부

담양의 뉴트로와
음식 문화

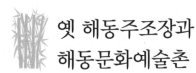

옛 해동주조장과 해동문화예술촌

박물관과 문화예술센터로 변신한 양조장

1960~1980년대 읍이나 면 단위의 중심 지역엔 어김없이 양조장이 한두 개씩 있었다. 양조장에서는 술을 빚어 도매로 넘기기도 하고 주선사를 들고 찾아오는 이들에게 소매로 팔기도 했다. 20세기 우리 일상에서 양조장만큼 삶의 애환이 깃든 공간도 드물 것이다.

우리에게 양조장이 등장한 것은 일제 강점기인 20세기 초였다. 조선 시대에는 집에서 술을 빚었으나 1909년 주세법, 1916년 주세령이 시행되면서 가양주家釀酒가 금지되었다. 모든 술은 허가받은 양조장에서만 생산해야 했고 집에서 술을 빚으면 불법 밀주密酒로 취급당했다. 이런 상황에서 사람들은 양조장을 이용할 수밖에 없었다. 양조장의 등장은 일제 식민지정책의 산물이었지만 우리 일상에서 필수 공간으로 자리 잡았다. 양조장은 그 지역의 상징이 되었고 양조장 집은 그 지역의 유지로 대접받았다.

1980년대 말 무렵부터 막걸리가 밀려나기 시작했고 1990년대 이후 양조장은 사양길로 접어들었다. 하지만 2010년대 이후 막걸리가 다시 인기를 끌면서 양조장에 대한 관심도 커졌다. 막걸리뿐 아니라 수제 맥주, 와인, 전통주까지 양조장이 늘어났다. 양조장을 탐방하고 즐기는 문화

옛 해동주조장 정문을 되살린 해동문화예술촌 입구. (사진 이광표)

옛 해동주조장을 활용한 박물관은 주조장의 역사와 흔적을 보여 준다. (사진 이광표)

도 생겼고 양조장을 문화 공간으로 활용하는 경우도 많아졌다.

담양읍에는 해동주조장이 있었다. 50여 년간 운영되다 2010년 폐업
한 뒤 한동안 방치되었으나 지금은 문화예술 공간 해동문화예술촌으로
다시 태어났다. 해동주조장의 역사는 1950년대 말~1960년대 초로 거슬
러 올라간다. 당시 담양중학교 인근에서 유류 판매업을 하던 조인훈은
선궁소주를 만들어 팔기 시작했다. 소주 판매가 활성화되자 그는 1966년
경부터 양조 시설을 확충했다. 주변의 땅을 매입하고 규모를 키워나갔다.

그런데 일이 생겼다. 그 무렵 소주 중독으로 목숨을 잃는 일이 종종
발생했다. 그러자 단속이 강화되었다. 전라남도 위생 당국은 소주에 함
유된 유해 성분(에탄올)에 대해 점검을 했고 1968년 이 과정에서 선궁소
주가 에탄올 함량 초과로 판매 중지 처분을 받았다. 해동주조는 고민 끝
에 소주를 포기하고 해동막걸리, 해동동동주로 주종을 바꾸었다.

영세한 양조장의 난립을 막고 유통 시스템을 개선하기 위해 정부
는 1973년 규제를 가했고 이로 인해 전국의 막걸리 양조장은 2600여 개

에서 1500여 개로 줄었다. 해동주조장도 양조 시스템을 더욱 체계화해 1974년 공식적으로 사업 등록을 했다. 그 후 해동주조장은 번창했다.

그러나 막걸리 소비가 점차 줄어들었고 2003년 조인훈 대표가 세상을 떠났다. 이후 장남 조영규 대표가 해동주조를 이어받았으나, 여러 어려움 속에 2010년 4월 문을 닫았다. 폐업 이후 해동주조장은 방치되었다. 해동주조장 물품들은 여기저기 팔려나갔다. 담양의 대표적인 산업 시설이자 담양 사람들의 애환이 담겨 있는 공간은 그렇게 문을 닫았다. 해동주조의 역사를 보여 주는 물품들이 적잖이 사라진 것은 아쉬운 일이다.

2016년 담양군은 이 공간에 주목했다. 근대기의 산업 공간, 생활 공간을 되살려 문화 자산으로 활용해야 한다는 인식이 확산되는 시기였다. 해동주조장 건물은 문화체육관광부가 주관하는 폐산업 시설 문화 재생 사업 대상지로 선정되었다. 해동주조장 일대는 2019년 6월 복합 문화 공간인 해동문화예술촌으로 다시 태어났다. 담양군은 해동주조장과 바로 옆에 붙어 있는 교회 건물과 옛 담양의원의 안채 건물을 매입해 문화 공간으로 조성한 것이다.

해동주조장은 2017년부터 보수 및 리모델링에 들어갔다. 안채 한옥, 문간채(초창기 주조장) 기술자 숙소, 주조장(양조장), 차고, 유류고 등을 수리해 문화 공간으로 바꾸었다. 해동주조장의 역사와 흔적 등을 보여 주는 아카이브 공간, 기획 전시를 여는 갤러리, 어린이 문화예술터, 북카페, 식당, 회의실 등으로 이뤄져 있다.

가장 두드러진 곳은 역시 주조장 아카이브. 옛 주조장 건물의 천장 트러스 구조를 노출시킴으로써 근대 건축물의 분위기를 살렸다. 해동주조장의 역사, 주조장의 산업적 문화적 의미와 가치, 막걸리 제조 과정 등을 시각적으로 보여 주는 박물관이라고 할 수 있다. 이곳에서는 사업자

해동주조장의 막걸리를 담
아 자전거에 실어 배달하던
말통. (사진 제공 담양군문
화재단)

등록증과 장부 등의 서류, 선궁소주의 병과 라벨, 해동막걸리 말통(곡식,
액체, 가루 따위를 한 말 분량으로 담을 수 있는 통)과 광고 현수막, 금고 등등 해동
주조장과 관련된 다양한 자료를 전시하고 있다. 막걸리 양조 과정을 보여
주는 공간, 술 익어 가는 과정을 소리와 영상으로 재현한 공간도 있다.

　　아카이브 공간 옆의 안채도 매력적이다. 한옥인 안채는 해동주조장
을 이끌었던 조인훈 일가가 1990년대까지 생활했던 곳. 건물은 1960년
대 조성된 것으로 추정된다. 마당은 널찍하고 정원도 단정하게 조성되어
있다. 연못과 우물과 장독대가 있고 추억의 펌프도 있다. 안채는 남향이
어서 햇볕도 잘 들어와 포근하고 따스한 분위기를 전해 준다. 안채의 일
부 공간은 북카페로 조성했다.

해동주조장의 안채 마당에 지하수를 끌어올리던 펌프가 보인다. (사진 이광표)

해동주조장 안채에 마련된 북카페. (사진 이광표)

해동문화예술촌 아르코공연연습센터 내부. 교회 예배당 건물을 리모델링했다. (사진 이광표)

다시 살아난 담양의 근대 흔적

근대 건축물 분위기가 아니라 새로 지은 유리 건물도 있다. 이곳은 해동
식당 '치도'다. 청년 창업 지원 프로그램의 일환으로, 젊은이들이 운영하
는 멕시코 음식 전문점. 치도는 스페인어로 '매우 좋다'라는 의미다. 식
당에 들어서자 멕시코 음식 특유의 향이 코를 강하게 자극한다. 2층과
옥상에 올라가 보니 해동문화예술촌의 여러 건물이 한눈에 다 들어온
다. 유리 건물이 주변의 근대 건축물과 낯선 조화를 이뤄 묘한 매력을 발
산한다. 이 식당 덕분에 해동문화예술촌을 찾는 이들이 늘었다고 한다.

　　해동주조장 바로 옆에는 아르코공연연습센터가 있다. 옛 교회 예배
당을 매입해 지역 주민들과 예술인들의 활동 공간으로 꾸민 것이다. 이
건물은 예배당이었기에 내부 공간이 높고 널찍하다. 내부에 들어서면 가
장 먼저 눈에 들어오는 게 천장의 목조 트러스. 원래는 막혀 있던 것인데

옛 담양의원 안채의 솟을대문. 편액의 '추자혜'는 백제 시대 담양의 지명. (사진 이광표)

천장을 터 트러스를 노출시켰다. 근대 건축물의 분위기를 살리기 위함이다. 그 트러스 아래 정면 벽에는 '천년 담양' 문구와 심벌마크가 표시되어 있다. 벽의 창들은 담양군 12개 읍면의 심벌마크를 스테인드글라스로 표현해 놓았다. 담양의 역사와 문화에 대한 자부심이 짙게 배어난다.

해동주조장 맞은편에는 옛 담양의원의 안채 건물이 있다. 여기서 가장 눈에 띄는 것은 우람한 솟을대문이다. 원래 위치에서 약간 옆으로 옮겨 해동주조장의 입구와 마주 보도록 했다. 위치를 옮기면서 기단부(받침)를 약간 높여 육중한 분위기를 극대화했다. 대문에는 '추자혜'라는 편액이 걸려 있다. 추자혜秋子兮는 담양의 백제 시대 때 지명. 대문 뒤쪽에는 큼지막한 한옥을 지어 담양군문화재단 사무실로 쓰고 있다. 마당에는 장독대와 연못을 만들고 이런저런 조형미술품을 설치해 놓았다. 양조장 건물과 마주 보고 있는 한옥의 육중한 솟을대문. 그 낯선 만남이 신선한 분위기를 연출하면서 사람들의 눈길을 사로잡는다.

해동문화예술촌을 운영하는 담양군문화재단은 이곳을 '예술로 문화를 빚는 곳'이라고 소개한다. 해동주조장의 아카이브 공간 입구엔 '문화를 빚다'라고 씌어 있다. '빚는다'는 표현은 이곳이 주조장이었음을 강하게 드러낸다. 한 시절, 막걸리를 빚어 담양의 산업을 이끌고 많은 사람의 시름을 달래고 풍류를 북돋운 것처럼 이 시대 담양의 문화예술을 멋지게 빚어내겠다는 뜻이리라. 해동문화예술촌의 김옥향 학예사는 이 공간의 의미와 방향에 대해 이렇게 설명한다. "2010년경부터 담양에서 시각 예술에 대한 관심이 부쩍 커졌습니다. 그러한 분위기가 해동문화예술촌 조성으로 이어진 것이지요. 관람객들을 만나 보니 주조장 아카이브 전시 공간에서 더욱 적극적인 체험을 희망하더라고요. 앞으로 해동주조장과 관련된 자료를 더 수집해 그것을 좀 더 입체적으로 전시하고 양조 체험과 관련된 프로그램을 확대하고 싶습니다." 해동문화예술촌의 출발점인 양조장의 흔적을 제대로 기억할 수 있도록 하는 것이 중요하다는 말이다.

해동문화예술촌은 담양 지역 원도심 활성화 프로젝트의 성공적인 결실 가운데 하나다. 성공 비결에는 여러 이유가 있겠지만 이 공간이 양조장이었다는 사실이 매우 중요하다. 지난 시절 우리네 삶의 흔적이었기에 양조장의 의미는 두드러진다. 해동문화예술촌을 찾는 사람들은 가장 먼저 양조장을 만나고 경험하고 그것을 기억하고자 한다. 그 기억을 통해 담양의 한 시대를 만나고 담양 사람들의 숱한 사연을 만나고 싶어 한다. 그 사연은 다채롭고 드라마틱할 것이다. 해동문화예술촌에서 그런 의미와 스토리를 더욱 적극적이고 입체적으로 제공해 주길 기대한다. 양조장의 힘이다.[*]

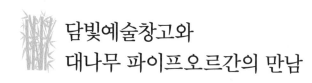

담빛예술창고와
대나무 파이프오르간의 만남

양곡 수매 창고의 실험적 변신

담양 도심의 메타세쿼이아 가로수 길, 객사리 석당간, 남산리 5층 석탑, 이 세 곳에서 한눈에 들어오는 붉은색 창고 건물이 있다. 객사리 관방천 변에 위치한 담빛예술창고. 바로 뒤로 10미터만 가면 관방제림이 쫙 펼쳐진다. 담빛예술창고는 해동문화예술촌과 함께 담양을 대표하는 문화 예술 공간이다. 모두 근대 산업 유산을 되살렸다는 공통점을 지녔다.

담빛예술창고는 2015년 문을 열었다. 이곳에 가면 두 채의 붉은색 창고가 사람을 맞이한다. 붉은 벽돌을 쌓아 올린 단순하고 육중한 건물 두 채는 ㄱ자로 연결되어 있다. 창고 외벽에는 페인트로 큼지막하게 '남송창고南松倉庫'라고 쓰여 있다. 붉은 벽돌 위에 쓰여진 뽀얀 페인트 글씨가 정겹게 다가온다. 영락없는 1970~1980년대풍이다. 그 시대를 건너온 사람들이라면 건물의 외양만 보고도 양곡 창고였음을 어렵지 않게 알아챌 것이다.

이 창고 건물은 1968년 담양 지역에서 수확되는 양곡을 보관할 목적으로 지은 양곡 수매 창고였다. '남송南松'은 이 창고 주인의 아호다. 그때부터 남송창고는 담양의 주요 양곡창고의 하나로 사용되었다. 하지만

2004년 양곡 수매 제도가 폐지되면서 그 기능을 상실한 채 방치되었다. 그렇게 10년 정도 세월이 흘렀고 건물이 너무 아깝다는 얘기가 나오기 시작했다. 유익하게 활용해야 한다는 것이었다.

사람들은 머리를 맞댔다. 시대적 트렌드에 발맞춰 창고를 리모델링해 문화 공간으로 활용하자는 쪽으로 의견이 모아졌다. 담양군이 매입한 건물은 보수와 리모델링을 거쳐 2015년 9월 담빛예술창고로 다시 태어났다. 2020년엔 그 옆에 비슷한 분위기로 건물을 한 채 더 지어 담빛예술창고 2관으로 사용 중이다. 담빛예술창고는 옛 양곡 창고 건물(남송창고) 2개 동과 새로 지은 1개 동으로 되어 있다.

담빛이라는 이름이 이색적이면서도 참 따스하고 아름답다. 담빛은 창고를 문화예술 공간으로 꾸미는 과정에서 공모를 통해 채택한 이름이라고 한다. '담양의 빛'이란 뜻으로, 담양의 분위기에 참 잘 어울린다.

담빛예술창고는 야외 전시 공간, 문예카페(남송창고 1개 동), 갤러리(남송창고 1개 동과 신축 건물)로 꾸며져 있다. 앞쪽 외부의 잔디 마당에는 귀여운 판다 조형물, 자동차 조형물 등을 설치해 놓았다. '천년 담양' 심벌마크가 새겨진 우체통도 보인다. 이 우체통은 시간의 의미를 생각하게 한다. 잔디 마당에는 갤러리 전시에 맞춰 수시로 새로운 미술품을 설치하고 교체하기도 한다.

명품으로 자리 잡은 대나무 파이프오르간

사람들이 가장 즐겨 찾는 공간은 남송창고 건물에 조성한 문예 카페. 차를 마시면서 책도 보고 관방제림도 감상할 수 있다. 양곡 창고 특유의 높은 천장을 노출시켜 트러스 구조를 직접 느껴 볼 수 있도록 했고 육중한 철문을 입구로 활용해 옛 분위기를 잘 보여 준다.

1968년 지은 양독 수매 창고를 달빛예술숲고로 리모델링했다. (사진 이광표)

담빛예술창고의 문예카페와 대나무 파이프오르간. 담빛예술창고에선 매주 주말 오후에 대나무 파이프오르간 공개 연주회가 열린다. (사진 이광표)

문예 카페에서 가장 화제가 되는 것은 단연 대나무 파이프오르간이다. 남송창고 리모델링이 한창이던 2015년 담양에선 담양세계대나무박람회가 열렸다. 이때 박람회를 기념하고 동시에 미래의 문화 자원으로 활용할 수 있는 것을 만들어 보자는 의견이 나왔다. 논의 끝에 대나무 이미지를 살려 대나무 파이프오르간을 만들기로 했다. 필리핀의 파이프오르간 전문업체인 카릴론테크놀로지에 제작을 맡겼다. 700여 개의 대나무가 들어갔고 높이 4미터, 폭 2.6미터. 문예 카페의 한쪽 벽 절반 정도를 꽉 채우는 웅장한 규모다. 국내 유일의 대나무 파이프오르간은 그렇게 탄생했다.

2021년까지는 주말과 평일에 대나무 파이프오르간 공개 연주회를 열었다. 2022년부터 매주 토·일요일 오후 3시로 연주회가 축소됐지만 공연이 열리는 주말이면 점심시간쯤부터 카페를 찾는 사람들이 부쩍 늘어난다. 미리 좋은 자리를 잡으려는 것이다. 위치가 좋은 2층에 자리를 잡는 젊은이들도 있고, 대나무 파이프오르간 바로 앞을 차지하는 가족들도 있다. 공연은 연습 30분 정도, 본 연주 30분 정도로 진행된다. 연주 시간에는 감상에 방해가 되지 않도록 음료 주문도 받지 않는다. 연주곡은 우리에게 익숙한 클래식과 종교 음악이 대부분이고 크리스마스 시즌에는 캐럴을 연주하기도 하고 가끔씩 드라마나 영화 OST도 들려준다. 연주자가 직접 해설을 곁들이는 경우도 있다.

일반 파이프오르간에 비해 대나무 파이프오르간은 더 따뜻하고 아늑한 소리가 난다고 한다. 양곡창고 건물이다 보니 천장이 높다. 그래서 소리의 울림이 공간 내부를 휘감아 도는 듯 더 넉넉하고 더 깊다. 태교에 좋다고 말하는 이도 있고 최고의 힐링이라 말하는 이도 있다. 대나무 파이프오르간 연주를 듣다 보면 성당이나 교회 예배당에 들어온 듯하다. 그 평화롭고 성스러운 분위기가 온몸을 휘감는다.

대나무 파이프오르간 연주는 담빛예술창고의 간판 프로그램으로 자리 잡았다. 주말이면 이 연주를 감상하기 위해 담양과 광주뿐 아니라 전국 곳곳에서 찾아온다. 이에 대해 담빛예술창고의 이명지 큐레이터는

담빛예술창고 2층 카페에서 내려다본 관방제림. (사진 이광표)

"마니아층이 형성되었을 정도로 인기가 높다"고 귀띔한다. 이제 대나무 파이프오르간은 담양에서 만나는 최고의 매력 가운데 하나다.

카페 뒤쪽 벽 일부는 커다란 통유리 공간으로 만들었다. 벽의 일부를 트고 이 부분을 돌출시켜 유리 공간으로 꾸민 것이다. 이곳에선 바깥 관방제림의 노거수와 조각공원을 가까이서 감상할 수 있다. 문을 열고 나가볼 수도 있다. 카페 내부의 일부 공간은 2층으로 꾸몄다. 2층 바에 앉으면 카페 내부가 한눈에 들어온다. 특히 대나무 파이프오르간의 연주 장면을 위에서 내려다볼 수 있어서 주말이면 자리 경쟁이 치열하다. 가로로 길쭉하게 만들어놓은 창을 통해 내려다보는 관방제림 풍경도 일품이 아닐 수 없다.

새로 지은 담빛예술창고 2관의 2층에는 담양의 역사문화와 관방제림에 관한 자료를 전시하는 공간이 있다. '관방제 관방제림'과 '천년 담양 역사보기'다. 이 가운데 특히 '천년 담양' 코너가 눈길을 끈다. 고려 때인 1018년에 새로운 군현제도가 이뤄지면서 담양이라는 지명이 처음 쓰이게 되었다는 설명이 흥미롭다. 그때부터 담양이라는 지명이 1000년

담양 역사전시실에 전시된 송순의 《면앙집》. (사진 이광표)

넘게 면면히 이어져 오고 있는 것이다.

갤러리 공간에서는 부지런히 전시가 열린다. 전시는 담양 지역의 미술가에게만 국한하지 않는다. 담양과 광주뿐 아니라 전국 각지의 작가를 섭외해 전시를 기획한다. 전시 내용은 진취적이고 실험적인 편이다. 일반적인 회화보다는 사진, 영상, 미디어, 설치 등 실험적인 스타일의 작품을 많이 선보인다. 아울러 사회적 메시지를 전달하려는 작품도 적지 않다. 그동안 개최한 기획전의 주제만 보아도 흥미롭다. '듣고 보고 만지는 현대미술전,' '예술, 즐기는 데 정답은 없다,' '미식가들의 만찬,' '창고에서 만나는 팝아트, 아트상품전,' '컨템포러리 아트 인 남도,' '아르−떼 창: 다양성의 합창' 등등.

담빛예술창고의 전시 기획은 자신감이 넘친다. 담양군문화재단의 설명문에는 이런 대목이 나온다.

담양이 큰 도시는 아니지만, 담양에 가야만 볼 수 있는 전시, 국내에서 최초가 되는 전시를 기획하려고 노력 중입니다. 일반 대중이 좋아하는

담빛예술창고의 갤러리. (사진 이광표)

전시나 상업적인 전시보다는 미술사에 기록이 될 만한 전시나 현실에 목
소리를 낼 수 있는 전시를 선보이고자 합니다.

이에 대한 반응은 다양하면서도 긍정적이라고 한다. 이명지 큐레이
터의 이렇게 설명한다. "다소 어려워하는 분들도 있고 참신하다고 하는
분들도 있어요. 호기심을 드러내는 분들도 많습니다. …… 어쨌든 담양
의 브랜드 가치를 높이고 더 많은 미술을 제공해 드리고 싶습니다." 담
양 사람들은 이렇게 담빛예술창고에서 새롭고 젊은 미술과 만나면서 예
술을 경험하고 있다.

담빛예술창고는 도시 재생 차원을 넘어 어느덧 담양 문화의 간판으
로 자리 잡았다. 담양의 대나무 문화, 가사와 누정 문화에 그치지 않고
우리 시대의 싱그러운 문화를 차곡차곡 쌓아가고 있다. 옛것과 요즘 것
의 조화가 그윽하고 향기롭다. 담빛, 그 이름에 잘 어울린다.[19]

창작 공간 '글을낳는집'
아트센터 대담

작가 300여 명 텃밭 가꾸며 글 쓴다

2021년 10월 《그때 여기 있었네, 우리》라는 제목의 책이 나왔다. 책의 부제는 '글을낳는집 10주년 기념 작품집.' 이 책의 맨 앞에 실린 신덕룡 시인의 글 '글을낳는집의 산책길'에는 이런 대목이 나온다.

짐이라고 해야 단출했다. 노트북과 출판사에 넘기기 직전의 원고, 세면도구와 속옷 몇 벌이 전부였다. 작은 배낭 하나로도 넉넉했다. 집을 떠나 한 달 정도 머물 계획을 세울 때, 갈 곳은 이미 정해졌다. 평소에 가깝게 마음을 나누던 김규성 시인이 운영하는 담양의 '글을낳는집'이었다. 가끔 들를 때마다 눈앞에 펼쳐진 넓은 들과 집 뒤로 울창하게 들어찬 송림, 그리고 졸졸거리며 흘러내리는 계곡 물소리가 눈과 귀를 사로잡던 곳이었다. 담양이라고는 하지만 읍내는 물론 마을과도 멀리 떨어져 산속에 있었다. 내게 주어진 집필실은 구석방이었다. …… 노트북을 연결하고 책상 앞에 앉으니 유리창 밖은 온통 푸른 들판이었다. 7월의 햇살 아래, 짙은 녹색으로 물든 벼 포기를 밟으며 바람이 지나가는 게 보였다.

천혜의 무공해 지역에 있는 글을낳는집 전경. (사진 이광표)

글을낳는집은 담양군 대덕면 용대리에 위치한 레지던시 문학 공간이다. 시인 소설가 등 작가들이 입주해 일정 기간 묵으며 창작에 용맹정진하는 곳. 글을낳는집은 2010년 문을 열었다. 전남 영광 출신의 김규성 시인은 담양에서 무언가 새로운 변화를 추구하고 싶던 차에 이 창작 공간을 열었다.

작가들은 대개 1~3개월 정도, 길게는 5, 6개월 이곳에 묵으면서 글을 쓴다. 작가들의 공간은 모두 7개. 그동안 이곳을 거쳐 간 작가들은 12년 동안 300여 명에 달한다. 그들 가운데 67명이 이곳을 기억하는 글을 한데 묶은 책이 바로《그때 여기 있었네, 우리》다.

글을낳는집은 담양 읍내에서 승용차로 30분 이상 걸린다. 만덕산과 연산 사이의 골짜기를 지나면 왼편으로 꾀꼬리봉 자락이 나온다. 2차로 길가엔 자그마하게 '글을낳는집' 표지판이 서 있고 그걸 따라 들판 사이로 200여 미터 들어가면 소박한 가옥 너덧 채가 줄지어 있다. 그 외 주변에 인가人家는 하나도 보이지 않는다. 누군가의 말대로, 천혜의 무공해 청

따사로운 햇볕을 받는 장독에서 된장, 고추장, 간장이 익어 가고 있다. (사진 이광표)

정 지역에 터를 잡은 셈이다.

글을낳는집 홈페이지 소개문이 이색적이다.

사방 500미터 내에는 도로(진입로 외)와 인가가 없는 한적한 공간에 울
창한 적송 숲, 그리고 굽이굽이 작은 소쇄원을 연상케 하는 계곡으로 어
우러진 …… 지하 140미터 석간약수가 사철 마르지 않고 샘솟습니다. 싱
싱한 반찬거리를 손수 가꾸는 텃밭 300평이 있습니다. …… 약제사와 전
통 요리전문가가 건강 영양 식단을 차립니다. …… 장작불로 지피는 벽난
로와 세라믹 황토찜질방이 있습니다.

3월 초 글을낳는집을 찾았을 때, 분위기는 적요로움 그 자체였다.
두 마리 개가 열심히 짖었고, 두 마리 고양이는 다가와 배를 깔고 졸음
을 청했다. 가장 인상적인 풍경은 마당을 가득 채운 수많은 장독. 그 속
에서 된장 고추장 간장이 익어 가고 있었다. 장독 사이사이로는 백합이

글을낳는집에서 집필 중인 홍종의 동화작가. (사진 이광표)

자란다. 지금은 꽃을 볼 수 없지만 5~6월 백합꽃이 피면 뽀얀 백합과 흑갈색 장독들이 어우러져 매력적인 풍경을 연출할 것이다. 건물 뒤쪽 꾀꼬리봉엔 소나무들이 병풍처럼 펼쳐져 있다.

어느 작가는 방에서 열심히 글을 쓰고 있었고, 어느 작가는 나들이 채비를 하고 있었다. 어느 작가는 바람 쐬러 나갔다고 김 시인이 귀띔해 주었다.

홍종의 동화작가는 집필에 여념이 없었다. 그는 왕성하게 창작 활동을 하는 동화작가다. "여기 온 지 며칠 안 됐지만 그사이 원고지 250장 짜리 동화를 마무리했습니다. 고창 고인돌과 관련된 스토리인데 내용도 만족스럽고, 오늘내일 출판사에 넘길 예정입니다. 집중이 잘되고 글이 너무 잘 써지는데요. 그리고 좋은 게 하나 더 있습니다. 제가 물에 좀 민감한데 여기는 물이 아주 좋습니다. 건강에 좋은 것 같아요." 이렇게 설명하는 그의 얼굴은 상기되었고 의욕으로 충만해 있었다. 저것이 문학의 열정이구나라는 생각이 절로 들었다.

이곳엔 텃밭도 있다. 김 시인 부부와 입주 작가들이 함께 텃밭을 일

군다. 그것으로 찬거리도 삼고 김장도 담근다. 김 시인은 "이곳은 문학도 챙기고 건강도 챙기는 곳입니다. 여기 있는 동안 건강이 좋아져 돌아가는 분들도 적지 않습니다"라고 자랑한다.

김 시인은 입주 작가들과 함께 한 달에 한 번 정도 담양 지역 문화 유적 답사 겸 여행을 한다. 가사 문학의 흔적도 만나고 담양의 풍광도 함께 즐기면서 문학적 상상력을 자극하려는 것이다. 또한 담양 사람들을 위한 재능 기부도 한다. 담양 지역의 학교나 교육 현장을 찾아가 문학에 관한 특강도 하고 프로그램도 진행한다. 코로나19로 인해 중단되었지만 코로나가 물러가면 곧바로 재개할 것이라고 한다. 레지던시 문학 공간의 운영 방식을 견학하기 위해 여러 문학 단체 관계자들이나 담양 지역의 교사, 청소년들도 찾아온다.

글을낳는집을 거쳐 간 작가들은 이곳을 그리워한다. 입주 작가들은 이미 2013년에도 그리움을 담아《길 위의 안부를 묻다》를 출간했다.《그때 여기 있었네, 우리》에 들어 있는 김상미 시인의 글이 인상적이다.

글을낳는집에 갔어요. 그 집엔 온갖 그리운 소리들이 다 모여 있어요. 바람 소리 빗소리 새소리 나뭇잎 속살거리는 소리 물소리 숲 소리 구름 흐르는 소리 달빛 소리 해지고 해 뜨는 소리…… 가만히 누워 있으면 옆방에서 책 넘기는 소리 글 쓰는 소리 적막 사이사이로 개 짖는 소리…… 나무와 나무 풀과 풀 사이 밤새 거미줄 짜는 소리 크고 작은 항아리에서 간장 된장 고추장 익는 소리 …… 지금도 들려요. 그 집 앞 서성이는 내 발자국 소리 사각사각 내 펜이 원고지 위를 걷고 탁 타닥 내 손이 키보드를 두드리며 글을 낳는 소리……

조용하지만 치열하게 문학을 불태우는 곳. 김 시인은 이렇게 말한다. "봄이 되면 초록이 조금씩 조금씩 밀려옵니다. 그러다 어느 순간 천지가 초록이지요."

전시와 창작의 복합문화공간 대담미술관

담양 읍내 국수 거리의 관방천 맞은편에는 매력적인 미술 공간이 있다. 2010년 개관한 아트센터 대담. 이곳은 전시와 창작 중심의 복합문화공간으로 대담미술관과 카페, 야외 공간, 게스트하우스, 체험 공간, 박물관 등으로 구성되어 있다.

이곳은 구석구석 꼼꼼히 살펴보는 것이 좋다. 대담미술관은 전시 공간으로, 2022년 1월까지 레지던시 작가들이 참여한 '담양을 말하다' 전시가 열렸다. 야외 마당은 화려하지는 않지만 몇 개의 설치미술이 잘 어우러지면서 분위기를 운치 있게 만들어 준다. 건물과 야외 정원 뒤쪽으로는 게스트하우스가 있다. 게스트하우스는 숙박을 원하는 관람객들이나 대담미술관 레지던시 작가들의 숙소로 활용한다. 감나무집, 은행나무집으로 이름 붙였는데 그 이름이 정겹다.

다양한 미술 체험과 교육 프로그램이 진행되는 아트 컨테이너도 있다. 컨테이너 창고는 여러 개를 기하학적으로 조립해 입체감을 살렸다. 야외 마당 곳곳엔 물길이 많다. 건물 입구에도 있고, 박물관 앞에도 있다. 카페의 통유리창 밖 야외에도 길쭉한 석조石槽가 있다. 이 밖에도 곳곳에 물길을 만들어 놓았다.

아트 컨테이너 바로 옆에는 '나야나교육박물관'이 있다. 작은 공간이어서 눈에 잘 띄지 않는다. 전시 유물이 많지는 않지만 오래된 타자기 20여 대가 눈길을 끈다. 레밍턴 랜드, 레밍턴 포터블, 언더우드. 현대적

아트센터 대담의 야외 마당. (사진 이광표)

아트센터 대담 교육박물
관에 전시 중인 언더우
드 타자기. 소설가 헤밍
웨이가 썼던 타자기와 같
은 기종이라고 한다. (사
진 이광표)

아트센터 대담과 국수 거리를 이어주는 관방천 징검다리. (사진 이광표)

분위기의 미술관에서 순식간에 50~100년 전으로 여행을 떠날 수 있는 기회를 세공한다. "헤밍웨이도 언더우드 타자기를 사용했다"는 설명이 흥미롭다. 예상치 못한, 신선한 경험이다.

이곳은 어느덧 담양을 대표하는 문화 공간으로 자리 잡았다. 지역 주민들에게 미술 경험 기회를 제공하고, 레지던시 프로그램을 통해서 지역 작가 창작열을 고취하고 있기 때문이다. 그래서일까. 바로 옆 향교 마을의 골목에선 주민들이 참여한 벽화 미술들을 만날 수 있다.

아트센터 대담의 바로 앞 관방천에는 징검다리가 놓여 있다. 징검다리를 건너면 국수 거리다. 가족들, 연인들이 징검다리를 건너 아트센터 대담과 국수 거리를 오간다. 쫙 펼쳐진 징검다리 모습도 좋고 아트센터 대담에서 바라보는 국수 거리 풍경도 좋다.[約]

골목길의 아련한 추억과
아기자기한 매력

다양한 삶의 흔적, 담빛길과 다미담예술구

담양의 관방천변에 국수 거리가 있다. 이곳에선 예로부터 담양 5일장과 죽물시장이 열렸고 이 덕분에 50여 년 전부터 자연스레 국수 거리가 형성되었다. 죽세품 사용이 급감하면서 담양 죽물시장의 명성은 사라졌지만 국수 거리의 명성은 지금도 여전하다. 국수 거리부터 담양의 원도심이 시작된다. 원도심이 대개 그러하듯 담양의 국수 거리 주변 곳곳엔 다양한 삶의 흔적들이 남아 있다. 정겹고 따뜻하고 그러면서도 무언가 쓸쓸한, 그래서 아련한 추억과 묘한 매력을 불러일으키는 곳.

국수 거리 인근 골목에 가면 그 매력을 흠뻑 느낄 수 있다. 국수 거리가 관방천변을 따라 형성되었으니 국수 거리 인근 골목도 관방천을 따라 쭉 이어진다. 담양의 오랜 내력이 축적된 골목은 크게 두 개의 블록으로 나뉜다. 담양읍 객사리에 있는 골목은 담빛길이라 부르고, 담주리에 있는 골목은 다미담예술구라 부른다. 2016년부터 원도심原都心 문화 재생 프로젝트가 시작되었고 그 덕분에 새롭고 젊은 분위기가 어우러지고 있다. 요즘 부각되는 뉴트로(New + Retro) 분위기인 셈이다.

담빛길은 국수 골목에서 곧바로 이어진다. 담빛길에 들어서면 골목

담양 국수 거리 인근의 담빛길. 담빛골목창작소라는 안내 문구가 인상적이다. (사진 이광표)

길 풍경이 아기자기하게 펼쳐진다. 예쁜 간판들이 스쳐 지나간다. 담빛
작은도서관, 담빛공예관: 전남무형문화재 낙죽장 이형진연구소, 담빛커
피 인문학북스, 가현정북스, 담빛골목갤러리, 담빛골목창작소, 담빛라
디오스타, 마실나온 고양이&라떼 하우스······. 길을 걷다 보면 잠시 멈
춰 기웃거리고 사진 찍고, 이 골목 저 골목 샛길로 빠져보고 거기서 예상
치 못한 발견을 하게 된다. 골목길의 진정한 매력이 아닐까.

　담장에 크게 씌어 있는 담빛골목창작소라는 문구를 따라 무언가에
이끌리듯, 조심조심 그러면서도 설레는 마음으로 한 발 한 발 골목길 깊
숙이 발을 들여놓으니 '이목구심서'라는 서점이 나온다. 향토사 전문 서
점이다. 《이목구심서耳目口心書》는 18세기 실학자 이덕무李德懋(1741~1793)가
쓴 수필집. 서점의 이름뿐 아니라 간판과 입구 디자인부터 범상치 않다.

　담빛골목창작소 간판의 맞은편엔 가현정북스가 있다. 담양으로 귀

담양 향토사 전문 서점 이목구심서. (사진 이광표)

농한 농부 작가 가현정 씨가 운영하는 동네 책방이다. 책방은 단출하고 소박하다. "어려서부터 책방 주인이 꿈이었다"는 가 씨는 이 책방에서 자신의 저서(《가현정 작가의 귀농 이야기》,《명옥헌에 올라 도덕경을 읽다》 등)와 귀농 관련 서적, 그림책 등을 판매하고 북토크와 글쓰기 같은 프로그램도 진행한다. 바로 옆 별도 가게에서는 감, 딸기, 옥수수, 호박 등 그가 직접 재배한 농산물을 판매한다. 그는 담양의 대표적인 원림 가운데 하나인 명옥헌에서 명사들을 초청해 강의를 듣는 '가현정 작가의 명옥헌 초대석'을 진행하기도 한다. 그는 이렇게 담양 사람이 되어 담양 문화의 한 축을 담당하고 있다.

담빛길에서 눈길을 끄는 또 다른 공간은 '담빛라디오스타스튜디오'다. 2018년 문을 연 담양 지역 주민 라디오 방송국이다. 그러나 아쉽게도 2021년 문을 닫았다. 공간은 그대로 남아 있지만 운영을 종료한 것이다.

담양의 지역 주민 방송인 담빛라디오스타스튜디오 모습. (사진 이광표)

그동안엔 매주 토요일 오후 2시간씩 이 스튜디오에서 생방송을 했다. 주
민들이나 어행객들은 스튜디오 유리창을 통해 내부에서 진행되는 방송
모습을 직접 들여다볼 수 있었다. 스튜디오 앞에 마련한 담빛쉼터에서
사연도 보내고 듣고 싶은 음악도 신청했다. 카카오톡 오픈채팅도 가능했
고 유튜브를 통해 실시간으로 볼 수도 있었다. 직접 보면서 들을 수 있는
담양의 '보이는 라디오'였다.

　　그런데 지금은 들을 수 없다. 담양 사람이든 담양을 찾아온 여행객
이든 새로운 경험이자 좋은 추억이었을 텐데, 3년 만에 종료되었다니 아
쉽기만 하다. 담양군문화재단의 신민영 주임은 "2021년 계약과 건물 임
대가 종료되었고 현재 라디오 방송 계획은 없다"고 했다. 그렇다면 저 간
판은 사라질 것이다. 그 자리에 더 매력적인 공간이 들어설 수도 있지만
그렇지 않을 수도 있다. 이에 대해 담양 지역 사회에서의 객관적인 평가

다미담예술구 골목 풍경. (사진 이광표)

가 있겠지만, 3년짜리 기획보다는 좀 더 장기적이고 지속적인 기획이 필요하지 않을까. 이곳이 더 멋진 공간으로 부활하길 기대해 본다.

　또 다른 골목인 다미담예술구는 쓰담길, 근대 문화 거리라고 부르기도 한다. 이 골목길은 담빛길과 분위기가 좀 다르다. 옛 건물을 리모델링하고 일부 건물을 신축해 근대 분위기로 꾸며 청년 상인과 문화예술 활동가들에게 제공했다. 이 골목을 걷다 보면 신축 건물의 기둥에 붙어 있는 동판鋼板이 눈에 띈다. '창평면사무소: 1962년 촬영된 담양군 창평면사무소 디자인 반영,' '금성면사무소: 1951년 촬영된 담양군 금성면사무소 디자인 반영,' '대동의원: 1952년 기록된 동산의원의 전신인 전 대동의원 디자인 반영,' '담양군농업협동조합: 1914년 11월 26일 설립 당시 담양지방금융조합 건물 디자인 반영'……. 담양 지역에 있던 근대 건축물의 사진을 토대로 그와 비슷한 분위기로 건물을 지어 담양의 근대 분

다미담예술구에 있는 찻집 일화오엽의 내부. (사진 이광표)

위기를 되살리고자 했음을 알 수 있다.

　　나미담예술구는 예술과 차茶와 낭만이 있는 거리를 지향한다. 이곳에서는 그동안 이런저런 행사가 열렸다. 2021년 9월 열린 '다미담에서 나를 만나다'는 전남 지역의 차 문화와 예술이 만나는 자리였다. 담양의 죽로차를 필두로 장흥, 강진, 보성, 화순 등지의 전통차와 전시, 공연, 도깨비장터가 어우러졌다. 2021년엔 지역 미술가들이 참여하는 직거래 미술장터가 열렸다. 젊은 작가들에게 작품 판매의 기회를 제공하고 미술 애호가들이 부담 없이 작품을 소장할 수 있는 기회를 제공하려는 취지였다. 다미담예술구는 이렇게 젊음과 예술, 화합과 공유를 추구하고 있다.

예술과 낭만의 거리

골목길에서 카페가 빠질 수 없다. 가장 대표적인 곳은 '다미담갤러리&

308

복합 문화 공간 정미다방. 1959년 지어진 건물을 리모델링한 것이다. (사진 이광표)

카페.' 담양군이 직접 운영하는 이 카페에서는 수시로 전시가 열린다. 천장에는 대나무를 이용한 조명이 달려 있고 한쪽 편의 유리문을 열고 나가면 꽃과 나무와 장독이 사람을 반긴다.

찻집 일화오엽一花五葉도 매력적이다. 이곳은 청년 창업 프로젝트의 일환으로 2021년 문을 연 전통차 전문점. 입구에선 "오늘 밀크티 00잔 남았습니다"라는 안내 문구가 찾는 이의 호기심을 자극한다. 문을 열고 들어가니 초록색 톤의 인테리어가 눈에 확 들어온다. 테이블 서넛, 바에 놓인 의자 서넛. 자그마한 공간이지만 아늑하고 품격이 있다. 일화오엽의 최신 대표는 주문한 차를 정성껏 내어준다. 문화인류학 전공자답게 최 대표는 죽로차의 맛과 의미에 대해 막힘없이 설명한다. 국수 거리 골목에 대한 자부심도 대단했다. "바로 앞에는 담양에서 가장 오래된 담양슈퍼도 있고, 농부 작가의 책방도 있고 철물점도 있지요……."

다미담예술구 인근 천변리엔 복합 문화 공간인 정미다방이 있다. 이곳은 원래 1959년 문을 연 천변정미소였다. 담양 사람들이 즐겨 찾던 정미소였으나 2000년대 들어 폐업한 이후 오랫동안 방치됐다가 2019년 담양군이 매입해 주민들을 위한 문화 공간으로 꾸몄다. 정미다방은 주민을 위한 커뮤니티 공간이자 방문객들의 쉼터 역할을 하고 있다. 오래된 천변정미소 간판과 새로 붙인 천변리 정미소 간판이 대조를 이뤄 보는 이를 즐겁게 한다. 옛날 간판에 적혀 있는 '전화 2286'이 세월의 흐름을 극명하게 보여 주는 것 같다.

그러나 아쉽게도 코로나19 등의 여파로 행사가 열리지 않을 경우엔 문이 닫혀 있는 공간들이 보인다. 현재 다미담예술구 골목 한편에서는 '루프탑 가든형 담양 시장 재건축' 공사가 한창이다. 상설 시장과 5일장이 이곳으로 들어오고 다양한 문화 공간이 마련된다. 2022년 안으로 공사가 마무리되면 이 공간은 다미담예술구로 곧바로 연결되어 담양 사람들과 여행객들에게 생동감 넘치는 동선을 제공할 것이다. 특히 관방천의 풍광과 어우러지면서 이 일대는 더 붐빌 것으로 기대된다. 그럼, 담빛길과 다미담예술구에도 더 많은 상시 프로그램들이 정착될 것이며 담양의 스토리도 더더욱 풍요로워질 것이다.[*]

맛 들이면 살림이 기우는
담양 10미 1

낮에는 담양 10경, 밤에는 담양 10미

호남의 천석꾼 살림을 기울게 하는 요리가 두 가지 있다고 전해진다. 첫째가 토하土蝦(민물새우) 눈알젓이다. 토하도 작은데 그 눈알로 젓을 담자면 성인 두 명이 하루 종일 잡아도 한 종지를 채우기 어렵다. 두 번째는 굴비 껍질 쌈이다. 굴비도 비싼데 굴비 한 마리에서 좌우 껍질을 벗기면 딱 두 장 나온다. 그래서 이 맛에 빠져들면 천석꾼 살림이 기운다는 것이다. 아마 말쟁이들이 만들어 낸 말이리라.

담양은 예로부터 음식 관광을 하러 찾아오는 외지 사람들이 많았다. 요즘에는 죽녹원, 삼지내 등 슬로시티에서 눈과 입을 호사시키는 미식 관광이 붐을 이룬다. 식도락 관광 분위기를 끌어올리기 위해 담양군은 웰빙 관광객을 위한 '담양 10경景'에 이어 '담양 10미味'를 선정했다.

담양 10경은 가마골 용소, 추월산, 금성산성, 병풍산, 삼인산, 메타세쿼이아 가로수 길, 죽녹원, 용흥사 계곡, 관방제림, 일동삼승지一洞三勝地(소쇄원, 식영정, 한벽당). 일동삼승지는 한 마을에 경치가 뛰어난 곳이 셋이나 있다는 뜻이다.

담양군이 설문 조사를 통해 선정한 담양 10미는 한우떡갈비, 대통밥, 죽순요리, 돼지숯불갈비, 국수, 창평국밥·암뽕순대, 한우생고기, 메기찜·탕, 한과·쌀엿, 담양한정식이다.

손으로 빚는 고재구 전통쌀엿

군것질거리가 지금처럼 흔하지 않던 시절 지게나 리어카에 엿판을 실은 엿장수의 가위 소리는 어딜 가나 어린이들의 환영을 받았다. 조선 시대 유천마을에서는 설날이면 집집마다 엿을 만들어 먹었다. 뿌리깊은나무가 발간한 《한국의 발견: 한반도와 한국 사람》 전라남도 담양군 편에는 "다른 지방에서는 옥수수, 고구마를 써서 엿을 만들지만 창평에서는 순전히 쌀로만 빚는다"고 창평 쌀엿을 소개한다. 그만큼 담양 창평에 쌀이 풍부했다는 이야기다. 지금은 창평에서 쌀엿을 만드는 농가가 10여 가구 있다. 그중에서도 고재구 전통 쌀엿은 옛날부터 전해 내려오는 수작업으로 엿을 제조한다.

고강석, 환석 형제의 할머니가 만든 엿은 맛이 좋다고 근동에 소문이 나면서 명절이나 혼례를 앞둔 집에서 주문을 받아 엿을 빚었다. 쌀 한

장작불로 식혜를 달이며 국자로 휘저어 갱엿을 만든다. 모두 수작업으로 한다. (사진 제공 고재구 전통쌀엿)

말을 받아 반 말로 엿을 만들어주고 나면 반 말은 공임이었다. 아버지 때까지도 그런 식으로 주문 생산을 했다. 그러던 어느 날 형 강석이 동생 환석을 불러서 엿을 사업화하자는 제안을 했고 동생도 선뜻 동의했다. 상호에 아버지의 함자를 붙였다.

고재구 전통쌀엿에 들어가는 쌀, 엿기름, 생강, 참깨는 모두 국산이다. 생강은 알싸한 맛, 참깨는 고소한 맛을 낸다. 가마솥에 멥쌀을 넣고 1시간 반 불을 때 고두밥을 지어 끓는 물과 엿기름을 부어 10시간가량 두면 식혜가 된다. 식혜에서 찌꺼기를 분리한 후 3시간가량 저으며 농축시키면 조청이 된다. 조청을 주걱으로 저으며 은은한 불을 30분 정도 유지하면 갱엿이 만들어진다. 쌀 50킬로그램을 가마솥에 넣고 밤잠을 자지 않고 12시간가량 불 때고 저으면 갱엿 36킬로그램이 나온다.

된장색의 갱엿을 잡아 늘이면 마찰이 일어나 연한 노란색으로 변한다. 이렇게 만들어진 엿 뭉텅이에 수증기를 쐬며 두 형제가 접었다가 잡아당기는 과정을 반복하면 엿에 공기층이 생기면서 바삭하고 알싸달콤한 쌀엿이 만들어진다. 엿을 잡아 늘이는 것을 '쌔긴다'고 하는데 짜장

고재구 전통쌀엿의 두 형제가 엿을 늘였다 접으며 바람을 넣는 쌔기기를 하고 있다. (사진 제공 담양군)

면 가닥 늘이는 방법과 비슷하지만 수증기를 쐬어 굵은 가닥에 공기를 집어넣는 것이 다르다.

옛날에는 질화로 위에 석쇠를 걸치고 그 위에 물에 적신 삼베 수건을 얹어서 수증기를 발생시켜 엿에 '바람 넣기'를 했다. 그러나 숯불 옆에서 오래 작업을 하면 일산화탄소를 많이 마셔 머리가 아프다. 그래서 지금은 부탄가스 위에 물 끓이는 냄비를 올려놓고 수증기를 발생시킨다.

뿌리깊은나무의 《한국의 발견: 한반도와 한국 사람》은 창평의 엿과 관련해 재미있는 풍속도를 소개한다.

> 옛날부터 쌀로 빚음으로써 그 맛을 떨쳐 왔던 창평 엿이 지금은 바로 그 이유 때문에 점차로 사람의 기억 속에서 사라져 간다. 나라에서 절미節米 운동을 벌이면서 쌀을 가지고 술이나 엿을 빚는 것을 법으로 막았기 때문이다. 그래서 창평 엿 맛을 못 잊어 하는 큰부자가 돈을 많이 주면서 볶아댈 때나 명절 같은 때가 아니면 이곳 사람들은 좀처럼 엿을 빚으려 하지 않는다. 문을 잠그고 몰래 빚어야 할뿐더러 자칫하면 단속에 걸려 벌금을 물기 일쑤인 고역을 치르고 싶지 않기 때문이다.

전통 쌀엿은 덥고 습하면 물기가 생기고 달라붙어 여름에는 만들지 못한다. 겨울에 만들어 저온 창고에 넣고 연중 판매한다. 수작업으로 만든 엿을 인터넷으로 판매한다. 고재구 쌀엿은 전통 방식을 지키는 데 자부심을 갖고 있다. 대신 몸이 고생이다. 설탕은 한 숟갈도 안 쓰는 엿인데도 달다. 엿과 엿 사이에는 콩가루를 뿌려 달라붙지 않게 한다. 콩값이 비쌀 때는 쌀가루를 뿌린다.

유천마을은 임진왜란 때 삼부자가 의병으로 나가 순절한 고경명, 고인후 장군 후손들의 집성촌集姓村이다. 고강석, 환석 형제도 학봉 고인후 장군의 14대손이다. 고 씨 형제는 8마지기 논에 쌀농사를 유기농법으로 지어 엿 재료로 사용한다. 참깨도 유기농 참깨만 쓴다. 최근에는 일본에서도 주문이 들어온다. 한정 생산을 하니 엿은 없어서 못 판다.

조청과 도라지청도 만든다. 고재구 전통쌀엿의 판매 전시장으로 쓰는 한옥은 7칸 팔작지붕으로 고래등 같은 기와집이다. 엿의 자존심을 과시하는 한옥이다.

한과업체 1위, 담양한과명진식품

다른 고장에서는 쌀로 지은 밥도 귀하던 시절에 평야가 넓은 담양에서는 명절이나 잔치 때 쌀로 과자를 빚었다. 담양에는 창평 고씨, 문화 유씨, 장전 이씨 등 양반이 사는 집성촌이 많다. 담양한과명진식품 박순애 대표가 시집을 왔을 때 명절이나 제사 혼례 때는 유과, 쌀강정, 깨강정, 약과를 기본으로 해 먹었다. 박 씨도 시집(문화 유씨)에서 자연스럽게 한과 만드는 법을 익혔다.

행세깨나 하는 집에서는 결혼식 때 폐백과 이바지에 꼭 한과가 들어갔다. 담양군에서 1997년 한과를 처음으로 상품화한 것이 박 대표다. 한창 잘 나갈 때는 롯데, 신세계, 현대백화점의 전국 매장을 석권했다. 한 해 100억 원 매출을 올리며 국내 80여 개 한과업체 중 1위를 지켰다. 창평의 문화 유씨가 한과로 성공했다는 소문이 나자 창평에 한과업체들이 모여들었다. 담양군에만 담양한과명진식품, 호정가, 담양안복자한과 등 한과 업체가 다섯 개나 된다.

박순애 대표는 2008년 전통식품 명인 33호로 지정을 받았다. 콩강정을 만들 때는 콩을 씻어 불린 다음 영하 20℃에서 12시간 정도 얼린

담양한과명진식품 박순
애 대표가 한과에 대해
설명을 하고 있다. (사진
황호택)

담양한과의 체험관을 겸한 하녹카페. (사진 황호택)

다. 얼린 콩을 가마솥에서 볶고 바삭바삭하게 건조시켜 조청과 꿀, 생강 가루를 섞어 버무린다. 얼렸다 튀겨서 만든 강정은 딱딱하지 않아 어린 이와 노인들의 간식으로 인기다. 요즘은 단맛을 싫어하는 분위기라 조청을 만들 때 건고추를 넣는다. 조청의 단맛을 고추의 매운맛으로 중화하는 레시피다.

담양한과명진식품은 영양바와 꿀건빵의 원조다. 크랜베리, 아몬드, 검정깨, 흰깨, 잣, 호두, 해바라기씨, 호박씨 등 8가지를 넣어 만든 영양바는 효자 상품이다. 그런데 다른 업체들이 곧 짝퉁을 만들어 따라왔다. 코로나 불황으로 구조 조정을 하면서 공장 바로 앞에 있는 한과 체험관을 카페로 임대 내줬다. 하녹카페의 한옥 마루에 올라서면 월봉산이 한눈에 들어온다. 마당이 넓어 반려동물을 동반할 수 있는 카페로 소문이 났다. 하녹에서 커피와 함께 담양한과를 파니 체험관을 겸하는 셈이다.

원조가 분명한 한상근대통밥

한상근대통밥집에서는 떡갈비 돼지갈비를 곁들인 대통밥 정식 1인분에 2만 8000원을 받는다. 떡갈비와 돼지갈비, 죽순 밑반찬에 토하젓이 나오니 가성비가 높다. 대통밥을 한 술 떠서 토하젓을 얹어 먹으면 세상에 부러울 것이 없다.

대통밥은 담양을 대표하는 음식이 되었지만 실제 등장한 지는 1999년으로 역사가 길지 않다. 서울의 장충동 족발집, 신당동 떡볶이집, 마포 소금구이집, 포천 이동갈비집, 속초 순두부집 등 유명 식당가마다 원조가 너무 많아 어느 집이 진짜 원조인지 헷갈린다. 그러나 담양에서 대통밥의 원조가 '한상근대통밥집'이라는 데 이의를 제기하는 사람은 없다.

한상근대통밥집의 상차림. (사진 제공 한상근대통밥집)

대통밥에 도하젓을 살짝 얹으면 궁합이 잘 맞는다. (사진 제공 한상근대통밥집)

한상근 씨는 원래 죽제품을 만들었으나 플라스틱과 중국산에 밀려 경쟁력을 잃어 가자 고민에 싸였다. 1977년 용흥사 계곡에서 식당을 하던 아내가 "죽통밥을 해 보자"는 아이디어를 냈다. 밥이 너무 질거나 삼층밥이 될 때가 많았지만 2년 동안 실험을 통해 극복했다.

대통밥은 대통에 멥쌀, 흑미, 조, 기장, 수수 등 오곡을 넣고 큰 압력밥솥에 넣어 1시간가량 찐다. 물 조절이 중요하다. 대통밥은 밥을 찌는 과정에서 대도 함께 찌어지니 대나무 기름인 죽력竹瀝 성분이 밥에 스며들어 향과 식감이 좋고 영양도 풍부하다.

한상근대통밥집은 자기 소유의 대밭에서 3년생 대나무를 아침에 잘라 쓴다. 미리 잘라 놓으면 수분이 말라 버리기 때문이다. 맹종죽 한 그루에서 얻을 수 있는 대통은 8개 정도다. 대밭에서 죽순이 나올 때 대통으로 쓸 대를 미리 가려낸다. 좋은 대통 감이 안 되는 죽순은 무침 장아찌 피클을 만든다.

노부부의 정성 아침 밥상, 목화식당

담양군 홈페이지에서 '아침 식사 가능 음식점'을 클릭하면 식당이 스무 개 가까이 뜨지만 가장 유명한 곳이 목화식당이다. 관광객들의 입소문과 눈, 블로그 등을 통해 전국에 알려졌다. 노부부가 운영하는 식당의 상차림은 항상 제철 음식이어서 집밥을 먹는 기분이 든다. 가정식 백반을 전문으로 하기 때문에 식재료가 신선해야 한다. 아침과 점심만 판다. 노부부는 점심을 끝내면 식당 문을 닫고 다음 날 필요한 식료품을 사러 장에 간다.

부인은 목화스낵이라는 경양식집을 차려 운영하다가 남편이 객지에서 아침 식사 때문에 힘들어하는 것을 보고 백반 전문 식당을 차렸다.

담양의 아침 식사 명소 목화식당. (사진 황호택)

그로부터 27년이 돼 간다. 부부는 팔순을 바라보는 나이다. 아들이 "힘
드니 식당 그만하시라"는 말을 하지만 목화식당이 문을 닫으면 담양을
찾은 손님들이 "그 영감 죽었구먼"이라고 할까 봐 문을 계속 열고 있다
고 한다. 새벽 4시에 식당에 나와서 7시 반에 문을 연다. 식당 일을 하는
게 노부부가 건강을 유지하는 비결이다. 김, 달래, 죽순무침, 황태국, 고
추멸치조림, 풀치(새끼 갈치), 작은 굴비, 도토리묵 등이 국과 반찬으로 나
온다. 8000원짜리 식사에 반찬이 12가지나 됐다. 반찬을 남기는 손님이
거의 없다.澤

대를 물려 내려오는 레시피
담양 10미 2

연동사의 곡차 추성주

〈세종실록지리지〉에는 고려 시대 연동사에서 살쾡이가 훔쳐 먹던 술이야기가 나오지만 제조법이나 특성에 관해서는 적어 놓지 않았다. 1756년 담양부사 이석희가 쓴 《추성지》에는 "이 지역 스님들이 절 주변에서 자라는 여러 가지 약초와 보리, 쌀 등을 원료로 하여 술을 빚어 곡차로 마셨다. 이 술을 신선주라 하여 허약한 사람들과 애주가들이 즐겨마셨고 그 비법이 구전한다"고 나와 있다. 곡차는 절에서 술을 좋아하는 대사들이 술을 '술'이라고 부르기가 겸연쩍어 '차'라고 하고 마신 데서유래한다.

추성고을 양대수 명인의 증조부가 연동사의 큰 시주施主였을 때 주지 스님한테 구전으로 내려오던 레시피를 전수받았다. 이후로 추성주는 양 명인 집안의 가양주家釀酒가 됐다.

일제 강점기부터 해방 후 1980년대까지 쌀 소비 억제와 세금 징수를 목적으로 가양주 금지 정책이 계속됐다. 1980년대 후반 민속주 제조가 허용되기까지 70여 년의 긴 공백으로 한국에서 수많은 민속주의 맥이 끊겼다.

고려 시대부터 내려온 양조법으로 추성주를 빚는 주류회사 추성고을 양대수 대표. (사진 제공 추성고을)

추성주를 빚는 방법은 다른 술보다 복잡하다. 먼저 멥쌀과 찹쌀을 3 대 1로 섞어 고두밥을 지은 뒤 여기에 엿기름과 물을 부어 당화시킨다. 이렇게 만든 밑술에 12가지 한약재 추출물을 넣고 발효 숙성시키면 알코올 15%의 댓잎술이 된다. 이를 증류하면 알코올 40% 소주가 되고, 여기에 한약재 추출물을 2차로 가미하고 20℃에서 숙성한 뒤 대나무 숯으로 걸러내 100일 이상 재우면 알코올 25%의 추성주가 된다.

증조할아버지가 주지에게서 받은 추성주의 비법을 300여 자 한문으로 써놓았고 이것을 할아버지가 한글로 풀어 썼다. 추성주는 갈근, 구기자, 상심자, 오미자, 두충, 산약, 연자육, 우슬, 육계, 의이인, 창출 등 12가지 약초가 들어간다. 추성주에 들어가는 한약재는 약재에 따라 달이거나 찌고 볶는 방식이 제각각이다. 아버지는 아들에게 자세한 양조 기술을 가르쳐 주지 않고 1988년에 돌아가셨다. 그는 대학의 연구 기관

전우치 동굴 법당

이곳은 지금으로부터 약 500년전 전우치가 연동사에 업동이로
들어와서 이곳 동굴법당에서 제세팔선주(濟世八仙酒)를 훔쳐
먹던 여우를 잡아서 용서해주고 살려보내니 여우가 은혜로
전우치에게 도술을 가르쳐 주었다고 합니다.
제세팔선주(濟世八仙酒)는 마시면 신선이 된다하여 붙여진
이름이며 실제로 연동사에서 스님들이 건강을 지키기 위해 빚어
마시던 곡차 입니다.
지금도 제세팔선주(濟世八仙酒)의 비법이 이어져서 추성주로
명맥이 이어지고 있습니다.
전우치는 실존 인물이며 담양 전씨 라고 합니다.
— 연동사 —

절간의 곡차가 추성주로 전해
진 내력을 적은 연동사 안내문.
(사진 황호택)

과 한약방을 열심히 찾아다녀 구기자와 갈근은 달이고, 오미자와 우슬
은 볶고, 연뿌리는 찌는 법을 배웠다. 이렇게 해서 2000년 국내 22번째
전통식품 명인으로 지정받았다.

'대통대잎술 십오야'는 자연산 대나무 통에 댓잎술을 주입해 통 안
에서 2차로 숙성시킨 약주의 일종이다. 쌀과 각종 한약재를 넣어 술을
빚고 대나무 향이 배도록 통으로 자른 대나무에 넣는다. 멥쌀과 찹쌀을
주 재료로 솔잎, 인삼, 대추, 구기자, 산약, 오미자, 당귀 등 10여 가지 한
약재가 들어간다. 십오야는 달짝지근한 맛과 함께 각종 한약재들이 조
화롭게 맛을 낸다. 알코올 도수는 15도.

대의 몸통에 구멍을 뚫어 약주를 집어넣고 대로 다시 막는 기술을
개발해 특허도 냈다. 파라핀은 인체에 유해한 성분인데도 중국산은 술
넣은 구멍을 파라핀으로 막고 대 몸통에도 술이 새지 않도록 파라핀을
바른다. 대통주는 냉장 보관하고 30일 안에 마셔야 한다. 상온에 오래
놓아 두면 2차 발효로 식초가 된다. 추성고을에는 12도짜리 발효주인
댓잎술도 있다. 젊은이들에게 인기가 높다.

'타미앙스'는 1년에 1000병만 만들어 한정 판매하는 40% 프리미엄

증류주. 타미앙스는 담양의 프랑스식 발음이다. 쌀, 구기자, 오미자, 산약 등 10여 가지 한약재를 가지고 대나무 숯 여과 제조법으로 두 번의 증류 과정을 거쳐 대나무 통에서 장기간 숙성해 만든다.

양 대표의 아들 재창 씨도 대학에서 식품공학을 전공했고 아버지의 전수자로 전통주 제조 기법을 익히고 있다.

궁중에서 먹던 떡갈비

떡갈비는 본래 궁중에서 왕이 즐기던 음식이었다. 《승정원일기》나 《일성록》에 '갈비塑非' 요리에 관한 이야기가 자주 나온다. 塑非는 순우리말 갈비를 이두체로 적은 것이다. 임금 체통에 갈빗대를 손에 쥐고 목에 힘줄을 돋우며 살을 뜯어먹을 수는 없는 노릇이었다. 노인들의 이가 금이 가거나 부러질 위험도 있었다. 궁중 나인들은 살점을 따로 발라 다진 뒤 갖은양념을 해서는 다시 뼈에 붙여 구워 냈다. 이 궁중의 갈비 요리가 낙향한 고위 관료를 따라 퍼지면서 전남 담양 떡갈비가 생겼고, 궁중 나인들에 의해 경기 떡갈비가 태어났다는 이야기다.

노송당老松堂 송희경宋希璟(1376~1446)은 1411년에 성절사聖節使의 서장관으로 명나라에 다녀왔으며 1420년(세종 2)에는 회례사回禮使로 뽑혀 아시카가足利 막부가 있는 일본 교토를 다녀온 외교관이다. 일본에 다녀온 일을 기록해 《노송당 일본행록老松堂 日本行錄》을 펴냈다. 1425년 노송당이 담양으로 퇴거해 살면서 궁중에서 맛보았던 진미를 담양에 전한 것이 바로 떡갈비다. 면앙정 송순(1493~1582)이 송희경의 고손자다.

담양에서는 신식당과 덕인관이 역사가 오래된 떡갈비집이다. 담양의 떡갈비 재료는 1등급 이상의 암소 갈비를 쓴다. 먼저 소고기의 갈빗대에서 살점을 떼어낸다. 갈빗살을 잘게 다져서 네모진 떡의 형태로 다

신식당에서 떡갈비를 손질하고 있다. (사진 황호택)

듣는다. 갈비뼈에 고기를 붙인 후 진간장, 참기름, 후추, 대파, 마늘, 양파 등으로 만든 양념에 재운다. 식당마다 레시피가 달라 양념장에 배즙, 사과즙, 정종(맛술)이 들어가기도 한다. 예전에 화로로 구워 냈는데 요즘은 참나무와 대나무 숯으로 굽는다.

신식당의 창업자 남광주 씨는 열여섯에 시집을 왔다. 음식 솜씨가 예사롭지 않아 담양의 큰 잔치 음식을 만들어 주다가 1909년 식당을 시작했다. 그러니 한 세기가 넘은 식당이다. 다음에 시할머니 신금례가 며느리로 들어와 자신의 성을 따 상호를 신식당이라고 지었다. 그 후 시어머니 이화자를 거쳐 지금은 신식당의 4대 며느리 한미희 씨(46)가 떡갈비를 만들고 있다.

덕인관 대표 박인관은 어렸을 때부터 어머니의 일손을 도우며 자랐다. 박인관은 전통 음식의 원형을 지켜 보자는 생각에서 시간 날 때마다

1963년에 개업한 떡갈비 전문점 덕인관. (사진 제공 덕인관)

어머니가 손대중 눈대중으로 하는 떡갈비 조리법을 꼼꼼하게 적어 놓았다. 이게 덕인관의 기본 레시피다. 1963년에 덕인식당이라는 상호로 개업했으니 올해로 60년이 다 돼 간다.

5일장의 인기 메뉴, 창평국밥·암뽕순대

옛날에 창평이 별도 현이던 시절 창평현청과 가까이에 창평장이 있었다. 처음에는 시장 사람들이 쉽게 구할 수 있는 재료로 술국을 만들어 팔다가 나중에는 밥을 말아 준 것이 창평국밥의 시초다.

창평장터 가까이에 돼지 도축장이 있었다. 여기서 나오는 부산물로 창평국밥과 암뽕순대를 만들었다. 창평국밥은 돼지 뼈 국물에 선지와 콩나물을 넣어 맑은 색을 띠게 한 것이 특징이다.

장터에 사람이 모이면 허기진 배를 채우기 위해 양이 많고, 값이 싸면서도 맛있는 음식을 찾는다. 창평장에서는 이 세 가지 조건을 갖춘 음식을 먹을 수 있다. 국밥은 7000원, 모듬과 막창은 8000원, 비빔밥과 국

창평장터에는 국밥집이 예닐곱 개 있으나 평일에도 줄을 서서 기다려야 한다. (사진 황호택)

수는 5000원이다. 옛날엔 5일장에나 먹어 보던 창평국밥을 5일장이 사라지면서 매일 먹을 수 있게 됐다. 반찬도 깔끔하고 감칠맛이 있다. 점심때가 되면 7, 8개 국밥집에 긴 줄이 만들어진다.

창평국밥은 돼지 창자에 각종 채소와 양념을 넣어 만든 순대와 내장 부위를 끓인 음식이다. 순대는 지역마다 차이가 있으나 보통 숙주, 배추, 두부, 선지, 갈은 돼지고기를 양념과 함께 깨끗이 씻은 곱창에 넣어 만든다. 내장순대국밥은 여기에 돼지의 내장 부위인 염통, 오소리 간 등을 추가한 것이다.

돼지 내장 중에서도 별미로 꼽히는 부위가 암퇘지의 자궁인 암뽕이다. 애기보라고도 한다. 암뽕은 구이, 수육, 국밥, 순대의 재료가 된다. 암뽕수육은 연하면서도 쫄깃한 맛이 있어 인기가 높다. 초고추장에 찍어 먹는다.

순대는 돼지 피가 들어가 사람에 따라 호불호가 있으나 채소와 곡류, 두부 등을 부재로 사용해 영양의 균형이 맞아 한 끼 식사로 부족함이 없다. 주로 국과 찜으로 먹지만 요즘에는 철판구이, 튀김, 전으로도 만든다.

섬유질 풍부한 죽순 요리

죽순은 대나무의 땅 속 줄기에서 돋아나는 어리고 연한 싹이다. 고려 후기 학자 이곡李穀(1298~1351)의 시가와 산문을 아들 이색이 1364년 엮은 《가정집稼亭集》 제17권에 시 〈죽순을 먹으며(식순食笋)〉 3수가 나온다.

나무를 심어도 재목이 못 되면 모두 땔나무	種木不材皆可薪
소채를 심어도 푸른 옥 묶음이 최고의 보배	種菜蒼玉最堪珍
어린 싹이 군침 흘리는 객을 만나지 않는다면	免敎蒙稚逢饞客
모두 된서리 뚫고 티끌 벗어난 대가 되려마는	摠是凌霜不受塵

이 시에서 '푸른 옥 묶음'은 죽순의 별명이다. 보통 창옥속蒼玉束이라고 한다. 대나무의 서해안쪽 북방한계선은 충남으로, 이곡의 고향 충남 한산에서는 고려 시대부터 죽순 요리를 즐겼음을 알 수 있다.

허준의 《동의보감》에 죽순이 원기를 회복시킨다고 나와 있다. 질 좋은 단백질과 무기질, 섬유질이 풍부하다. 죽순이 한창 자라는 4월 중순~6월 말이 가장 맛있다. 다른 음식과 잘 어울릴 뿐 아니라 조리법이 다양하다. 죽순회, 죽순된장찌개, 죽순장아찌, 죽순들깨볶음, 죽순구이……. 깻잎 논우렁이, 다진 마늘 등과 양념장을 비벼 무치면 죽순회무침이 된다.

일본과 중국에서는 죽순을 좋은 식재료로 치며 다양한 요리법이 발달했다. 중국에 "좋은 죽순이 울타리 밖으로 나간다"는 속담이 있는

맹종죽 숲에 나는 죽순. 대나무는 30~40일이면 키가 다 자라지만 죽순의 몸피는 처음 그대로 유지한다. (사진 제공 담양군)

것을 보면 중국인들이 얼마나 죽순을 좋아하는지를 알 수 있다. 담양군은 죽순 요리를 개발 보급하기 위해 매년 전국죽순요리경연대회를 개최한다.

두 번 구워 먹는 돼지숯불갈비

담양식 돼지숯불갈비는 테이블에서 직접 구워 먹지 않는다. 적당한 두께로 잘 저며진 갈비에 간장, 고추장, 설탕, 고춧가루, 파, 마늘, 생강, 깨소금, 참기름, 청주, 후춧가루로 만든 양념장을 붓고 주물러 고루 배게 한다. 그리고 뜨겁게 달군 석쇠에 초벌구이 한 후 손님상에 내기 직전에 적당한 온도의 숯불에 노릇노릇하게 구워 낸다. 묵은지, 깻잎, 상추, 마늘, 쌈장, 파절이 등과 곁들여 먹는다. 4인분을 주문한다면 먼저 2인분을 먹고 그다음에 2인분을 추가 주문하는 것이 좋다. 따뜻할 때 담양식 숯불갈비의 제맛을 느낄 수 있기 때문이다.

담양 돼지숯불갈비의 원조인 승일식당은 초벌구이를 주방에서 한다. (사진 황호택)

1980년대 후반 문을 연 승일식당이 담양식 돼지숯불갈비의 원조. 처음에는 작은 가게로 시작했다가 양복점, 다방 등 주변 상가를 사들여 넓혀나갔다. 차량이 밀려들자 인근 논을 사서 주차장으로 만들었다. 지금은 4인용 테이블이 90개. 평일에도 빈 테이블이 별로 없다. 코로나에도 위축되지 않는 식당이다.

천년 문장과 담양학

물이 깊고 양지바른 고을

2015년 국립광주박물관에서 '담양' 특별전이 열렸다. 그때 담양 출신의 조현종 국립광주박물관장은 전시 도록 서문에 이렇게 썼다.

> 담양은 〈호남가〉에서 '백리 담양 흐르는 물'로 기억됩니다. 그만큼 담양은 물이 깊고 양지바른 고을이라는 뜻입니다. 질펀한 물은 담양의 속살을 두텁게 만들어 넉넉하고 윤택한 삶을 지탱하였습니다. 그리고 대나무는 또 하나의 담양입니다. 들녘과 강산은 물론이려니와 사람들의 마을에도 푸른 대숲이 가득하기 때문입니다. 곧게 서 있으되 부러지지 않고, 사철 푸르되 속을 비운 대나무는 이 풍진 세상에서 직립의 상징이 되었습니다.
>
> 비옥한 땅과 넉넉한 물, 아름다운 담양의 자연경관은 일찍이 사유와 풍류의 대상으로 부족함이 없었습니다. 조선 중기 국문학사를 꽃피운 면앙정 송순을 비롯하여 송강 정철, 석천 임억령 등 수많은 시인 묵객들이 정자를 짓고 자연을 노래했습니다. 유희춘의 《미암일기》와 백일홍 붉게 물든 명옥헌, 광풍제월의 소쇄원은 담양 인문학의 깊이를 더해 줍니다.

대나무는 사철 푸르되 속을 비웠다. 담양 소쇄원의 대나무. (사진 이광표)

2010년부터 담양군 대덕면 용대리에서 문학 레지던시 공간 '글을낳는집'을 운영하는 김규성 시인은 이렇게 말한 바 있다. "우리나라는 예로부터 서울 중심이었지요. 그런데 문학에서 볼 때, 지방이 서울을 리드한 적이 몇 번 있었는데, 처음이 조선 시대 담양의 가사 문학이었습니다. 당시 담양의 문학이 이 땅의 문학과 사상을 주도했지요."

가사 문학은 담양의 역사에서 참으로 빛나는 기억이 아닐 수 없다. 조선 중기, 담양의 문학은 우리 문학의 중심이었다. 문학만 놓고 보면 담양은 조선의 수도였다. 문학으로 한반도의 한 시대를 이끌었던 이 같은 성취는 담양의 힘이 아닐 수 없다. 이러한 전통은 담양의 곳곳에서 담양 사람들의 삶과 어우러지면서 면면히 이어져 오고 있다.

그런데 담양에는 가사와 누정, 원림과 대나무만 있는 것이 아니다.

→ 송강정에 오르는 길. (사진 이광표)

담양군의 '천년 담양' 문장. (사진 이광표)

담양의 역사와 문화는 넓고 깊다. 은근하지만 집요하다. 담양 토박이들에 게는 낯익은 것이겠지만, 담양을 찾아온 여행객들의 눈으로 보면 곳곳에 새로운 무언가가 숨어 있다. 담양은 정중동靜中動의 도시다. 조용한 것 같지만 구석구석을 다니다 보면 은근히 생동감이 넘치고 사람들의 호기심을 자극한다. 곳곳에서 다양한 시도가 이뤄지고 있다는 말이다.

담양의 명물인 메타세쿼이아 가로수 길. 이 이국적인 가로수 길은 1972년 조성되었다. 당시 어려운 재정 여건 속에서도 담양 사람들은 이국의 나무를 도로변에 심는 파격을 감행했다. 그 결과, 50년이 흐른 지금 메타세쿼이아 가로수 길은 전국에서 가장 아름다운 거리 가운데 하나로 꼽히게 되었다.

담양은 늘 이렇게 변화를 추구한다. 옛것은 옛것대로 잘 지키고 존중하되 무언가 새로움을 덧대어 변화를 추구한다. 메타세쿼이아 나무를 심었고, 양곡 창고를 멋진 문화 공간으로 바꾸었고, 도심 한복판에 역사 문화공원을 조성하고 있고, 전통 5일장의 미래를 위해 새로운 시장 공간을 만들고 있다. 그 변화는 또 담양의 전통이 될 것이다.

담양의 변화에서 빼놓을 수 없는 것이 있다. 담양을 걷다 보면 곳곳에서 만나게 되는 고풍스러운 문장(심벌마크)들이다. 해동문화예술촌(옛 해동주조장)에도 있고 담빛예술창고(옛 양곡창고) 전시실에도 있다. 한적한 시골길 버스 정류장에도 있고 화장실 외벽에도 그려져 있다. 물론, 담양군 홈페이지에도 나온다. 대나무를 상징하는 초록색 톤의 문장은 마치 역사와 전통을 자랑하는 유럽의 명문가나 도시를 떠올리게 한다. 다른 지역에서는 찾아보기 어려운 담양만의 특징이다. 이런 문장을 만난다는 것은 여행객들에게도 신선한 경험이다.

　담양군이 이러한 문장을 창안한 것은 2018년으로 담양 명명命名 1000년을 기념하는 프로젝트의 일환이었다. 담양 땅은 백제 때는 추자혜로 불렸고 통일신라 때는 추성으로 불렸다. 이어 고려 현종 때인 1018년에 담양이란 이름을 얻었다. 그 후 1000년이 지난 2018년, '천년 담양'을 선포하고 인문 역사 환경의 도시로 나아가기 위한 프로젝트를 추진하기 시작했다. 슬로건은 '천년 담양, 생태와 인문학으로 디자인하다.' 지난 1000년을 이어받아 새로운 1000년을 꿈꾸려는 것으로, 지금도 담양 곳곳에서 이 프로젝트가 이어지고 있다.

해동문화예술촌(옛 해동주조장)의 벽에 그려진 '천년 담양' 문장. (사진 이광표)

담양의 문장은 '천년 담양' 문장과 12개 읍·면 문장 등 모두 13개다. 문장들의 디자인을 해독해 보면 담양의 역사와 내력, 문화와 풍속이 한눈에 쏙 들어온다. 담양군 전체를 상징하는 천년 담양 문장은 가사 문학을 상징하는 지구와 우주, 담양의 못潭과 볕陽을 상징하는 태양, 죽녹원을 상징하는 대나무, 누정 문화를 상징하는 정자와 연못과 초목과 건물의 창, 산수정원을 상징하는 구름과 초목과 폭포, 가사 문학을 상징하는 책 등을 아이콘처럼 디자인해 넣었다. 그러곤 화룡점정으로 'SINCE 1018'이라는 문구를 넣었다. 편안하고 재미있다. 숨은그림찾기 하듯 저게 무얼까 하며 계속 들여다보게 만든다. 'SINCE 1018'에서는 담양의 자부심이 진하게 묻어난다.

읍·면의 문장 또한 그 지역의 특징을 보여 주는 소재를 활용해 디자인했다. 담양읍 문장은 죽녹원과 관방제림, 고려 석당간, 담빛예술창고 등의 이미지를 녹여 디자인했다. 봉산면 문장엔 봉황을 넣어 디자인했고 월산면 문징엔 용흥사 동 종이 들어갔다. 금성면 문장엔 금성산성이 들어갔고 용면 문장에는 용의 머리를 상징물로 넣어 디자인했다. 슬로시티 창평면의 문장에는 느림을 상징하는 달팽이가 들어갔다. 여기에도 'SINCE 1914,' 'SINCE 1918'과 같은 문구가 당당하게 들어가 있다.

담양의 문장들은 고풍스럽고 품격이 있다. 담양 사람이건 여행객이건, 이 문장을 보면 담양이라는 도시의 과거와 현재에 대해 생각하게 된다. 담양군은 이 문장을 만들면서 '천년 담양,' '인문 담양'을 선포했다. 도심에 있는 담양군청 직원 관사를 주민들이 함께하는 문화와 인문학의 공간으로 꾸미기도 했다. 이곳을 '인문학 가옥'이라 부른다. 이러한 움직임 모두 의미 있는 도전이고 그것들은 자연스레 담양의 역사와 문화가 된다.

인문학 가옥. (사진 제공 담양군문화재단)

담빛예술창고에 마련된 담양 역사 전시 공간. (사진 이광표)

　담양의 문장들은 내용도 형식도 다른 지역과 뚜렷이 차별화된다. 특히 읍·면까지 아우르는 문장은 전국에서 유일하다고 한다. 이 문장들은 전문 디자이너들이 담양군과 읍·면의 관계자, 주민들을 만나 다양한 의견을 주고받은 뒤 디자인했다고 한다. 그렇기에 역사적 사건과 문화재, 생태와 특산품 등을 통해 해당 읍·면의 정체성을 구체적으로 드러낼 수 있었다.

　담양의 문장은 지극히 '담양스럽다.' 담양학潭陽學의 상징이라고 말해도 좋을 것 같다. 담양학은 이제 앞으로의 1000년을 꿈꾸어야 한다. 그 자원은 풍부하다. 그리고 담양학은 현재도 곳곳에 살아 움직이고 있다. 그럼에도 새로운 1000년으로 나아가기 위해선 좀 더 세심한 관심이 필요해 보인다. 예를 들어 도시 재생 프로젝트도 더 치밀하고 더 진정성 있게 꾸며 나가야 한다. 해동문화예술촌의 경우, 해동주조장의 유무형의 흔적을 적극적으로 회복하면 좋을 것 같다. 한국가사문학관과 한국대나무박물관은 전시 공간의 구성이나 디자인, 전시 콘텐츠 등을 과감하게 변화시킬 필요가 있다. 두 박물관은 담양의 역사와 문화를 상징하는 박물관이다. 그렇기에 더더욱 세련되고 품격이 높아야 한다.

아울러 담양의 역사와 문화예술, 음식과 환경, 영광과 수난의 스토리 등을 한자리에서 보여 줄 수 있는 공간이 생긴다면 더욱 좋을 것 같다. 물론, 담빛예술창고에 담양에 관한 작은 전시실이 마련되어 있다. 하지만 그 공간은 비좁고 전시 콘텐츠도 부족해 보인다. '천년 담양'의 역사적, 문화적 위상에 비하면 다소 옹색하다고 말할 수밖에 없다. 천년 담양, 인문 담양이라면 지금의 공간으로는 부족해 보인다. 그 이상이어야 한다. 이러한 공간이 마련된다면 당연히 담양학의 거점이 될 것이다. 담양의 새로운 1000년, 더 큰 기대를 가져본다.[彭]

참고 문헌

16 남시욱, 《고재욱 평전》, 동아일보사, 2021.

디지털진안문화대전, 진안군. http://jinan.grandculture.net/jinan

《한국민족문화대백과사전(이서구)》, 한국학중앙연구원, 1995.

《한국의 발견: 한반도와 한국 사람, 전라남도》, 뿌리깊은나무, 1986.

29 《민족문화대백과사전(조경남 성이성)》, 한국학중앙연구원, 1995.

목포대학교 도서문화연구원, 《담양군의 민속문화》, 담양군, 2003.

설성경, 《춘향전의 비밀》, 서울대학교출판부, 2003.

윤재득, "담양천의 역사와 문화," 〈하천과 문화〉 제5권 제4호, 한국하천협회, 2009.

〈인조실록〉《조선왕조실록》.

41 고영진 · 홍영기, 《의향의 고장, 담양》, 담양군, 2004.

김정현, 《시간을 건너 그 길을 걷다》, 상상창작소봄, 2019.

〈담양향교지潭陽鄕校誌〉 권7 정유재란 충장공 김덕령 장군부인, 담양향교, 1997.

임방규, 《빨치산 전적지 답사기》, 백산서당, 2019.

52 김기형, 《판소리 유파와 명창의 세계》, 고려대학교 민족문화연구원, 2020.

명현 편저, 《개정판 명창을 알면 판소리가 보인다》, 국립민속국악원, 2010.

목포대 도서문화연구원, 《담양군의 민속문화》, 담양군, 2003.

《민족문화대백과사전(박만순 박석기)》, 한국학중앙연구원, 1995.

이규섭, 《판소리 답사기행》, 민예원, 1994.

정노식, 《교주 조선창극사》, 태학사, 2020.

최동현, 《명창이야기》, 신아출판사, 2011.

한명석, "담양출신 판소리 명창 박동실의 북한에서의 행적," 〈담양人신문〉. 2005. 9. 7.

64 담양가로수군민연대, 《담양 메타세쿼이아 가로수길 이야기》, 이룸기획, 2018.

74 〈세종실록지리지〉《조선왕조실록》.

86 고영진 · 홍영기, 《義香의 고장 담양》, 담양군, 2004.

고하선생전기편찬위원회, 《고하 송진우 전집》, 동아일보사, 1990.

권오기 편집, 《인촌 김성수의 사상과 일화》, 동아일보사, 1985.

김진배, 《가인 김병로》, 가인기념회, 1983.

김학준, 《가인 김병노 평전》, 민음사, 2004.

남시욱, 《고재욱 평전》, 동아일보사, 2021.

이현희, 《대한민국 부통령 인촌 김성수 연구》, 나남, 2009.

최혁, "담양 창평과 장흥고씨 충절의 역사," 〈AI 타임스〉, 2020. 8. 25.

《한국민족문화대백과사전(고경명 고종후 고인후 송진우)》, 한국학중앙연구원, 1995.

한인섭, 《가인 김병로》, 박영사, 2017.

98   김영, "한일 고대 여성문학에 나타난 혼인제와 여성," 조선의 여성작가 송덕봉의 삶과 문학 학술대회, 2017.

김영찬, 《서암일기》, 한국학호남진흥원, 2019.

노기춘, 《미암박물관 도록》, 전남대 호남학연구원, 2019.

안동교, "송덕봉의 생애와 시문 활동," 조선의 여성작가 송덕봉의 삶과 문학 학술대회, 2017.

문희순, "16세기 조선의 여성문인과 송덕봉," 조선의 여성작가 송덕봉의 삶과 문학 학술대회, 2017.

문희순 · 안동교 · 오석환, 《국역 덕봉집》, 심미안, 2012.

《여행자의 도시 담양》, 담양군 녹색관광과, 2020.

이연순, 《미암 유희춘의 일기문학》, 혜안, 2012.

《조선왕조실록(선조 최부 단발령 조희제)》, 한국학중앙연구원, 1995.

112   이해섭, 《담양설화》, 담양향토문화연구회, 2002.

장광호, "담양의 마을(1) — 창평 장전마을," 〈담양뉴스〉 2016. 10. 25.

채만식, 《태평천하》, 문학과지성사, 2021.

최상은, 《조선인의 삶과 가사문학》, 보고사, 2020.

〈태종실록〉 〈중종실록〉 《조선왕조실록》.

123   《민족문화대백과사전(강항, 산성, 호남창의회맹소)》, 한국학중앙연구원, 1995.

〈선조실록〉 《조선왕조실록》.

이이화, 《이이화의 동학농혁명사2》, 교유당, 2020.

이해섭, 《금성산성》, 담양향토문화연구회, 2000.

"전봉준공초," https://www.jeongeup.go.kr/synap/skin/doc.html?fn=159857515626472.
        pdf&rs=/upload_data/Synap/BBS_0000011/&cpath=

홍명기, 《대한제국기 호남의병 연구》, 일조각, 2005.

135   박경식, 《탑파》, 예경, 2001.

변동명, "삼국 통일신라시기의 무등산과 광주," 〈호남학〉 제69집, 전남대 호남학연구원, 2021.

호남문화재연구원, 《담양 남산리유적》, 담양군, 2015.

147 도월수진, "불복장 점안작법 증흥지 담양 용화사," 〈선으로 가는 길〉, 2020년 11월호.

이종수, "담양 용화사 도월 수진의 불복장(佛腹藏) 작법 계승과 전승 활동," 〈南道文化硏究〉 제38집, 순천대 남도문화연구소, 2019.

장태규, 〈불복장 연원에 관한 연구 : 탑의 사리장엄과 불복장을 중심으로〉, 중앙승가대 대학원 석사논문, 2020.

최웅천 · 김연수, 《금속공예》, 솔, 2003.

158 고순희, "가사문학의 문화관광자원으로서의 가치," 〈한국시가문화연구〉 제37집, 한국시가문화학회, 2016.

김은희, "담양의 장소성에 대한 일고찰 ― 면앙정가와 성산별곡을 중심으로," 〈한국시가문화연구〉 제35집, 한국시가문화학회, 2015.

김은희, "가사문학의 창의적 가치," 〈한국시가문화연구〉 제37집, 한국시가문화학회, 2016.

박준규 · 최한선, 《담양의 가사 문학》, 담양군, 2001.

이상원, "문학, 역사, 지리 ― 담양과 장흥의 가사문학 비교," 〈한민족어문학〉 제69집, 한국어문학회, 2015.

168 김세곤, 《송강문학기행》, 열림기획, 2007.

윤일이, "송순의 면앙정과 16세기 누정건축에 관한 연구," 〈건축역사연구〉 44호, 한국건축역사학회, 2005.

최상은, "송순의 꿈과 면앙정가의 흥취," 〈고시가연구〉 제31집, 한국고시가문학회, 2013.

179 김은희, "담양의 장소성에 대한 일고찰 ― 면앙정가와 성산별곡을 중심으로," 〈한국시가문화연구〉 제35집, 한국시가문화학회, 2015.

박연호, "식영정 원림의 공간특성과 성산별곡," 〈한국문학논총〉 40호, 한국문학회, 2005.

신정일, 《영산강》, 창해, 2009.

임준, "별뫼의 그림자도 쉬었다가는 곳: 식영정," 〈오늘의 가사문학〉 제19호, 고요아침, 2018.

190 김은희, "담양의 장소성에 대한 일고찰 ― 면앙정가와 성산별곡을 중심으로," 〈한국시가문화연구〉 제35집, 한국시가문화학회, 2015.

김세곤, 《송강문학기행》, 열림기획, 2007.

박경남, "「사미인곡」의 향유 맥락과 중층구조," 〈규장각〉 제24집, 서울대 규장각, 2001.

200 국립광주박물관, 《담양》, 통천문화사, 2015.

나명하 외, 《園林복원을 위한 전통공간 조성기법 연구: 명승 제40호: 담양 소쇄원》, 국립문화재연구소, 2015.

신상섭,《한국의 아름다운 옛 정원 10선》, 민속원, 2019.

이옥희, "김인후 '소쇄원 48영'의 문학적 특징 고찰," 〈韓國言語文學〉 제96집, 한국언어
문학회, 2016.

천득염,《소쇄원》, 심미안, 2019.

허균,《한국의 정원, 선비가 거닐던 세계》, 다른세상, 2002.

211   국립광주박물관,《담양》, 통천문화사, 2015.

국윤주,《독수정 명옥헌》, 심미안, 2018

신상섭,《한국의 아름다운 옛 정원 10선》, 민속원, 2019.

허균,《한국의 정원, 선비가 거닐던 세계》, 다른세상, 2002.

221   국립광주박물관,《담양》, 통천문화사, 2015.

국윤주,《독수정 명옥헌》, 심미안, 2018.

김성기, "瑞隱 全新民의 獨守亭과 湖南의 忠義," 〈고시가연구〉 제9집, 한국고시가문학
회, 2002.

조태성,《환벽당 취가정 풍암정》, 심미안, 2019.

232   "마크테토의 이이남 인터뷰," 〈Living Sense〉 https://smlounge.co.kr/living/article/38423

목포대 도서문화연구원,《담양군의 민속문화》, 담양군, 2013.

《천년의 역사와 함께 한 국가중요농업유산 담양 대나무밭》, 담양군, 2017.

최낙언, "대나무는 사실은 나무가 아니다," 〈한국일보〉, 2021. 1. 28.

243   담양 대나무밭 농업시스템 홈페이지 https://damyangbamboo.org/kr/

담양군,《천년의 역사와 함께 한 국가중요농업유산 담양 대나무》, 2017.

254   서유구,《임원경제지 섬용지 2》, 풍석문화재단, 2021.

278   김승유 · 변윤희 · 박록담,《우리 술문화의 발효 공간, 양조장》, 국립민속박물관, 2019.

담양문화재단,《해동주조장 아카이브 — 간극의 기록》, 담양군, 2018,

287   담양군문화재단,《담빛, 예술을 담다》, 담양군, 2019.

295   글을낳는집 엮음,《그때 여기 있었네, 우리》, 문학들, 2021.

303   이대겸,《천년역사 담양에서 펼쳐지는 도시재생 디자인 이야기》, 오마주, 2020.

311   《한국의 발견: 한반도와 한국 사람, 전라남도》, 뿌리깊은나무, 1986.

321   〈세종실록지리지〉《조선왕조실록》.

오한샘 · 최유진,《천년의 밥상》, MID, 2012.

㈜상상오 편집 디자인,《맛집멋집 아카이빙 — 담양》, 광주광역시 · 나주시 · 담양군 ·
목포시, 2020.

《한국민족문화대백과사전(이곡)》, 한국학중앙연구원, 1995.

331   국립광주박물관,《담양》, 통천문화사, 2015.

용추사

순창군

장성군

용면

추월산

담양호

금성산성

연동사

용흥사

월산면

금성면

광주대구고속도로

용두산
병풍산

담양읍

이이남아트센터 죽녹원
아트센터 대담 담빛예술창고
관방제림
한국대나무 용화사
박물관

수북면

삼인산

대전면

무정면

고창 – 담양고속도로

면앙정

봉산면

연계정

호남고속도로

곡성군

모현관
미암박물관

송강정

상월정
남극루 대덕면

명옥헌

창평면

광주광역시

고서면

식영정
한국가사문학관
개선사지 환벽당 소쇄원
무등산 독수정

화순군

가사문학면

담양